Jürgen Kaube
André Kieserling

DIE GESPALTENE GESELLSCHAFT

ROWOHLT · BERLIN

Originalausgabe
Veröffentlicht im Rowohlt · Berlin Verlag, November 2022
Copyright © 2022 by Rowohlt · Berlin Verlag GmbH, Berlin
Satz aus der DTL Documenta
bei Dörlemann Satz, Lemförde
Druck und Bindung GGP Media GmbH, Pößneck, Germany
ISBN 978-3-7371-0148-6

INHALT

EINLEITUNG: **Die Angstlust an der Spaltung** 7

1 Zusammenhalt oder Was wird überhaupt gespalten? 23

2 Versäulung: Die Gesellschaft geschlossener Milieus 43

3 Politik und Polarisierung: Der Fall der Vereinigten Staaten 78

4 Gegner werden zu Feinden: McCarthy und wir 96

5 Lokalpolitik und die Gesetze des Stammeslebens 107

6 Der ausbleibende Aufstand 118

7 Testfall Pandemie: Geimpfte und Ungeimpfte 126

8 Hass im Netz 138

9 Wechselwähler: Reger Verkehr über politische Gräben 150

10 Die Mittelschicht in der Klassen-
und Nichtklassengesellschaft   165

11 Alte weiße Männer oder Spaltet
Identitätspolitik?   179

12 Die gespaltene Gesellschaft
und ihre offenen Briefe   203

13 Gibt es Parallelgesellschaften?   216

14 Nordirland – Eine Spaltungsgeschichte   240

EPILOG: **Spaltung diesseits des
Bürgerkriegs**   251

Anmerkungen   269

EINLEITUNG:
DIE ANGSTLUST AN DER SPALTUNG

Keine Woche, in der nicht in den Massenmedien, in Talkshows und Zeitungsartikeln, aber auch in sozialwissenschaftlichen Beiträgen behauptet wird, es drohe eine Spaltung der Gesellschaft oder sie sei längst gespalten. Zumeist sind mit «Gesellschaft» dabei Nationalstaaten und ihre Bürger gemeint. Zwischen ihnen schwinde der Zusammenhalt, teils durch soziale Gegensätze, die immer größer würden, teils durch Individualismus, Egoismus und das wechselseitige Unverständnis sozialer Gruppen. Die Gegensätze, die dabei angeführt werden, erstrecken sich über die verschiedensten Dimensionen: Arm und Reich, Jung und Alt, Frauen und Männer, Eingewanderte und schon länger Ansässige, Geimpfte und Nichtgeimpfte, Land- und Stadtbewohner – es wird eine gesellschaftliche Spaltung zwischen so gut wie allem behauptet.

Belege? Die Präsidentin des Bayerischen Landtags sprach dort kürzlich davon, es sei die Aufgabe der Parlamentarier, «jeder Spaltung unserer Gesellschaft entgegenzuwirken». Kaum dürfte sie damit aber gemeint haben, dass starke Gegensätze unerwünscht seien. Sie ist Mitglied einer Partei. Partei heißt in der demokratischen Praxis: gegensätzlicher Teil. Was also meint sie jenseits der politischen Aufgabe, Bürgerkriege zu verhindern, deren Gefahr gegenwärtig nicht im Zentrum der politischen Aufmerksamkeit steht?

Der Schriftsteller Jochen Schimmang, der die Landtagspräsidentin in einem Beitrag für die Heinrich-Böll-Stiftung zitiert, befürchtet seinerseits, es gebe vielleicht bald gar keine Gesellschaft mehr, weil sie in zu viele auf ihre Identität pochende Teile, in ganz verschiedenen Welten lebende Atome zerfalle. Zeitdiagnosen, wir lebten in einer «Gesellschaft der Singularitäten», wollen einen «Verlust des Allgemeinen» erkennen. Das gemeinsam Geteilte nehme ab. Aber wie verschieden können die Welten sein, wenn nach wie vor zusammen erzogen, gearbeitet, geliebt und gestritten, geredet und kollektiv entschieden werden muss? Ist beispielsweise die Anhänglichkeit an Moden des Konsums oder der «identitätspolitischen» Selbstbeschreibung ein Beleg für mehr Individualismus oder als Mode gerade ein Kollektivphänomen? Womöglich lässt sich der Satz, die Gesellschaft bestehe aus Individuen, Atomen, Singularitäten, leichter hinschreiben, als ein vollständig individuelles Leben geführt werden kann.

Ein Nobelpreisträger der Wirtschaftswissenschaften, Joseph Stiglitz, schließt aus dem immensen Reichtum, den ein Prozent der amerikanischen Bevölkerung genießt, bei abnehmenden Aufstiegschancen für alle anderen, ein Klassenkonflikt mit den restlichen 99 Prozent liege in der Luft. Die ökonomische Ungleichheit zehre den sozialen Zusammenhalt auf. Tatsächlich ist der Anteil des Einkommens, das im obersten Prozent der amerikanischen Haushalte erzielt wird, in den vergangenen vierzig Jahren von 7 auf 16 Prozent gestiegen, der Einkommensanteil der unteren 80 Prozent um 7 Prozent gesunken. Der Klassenkonflikt ist jedoch trotz zunehmender Armut und starker Plutokratie ausgeblieben. Eine Erklärung dieses Umstands wäre hilfreicher als die Behauptung, ein solcher Konflikt stehe unmittelbar bevor.

Andere meinen eine gesellschaftliche Spaltungslinie entlang der Mediennutzung und des «Digital Divide» zwischen Fernsehzuschauern, Zeitungslesern und den sich ausschließlich in sozialen Medien bewegenden Bürgern zu erkennen. Die Pandemie habe die digitale Spaltung der Gesellschaft verschärft, meint auch die Bertelsmann-Stiftung, weil die älteren Bürger in Umfragen mitteilen, das Internet sei für sie genauso wichtig wie zuvor – und nicht etwa wichtiger. Dass nur ein Viertel der Personen, die älter als sechzig sind, am «Digitalisierungsschub» teilgenommen haben wollen, ist für die Stiftung offenbar ein besorgniserregender Befund. Ein wenig liest sich das, als behaupte jemand, die Gesellschaft drifte auseinander, weil nur manche, aber nicht alle nicht bereit sind, den Fernsehapparat einzuschalten. Es scheint eine hohe Bereitschaft zu Spaltungsdiagnosen und nachgerade eine Angstlust daran zu geben.

Die Coronapandemie selbst hat Spaltungsbehauptungen in den Massenmedien zum alltäglichen Refrain gemacht. Einerseits verstärke sie Ungleichheiten, weil Personen je nach ihrem Einkommen, ihrer Wohnsituation, ihrer Kinderzahl, ihrem Geschlecht und ihrem Alter unterschiedlich stark von der Pandemie betroffen sind. Andererseits spalte sie inzwischen die Bürgerschaft in Geimpfte und Nichtgeimpfte. Eine Ethikerin bringt die 2G-Regeln der Epidemiebekämpfung in Zusammenhang mit einer Spaltung der Gesellschaft, weil durch diese Regeln dem ungeimpften Teil der Bevölkerung der Zugang zu Aktivitäten des guten Lebens genommen werde. Das gelte bei fehlender staatlicher Kostenübernahme für Coronatests auch für Bürger, die ungeimpft bleiben wollen, aber sich die Tests nicht leisten können.[1]

Die Belege für einen zunehmenden medialen, wissenschaftlichen und politischen Gebrauch der Begriffe «Spaltung» und

«Polarisierung» wären leicht zu vermehren, aber wir halten an dieser Stelle inne. Beide Begriffe gehören zum Vokabular der Zeitdiagnose, in ihnen bündeln sich die Versuche, vor einer besorgniserregenden sozialen Entwicklung zu warnen. Das Meinungsforschungsinstitut Ipsos legt folgerichtig eine Umfrage vor, der zufolge fast zwei Drittel der deutschen Bevölkerung die Gesellschaft für «zerrüttet» halten, was allerdings noch hinter den Zahlen aus Südafrika, Brasilien, Ungarn und den Vereinigten Staaten zurückbleibt. Am wenigsten gespalten empfinden ihr Gemeinwesen danach Südkoreaner, Italiener, Japaner und Kanadier.[2] Wer demgegenüber eine Polarisierung der Gesellschaft in Abrede stellt, befindet sich in einer Minderheitenposition. In Deutschland sind die entsprechenden Werte seit fünf Jahren stabil, zugleich befinden «nur» 47 Prozent aller deutschen Befragten, das Land sei im Niedergang, der viertbeste Wert unter fünfundzwanzig Nationen. Gespalten, aber ganz okay – der Demos der Demoskopie ist ein eigenartiges Wesen, vielleicht hat es mit den Fragetechniken zu tun.

Zum Anstieg der Spaltungsdiagnosen haben die Auftritte und Wahlergebnisse populistischer Parteien in den vergangenen zehn Jahren beigetragen. Der Brexit und die polnischen, ungarischen, britischen Regierungen, die AfD in den Jahren der stärksten Flüchtlingsaufnahme sowie die Zunahme rechtsradikaler und islamistischer Gewalt in Teilen Europas – dies alles hat die allgemeine Bereitschaft erhöht, sich in einer schon gespaltenen oder von Spaltung bedrohten Gesellschaft zu sehen. Der Populismus seinerseits pflegt ein entsprechendes Vokabular. Technokratische Kosmopoliten, eine globalisierte Klasse, die in einer «abgehobenen Parallelgesellschaft» lebe, so heißt es, regieren gegen das lokal gebundene Volk und seine nichtglobalen

Interessen. Die Gesellschaft spalte sich in «Anywheres» und «Somewheres», in «Egal-wo»- und «Irgendwo»-Bürger.³ Das Volk, das so angesprochen wird, wählt dann allerdings nicht überall populistisch, sondern in Deutschland zuletzt zu beinahe 90 Prozent andere Parteien. 90 Prozent «Anywheres» wird es aber wohl nicht geben. Das sogenannte Volk muss also selbst als gespalten bezeichnet werden, in Wähler von angeblichen «Systemparteien» und die bundesweit 10 Prozent des Protests gegen sie.

Wir kommen darauf zurück, ob in der Spaltungsdiagnose nicht die große Menge der Wechselwähler vergessen wird, die es in manchen Nationalstaaten gibt und die das Bild fester, einander feindlich gesonnener Blöcke relativiert.⁴ Insbesondere Beschreibungen der Vereinigten Staaten, in denen die Wechselwähler nur eine Minderheit sind und in denen der Wahlerfolg Donald Trumps auf eine seit langem herrschende politische wie kulturelle Polarisierung zurückgeführt wird, bestätigen demgegenüber den Eindruck der gesellschaftlichen Spaltung. Interessant ist hier, dass solche Analysen oft darauf hinauslaufen, dieser Wahlerfolg hätte vorhergesehen oder zumindest nicht für unwahrscheinlich gehalten werden können.⁵ Trumps Wahl kam jedoch für die meisten Beobachter als Überraschung. *Everything is obvious, once you know the answer* – alles ist ganz offensichtlich, sobald du das Wahlergebnis kennst, wäre hier ein Buchtitel zu übersetzen.⁶ Das spricht nicht gegen eine gesellschaftliche, also mehr als nur politische Spaltung der Vereinigten Staaten, aber es macht aufmerksam darauf, wie abhängig solche Diagnosen oft von der Wahrnehmung einzelner Ereignisse sind.

Googeln wir «Spaltung der Gesellschaft» und beschränken uns also auf den deutschen Sprachraum. Wir erhalten am 25. Juli 2022 ganze 5,7 Millionen Ergebnisse. Ein Drittel der deutschen Bevölkerung, heißt es in einem der Treffer, gehöre einer Studie der Universität Münster zufolge zwei extrem verhärteten Blöcken an: entweder dem Lager der «Verteidiger», die sich eine ethnisch und religiös homogene Bevölkerung wünschen und sich durch Fremde bedroht fühlen, oder dem der «Entdecker», die mit der Demokratie ganz zufrieden seien, keine Fremdenangst oder Vorbehalte gegenüber Flüchtlingen hätten. Über diese Studie wird weithin berichtet und stets in dem Sinn, dass das Land in zwei Extreme, Blöcke, Lager gespalten sei.[7]

In der Studie selbst wurden insgesamt fünftausend deutsche, französische, polnische und schwedische Bürger in Deutschland nach ihren Einstellungen zu Fremden, Migration und zur Demokratie befragt. Das Ergebnis war, dass 14 Prozent der Befragten «Entdecker» seien, 20 Prozent «Verteidiger». Damit wären immerhin 66 Prozent der deutschen Bevölkerung keinem der Extreme zuzuordnen. In Frankreich waren es nur 25 Prozent der Befragten – 11 Prozent «Entdecker», 14 Prozent «Verteidiger» –, die sich ihnen zuordnen ließen, in Polen hingegen 72 Prozent (45 Prozent «Entdecker», 27 Prozent «Verteidiger»).

Eine Frage, die sich aufdrängt, wäre darum, inwiefern eine «übergreifende gesellschaftliche Konfliktlinie» vorliegt, wie es in der Studie heißt, wenn zwei Drittel der deutschen Bevölkerung sich gar nicht in diesem Konflikt engagieren. Sind zwei Drittel im Vergleich mit Polen viel oder im Vergleich mit Frankreich wenig? Man muss die Polarisierung nicht untertreiben wollen, um solche Rückfragen zu haben. Anders gefragt: Mit welchen Zahlen wären wir zufrieden, bei welchen Zahlen wären wir nicht alarmiert? Oder sind wir inzwischen unter allen Umständen alarmiert?

Schaut man sich die Studie aus Münster näher an, die Hinweise auf eine Spaltung der Gesellschaft geben soll, so spricht sie von «substantiellen» Anteilen der Bevölkerung, die polarisiert seien. Zugleich finden sich Formulierungen wie diese: «Wenn auch die Gruppe derjenigen, die dem Prinzip der ethnisch-religiösen Zugehörigkeit [also der These, dass es in Nationalstaaten Obergrenzen für die Mitgliedschaft von Bürgern anderer ethnischer Herkunft und Konfession geben sollte] umfassend und nahezu vorbehaltslos zustimmen, in drei der vier Länder eine klare Minderheit darstellt, so ist die Gesamtheit derjenigen, die ein solches enges, auf Homogenität abzielendes Verständnis von nationaler Zugehörigkeit zumindest in Ansätzen vertreten, doch durchaus erheblich.»[8] Ein langer, aber dennoch unklarer Satz. Die Gruppe der Homogenitätsfreunde sei eine deutliche Minderheit, aber zusammen mit denen, die eine mittlere Zustimmung zur homogenen Gesellschaft – oder eine Zustimmung zu mittlerer Homogenität? – äußern, sei sie «doch durchaus erheblich». In der Berichterstattung über die Studie werden dann die «klare Minderheit» ebenso wie die mittleren Positionen weggelassen. Mitunter auch von Autoren der Studie selbst, wenn sie vor Mikrophone treten. Etwas Bedrohliches mitteilen zu können, scheint eine große Faszination auszuüben.[9]

Die ältere Frage war, was die Gesellschaft, oder wenn man den Plural will: was Gesellschaften zusammenhält. Oft wird formuliert: was sie *noch* zusammenhält. Anscheinend besteht der Eindruck, früher seien die westlichen Gesellschaften stärker integriert gewesen. Durch «gemeinsame Werte», wird dann gern gesagt, obwohl eine Reihe dieser Werte nach wie vor auf allen Seiten denkbarer Spaltung hochgehalten wird. Es sind nicht viele Bürger ernsthaft gegen Freiheit, Wohlstand, Gesundheit, faire Bezahlung oder Gleichberechtigung der Geschlechter. Überdies hat jeder Wert seinen Ge-

genwert, der auch geschätzt wird.[10] Werte führen insofern leicht zum Streit darüber, welcher von ihnen denn gerade den Vorzug erhalten soll. Und schließlich ist die Zahl der ins Feld geführten Werte eher gewachsen als geschrumpft, man denke nur an Nachhaltigkeit oder an die Rücksichtnahme auf geschlechtliche Selbstbezeichnung. Werteverfall als solcher kann es mithin kaum sein, der die spaltungsbedrohte Gegenwart von angeblich stärker integrierten Vergangenheiten unterscheidet.

Doch bevor man das Heute mit dem Gestern sinnvoll vergleichen kann, bedarf es einer zutreffenden Beschreibung der Gegenwart. Heute, so die gängige Diagnose, herrschten die Polarisierung von Gruppen, der unvermittelbare Dissens und die Kompromisslosigkeit. Die Anlässe für diese Beobachtung sind vielfältig: krasse Einkommens- und Vermögensunterschiede, rassistische Gewalttaten, abfällige Redeweisen im Internet oder bei Theaterproben, das vermutete Verschwinden der Mittelschicht, religiöse Fundamentalismen. Mitunter ist davon die Rede, es existierten inzwischen «Parallelgesellschaften», vor allem in den Städten.

Dieser Eindruck soll hier geprüft werden. Nicht nur, weil die Dramatik der Behauptung, die Gesellschaft stehe vor tiefen Spaltungen, generell eine solche Überprüfung verdient. Sondern des Näheren auch, weil es wichtig erscheint zu klären, ob sich diese Dramatik einer rhetorischen Absicht oder einer Analyse verdankt. Stehen wir im Bann massenmedial angeregter Unruhe, oder ist das Eis, auf dem wir uns befinden, tatsächlich so dünn, dass jederzeit mit Brüchen gerechnet werden muss?

In die Diagnose der von Spaltungen bedrohten Gesellschaft gehen eine ganze Reihe ungeklärter Voraussetzungen ein. Sie sind zum einen empirischer Art: Schrumpft die zwischen Extremen ausgleichende Mittelschicht wirklich, und wie stellt man überhaupt fest, wer zu ihr gehört? Wenn das islamisch dominierte Viertel in Berlin-Neukölln eine Parallelgesellschaft ist, muss dann nicht auch das Villenviertel im Grunewald so bezeichnet werden? Oder gibt es Unterschiede, die den asymmetrischen Begriffsgebrauch rechtfertigen? War jene vergangene Zeit, in der die Gesellschaften angeblich stärker integriert waren, womöglich nicht durch mehr Konsens gekennzeichnet, sondern bloß durch andere Konflikte und Ungleichheiten?

Hinzu kommt begrifflicher Klärungsbedarf. Was soll es beispielsweise bedeuten, wenn es heißt, Gesellschaften seien davon bedroht auseinanderzufallen? Es gibt Dissens, es gibt Konflikte und es gibt Gewalt in jedem modernen Gemeinwesen, und zwar seit jeher. Außerdem gibt es erhebliche Unterschiede zwischen den Individuen, den Haushalten, den Wohnquartieren. Solche Unterschiede allein reichen jedoch selbst dann nicht aus, nationalstaatliche Verbünde zu zerstören oder die Rede vom Zerfall einer Gesellschaft zu rechtfertigen, wenn drastische Armut drastischem Reichtum gegenübersteht, die Bildungsdifferenzen groß sind oder die Lebensweisen in einer Bevölkerung stark voneinander abweichen. Die Gesellschaft, so kann man sagen, *besteht* aus Ungleichheiten. Was also heißt «Zusammenhalt» und «Zerfall», wenn etwas anderes gemeint sein soll als das Unbehagen an den Unterschieden der Gesellschaft oder an ihrem Zurückbleiben hinter politisch formulierten Erwartungen?

Dabei stellt sich die Frage, unter welchen Umständen Ungleichheit zu Polarisierung führt. Ein Argument des Buches wird sein, dass Polarisierung erst eintritt, wenn Ungleichheiten sich bei bestimmten gesellschaftlichen Gruppen häufen.

Wenn also die Tatsache, schwarz, katholisch oder eine Frau zu sein, auf dem Dorf zu leben oder keinen Hochschulabschluss zu haben, über alle möglichen anderen Eigenschaften einer Person entscheidet: ihre politischen Einstellungen, ihr Einkommen, ihre Chancen im Wohlfahrtsstaat und vor Gericht, ihr Heiratsverhalten, ihre Lebenserwartung und so weiter.

In der Soziologie wird an dieser Stelle oft von gesellschaftlicher «Versäulung» gesprochen. Der Begriff kam vor mehr als siebzig Jahren in den Niederlanden auf, um eine Situation zu beschreiben, in der von der konfessionellen Zugehörigkeit einer Person auf ihre gesamte Kommunikation geschlossen werden konnte. «Man kannte ja niemanden, der nicht katholisch war», ist eine typische Aussage für diese Situation innerhalb der katholischen Säule. Hier fanden sich Unternehmer, Arbeiter, Bauern, Gewerkschaften, Radioanstalten, Zeitungen, Schulen etc. – und dasselbe in der protestantischen oder der sozialistischen Säule.

Ähnliche Analysen liegen heute zu den Vereinigten Staaten vor, die vielfach als «gespaltene Nation» beschrieben werden. Nicht nur stehen sich Demokraten und Republikaner unversöhnlich gegenüber, ihre Wählerschaft scheint ebenfalls versäult und einander feindlich gesonnen. Das heißt unter anderem, dass sie einander kaum begegnen, weder in den Familien noch in den Stadtquartieren. Demokraten wohnen in den Städten, Republikaner auf dem Land. Die Migration kommt den Demokraten zugute, Republikaner sind weit überwiegend weiß. Man denkt entlang solcher Unterschiede. Glaubt man Umfragen, denken Republikaner mehrheitlich, ein Drittel aller Demokraten sei nicht heterosexuell (es sind kaum mehr als 5 Prozent). Demokraten wiederum schätzen, dass mehr als ein Drittel der republikanischen Wähler mindestens 250 000 Dollar im Jahr verdient (es sind 2 Prozent). Polarisierung ist also ein Prozess, der durch wechselseitige Unkenntnis oder besser: wechselseitig irrtümliches Bescheidwissen verschärft wird.

Rund um den Brexit wurden auch in Europa solche Klumpenbildungen diskutiert: Stadt/Land, jung/alt, wohlhabend/prekär, gebildet/weniger gebildet waren hier die Unterscheidungen, die stark untereinander zusammenhingen. Doch auch solche Verknüpfungen vermitteln schnell ein zu eindeutiges Bild. Für den Brexit stimmten rund 52 Prozent der Wähler, dagegen waren rund 48 Prozent. Die Großstädte waren mehrheitlich dagegen, aber in den Großstädten gab es zugleich hohe Zahlen an Befürwortern; in London fast 40 Prozent, in Liverpool ebenso, in Birmingham und Leeds betrug der Vorsprung der Brexit-Gegner kaum mehr als ein Prozent. Insofern kann wohl kaum von einem klaren Stadt-Land-Gegensatz gesprochen werden, auch wenn in Yorkshire mitunter fast drei Viertel der Stimmen für «Leave» waren. Es gibt eben unter den Städtern auch Alte, Arme, Unstudierte, so wie es unter den Jungen auch Landbewohner und unter denen mit höherem Abschluss auch Alte gibt.

Im Folgenden soll gefragt werden, wie es zu solchen polarisierungsnahen Situationen kommen kann, welche gesellschaftlichen Kräfte dem entgegenstehen, und ob den westeuropäischen Gesellschaften eine ähnliche Entwicklung wie in den Vereinigten Staaten droht. Dabei ist es wichtig, Polarisierung nicht nur (partei)politisch aufzufassen. In Deutschland, wo die Wechselwählerschaft eher zunimmt, wird beispielsweise nach wie vor die Ost-West-Unterscheidung als ein prominenter Schlüssel für Karrieren in allen möglichen Bereichen betrachtet. Ob sich das etwa auf die Ebene der Familien, der Mediennutzung und der religiösen

Einstellungen übertragen lässt, ist zu klären. Dasselbe gilt für eine der ältesten Behauptungen, die Gesellschaft steuere auf einen Konflikt zweier Interessengruppen zu. Die Bedeutung, die der Unterscheidung von Arbeit und Kapital, mithin der These von der Klassengesellschaft zukommt, in der wir angeblich leben, ist unklar. Einfach nur nachzuweisen, dass es Unterschichten gibt, dürfte nicht ausreichen. Denn für einen gesamtgesellschaftlichen Konflikt braucht es mehr als statistisch ermittelte Ungleichheiten, nämlich eine Umsetzung solcher Unterschiede in Aktionen. Existiert also die unterdrückte Klasse nicht nur an sich, sondern auch für sich? Wenn Klassen existieren, spalten sie und ihr kapitalbesitzendes Gegenüber also die Gesellschaft auch außerhalb intellektueller Beschreibungen? Und wenn nicht, woran liegt das?

Auch in Teilbereichen der Gesellschaft findet sich das Motiv der Polarisierung und ihrer Verhinderung. Die Familie beispielsweise fasst Personen quer zur Alters- und Geschlechterunterscheidung zusammen. So verhindert diese quasi natürliche Abgrenzungslinie die gesellschaftliche Entgegensetzung. Aus der Unterscheidung von Jung und Alt sowie Mann und Frau lassen sich nicht beliebige Oppositionen ableiten, wenn es Familien gibt. Die elementarste Form der «Mischehe» wäre, so gesehen, der Zusammenschluss zwischen Mann und Frau. Eine modernere Lesart desselben Gedankens: Der Feminismus erreicht keine allgemeine Gegnerschaft der Frauen gegen die Männer, weil die Erfahrung mit Letzteren in Familien und Ehen einer solchen Frontlinie entgegensteht. Radikale Feministinnen haben gelegentlich die These vertreten, die Konsequenz des politischen Kampfes gegen die vermeintliche Herrschaft der Männer sei die weibliche Homosexualität. Bei freier sexueller Selbstfestlegung der Frau bestehe umgekehrt keine Möglichkeit einer durchgehenden Ablehnung des Mannes. Das Konzept radikaler Spaltung hat sich nicht durchgesetzt.

Ganz analog kann gefragt werden, ob Formen des Generationskonflikts in ihrer Heftigkeit mit dem Grad der Erlaubtheit beziehungsweise Unerlaubtheit einer offenen Gegnerschaft gegen die Eltern innerhalb der Familien zusammenhängt. Anders formuliert: Was ermutigt zu starken Polarisierungen der (älter werdenden) Jungen gegen die (jung geblieben sein wollenden) Alten, und was entmutigt dabei eher? Ein Kapitel des Buches wird sich in diesem Sinne der Kombination von «alt», «weiß» und «Mann» zuwenden: als Beispiel für eine symbolische Gruppenbildung.

Es gibt gesellschaftliche Konflikte, die die Gesellschaft nicht spalten. Es gibt solche, die sie spalten, etwa wenn sie die Form von Kriegen annehmen. Es gibt umgekehrt Spaltungen ohne einen ersichtlichen Unterschied zwischen den Konfliktparteien. Und es gibt als extreme Variation davon den Rassismus, eine Unterscheidung um der Spaltung willen. Alle diese Formen und ihre Spielarten auseinanderzuhalten, ist eine Absicht der folgenden Darstellung.

Schließlich ein Hinweis auf unversöhnliche Konflikte, die in der Öffentlichkeit, also vor laufenden Kameras, ausgetragen werden. Kontroversen, in denen die Beiträge aufgrund von anderen Rollen und vorgängigen Engagements der Teilnehmer festgelegt sind, also durch das Gespräch selbst nicht variiert werden können, kennt man aus Parlamenten und Talkshows. Sie werden normalerweise an der Ideologie der offenen Diskussion gemessen und als Abweichung von deren Ideal verworfen. Nach den Funktionen der expressiven Darstellung des politischen Konflikts und seiner Parteien wird dann nicht gefragt. Es lohnt sich aber die Frage, wie solche Formen einer Versäulung von Gesprächen mit spezifisch politischen Konflikten, an die wir gewöhnt sind, sich von den Eklats der Cancel Culture und ihrer Polarisierungsspiele unterscheiden. Anders formuliert: Wie viel an den Diagnosen «Spaltung» und «Polarisierung» kann empirisch belegt werden, wie viel davon ist hingegen eine auf massenmediale Darstellungen einschließlich der Mikrobotschaften in sozialen Medien abzielende Rhetorik?

Die Absicht der folgenden Überlegungen ist also eine doppelte. Es geht zum einen darum zu zeigen, was soziologisch zur Frage bekannt ist, wann und wodurch in Gesellschaften Polarisierungen oder Spaltungen auftreten, die nicht bloß Konflikte sind, die auf Ungleichheiten beruhen. Denn es ist ja nicht so, als gäbe es kein Wissen in dieser Frage und als müsste die Beschäftigung mit ihr zwangsläufig aus dem Moment heraus und vermeintlich spontan erfolgen.

Zum anderen soll eine Reihe von Konflikten betrachtet werden, die gegenwärtig beanspruchen, die Gesellschaft als ganze zu betreffen und zu spalten. Dabei folgen wir der Vermutung, die Rede von der gespaltenen oder von Spaltung bedrohten Gesellschaft diene einerseits vor allem dazu, Aufmerksamkeit für bestimmte Konflikte und Interessen zu erzeugen und dabei von der Tatsache abzulenken, dass es derzeit keinen dominanten gesellschaftlichen Konflikt gibt. Die Spaltungsbehauptung dient der Konfliktaufwertung. Andererseits scheint es, als habe die Rede von drohender Spaltung die Funktion, das Unterlassen politischer Entscheidungen zu rechtfertigen. Wenn beispielsweise eine Impfpflicht die Gesellschaft spaltet, glaubt man nicht nur leichter von harten Maßnahmen gegen Impfunwillige Abstand nehmen zu können, sondern sieht es geradezu geboten, solche Folgen zu vermeiden. Als 1919 in ganz Deutschland die Schulpflicht eingeführt wurde, kam man nicht auf dieses Argument oder führte sie trotz etwaiger Spaltungen ein, Gleiches galt für die Gurtpflicht 1976 oder 1909 für die Pflicht, eine Führerscheinprüfung ablegen zu müssen. Unabhängig davon, ob man nun für oder gegen eine Impfpflicht, Schulpflicht, Gurtpflicht oder Wehrpflicht ist, weicht die Sorge, eine politische Entscheidung spalte das Land, vor allem befürchteten Konflikten aus. Wenn Spaltung hingegen ein viel unwahrscheinlicherer Fall ist und nur starker Dissens, aber nicht Zerrüttung oder Retribalisierung der Gesellschaft droht, gewinnt man einen anderen Blick auf den intellektuellen Bürgerkrieg, von dem behauptet wird, wir befänden uns mitten in ihm.

1

ZUSAMMENHALT ODER WAS WIRD ÜBERHAUPT GESPALTEN?

Was wird vermisst, wenn soziale Spaltung behauptet oder zumindest befürchtet wird? Geht es nur um scharfen Dissens und das unstillbare Verlangen mancher, in einer ganz anderen Gesellschaft zu leben? Oder geht es mehr als um Meinungen um Handlungen, die viel beschworene Abwendung von der Gesellschaft etwa, die diagnostiziert wird, wenn Jugendliche zeitweise, Sekten dauerhaft ein Desinteresse an überlieferten Lebensweisen zeigen und die Kommunikation mit dem Rest wenn nicht abbrechen, so doch stark reduzieren? Welches Ganze droht denn überhaupt zerlegt zu werden? Und in wie viele Teile? Es gibt ganz unterschiedliche Vorstellungen von einer nicht gespaltenen, sondern vereinten Gesellschaft, die hier als Antwort angeboten werden.

Soziale Gebilde unterscheiden sich in der Frage, wie viel offenen Streit unter ihren Mitgliedern sie zulassen können, ohne dadurch in eine Krise zu geraten. Am meisten stören Konflikte unter den jeweils Anwesenden. Wenn zwei von ihnen sich streiten, können die anderen währenddessen nicht einfach etwas anderes tun. Das Gespräch selbst wird zum Streit. Wie jeder weiß, können Familienfeste oder persönliche Freundschaften durch offenen Streit ruiniert werden. Auch heute noch sind gesprächsdichte Kleinsysteme in dieser Weise konfliktempfindlich, und auch heute noch mag ihre Moral daher ausgesprochen konfliktfeindliche Züge tragen. Sie empfiehlt dann beispielsweise, streitnahe Themen besser gar nicht erst aufzugreifen.

In den Anfängen ihrer Entwicklung war auch die Gesellschaft selbst ein solches Kleinsystem. Stammesgesellschaften waren, nach einer Formulierung des Historikers Peter Laslett, Face-to-Face-Societies.[1] Einige von ihnen waren so klein, dass sie für jedes ihrer Mitglieder aus lauter bekannten Personen bestanden. Die sozialen Beziehungen waren eng, dicht und rollenübergreifend. Man hatte es beim Ritual und auf der Jagd, beim Gabentausch und auf Kriegszügen mit immer denselben Personen zu tun. Konflikte ließen sich unter diesen Umständen kaum besser isolieren als unter Anwesenden, und eine Moral der Konfliktscheu, der Nachgiebigkeit und der Vermeidung des offenen Neinsagens schützte damals nicht nur den Interaktionsfrieden, sie integrierte die Gesellschaften selbst.

Erst an vorneuzeitlichen Hochkulturen hat man gelernt, dass große Sozialsysteme ein anderes Verhältnis zu Konflikten haben als kleine. Sie sind durch offenen Streit sehr viel schwerer zu gefährden und können ihn daher auch zulassen, ja, ausdrücklich dazu ermuntern: Lass dir bloß nichts gefallen! Die Moral des Jasagens ist dann keine Maxime für alle Lebenslagen mehr, sie muss durch eine Moral des Neinsagens ergänzt werden. Man muss beispielsweise nein sagen können, um sich gegen Zumutungen zu schützen, und der Umstand, dass es zwischen vielen möglichen Gegnern die festen Bande nicht gibt, die ein Konflikt zerreißen könnte, erleichtert es, ihn zu beginnen.

Man kann sich die Trennung von Gesprächsmoral und Gesellschaftsmoral auch an der zunehmenden Vielfalt von Rollenpartnern vor Augen führen, die vor Gericht zu ziehen man keinerlei prinzipielle Hemmungen hätte. In sehr vielen Stammesgesellschaften gab es die soziale Rolle des Richters noch nicht, aber auch in manchen Hochkulturen des asiatischen Raums, die sein Amt bereits kannten, hatten die streitentscheidenden Dritten mitunter nur wenig zu tun, weil sie anzurufen als Bruch mit der lokalen Gemeinschaft galt und darum von den Leidtragenden eines lokalen Unrechts nicht so leicht gewagt wurde. Heute konzentrieren sich die Hemmungen dieser Art auf den Bereich der intimsten Kontakte. Hier fürchtet man, dass ein Gerichtserfahren, wie immer es ausgehe, der Ehe oder der Familie nur schaden könne. Und hier verzichtet man daher auf die Durchsetzung eigener Rechte, wenn man die Sozialbeziehung überhaupt schätzt und fortsetzen will. Wie jeder Polizist weiß, werden Klagen gegen häusliche Gewalt häufig zurückgezogen. Fehlt dagegen das Fortsetzungsinteresse, kann man sich mit gerichtlicher Unterstützung auch gegen den Ehepartner oder die Eltern wehren.

Die klassische soziologische Differenz ist aber nicht die zwischen Gespräch und Gesellschaft, sondern jene zwischen Gemeinschaft und Gesellschaft, wie sie der Soziologe Ferdinand Tönnies schon vor einhundertdreißig Jahren aufgebracht hat.[2] Sie bestimmt mehr oder weniger ausdrücklich noch heute die Rede über Spaltung, Zentrifugalkräfte, Verlust an Zusammenhalt. Gesellschaft wird dabei als Feld der bejahten Unterschiede, der Konkurrenz, der normalen Differenzen und auch der Indifferenzen, also des gleichgültigen, kühlen oder, freundlicher gesagt, neutralen Verhaltens unter Personen bezeichnet. In der Gesellschaft begegnen sie sich diesem Bild zufolge zumeist reserviert, abwartend, auf Distanz.

Gemeinschaft hingegen soll vorliegen, wo das soziale Leben auf Verwandtschaft, Freundschaft, Zuneigung und anderen affektiven Beziehungen beruht, auf Nähe und gemeinsamer Herkunft. In der Gesellschaft werde getauscht und gerechnet, hieß es bei Tönnies, in der Gemeinschaft wechselseitig geteilt und geholfen. Ein Stamm wäre, so gesehen, eine Gemeinschaft, die zu anderen Stämmen, etwa durch Handel oder Krieg, ein gesellschaftliches Verhältnis unterhält. Das bedeutet nicht, dass es innerhalb von Gemeinschaften keine Konflikte gibt. Aber das Konfliktverhalten ist gehemmt, der Streit wird überwölbt von dem Gefühl, zusammenzugehören und füreinander einzutreten.

Dieses Gefühl ist zumeist auf lokale Gemeinschaften eingeschränkt, denen es leichtfällt, ihre Mitglieder von Fremden zu unterscheiden. *We are family*. Das heißt: Wir können Zuneigung und Beistand nicht auf beliebig viele Personen ausdehnen. Fremde gehören dann zur Gesellschaft, aber nicht zur Gemeinschaft. Man kann mit ihnen Geschäfte machen, gegen sie gewalttätig vorgehen oder sich von ihnen helfen lassen. Sie können Gäste sein und unter dem Schutz ihrer Gastgeber stehen, aber es wird angenommen, dass sie irgendwann weiterziehen oder ihren Status als Gäste verlieren. «So wird's mir gehen, dass mich totschlage, wer mich findet», klagt der von seinem Land vertriebene Kain zu Gott (1. Mose 4,14), der darauf antwortet, wer dem Nomaden etwas antue, solle siebenfach bestraft werden. Das Unbekannte gilt mithin als bedenklicher Fall, für den eigene Maßnahmen getroffen werden müssen, weil von denen, die nicht der Gemeinschaft angehören, Unsicherheit ausgeht. Für den Fremden gelten darum zunächst andere Regeln als für die Stammesmitglieder. Hält er sich jedoch länger auf, kann er zu Arbeit herangezogen werden, oder freundlicher mit einem angelsächsischen Sprichwort aus den Gesetzen von König Eduard dem Bekenner formuliert: «Twa night gest, thrid night agen hine» – zwei Nächte lang ist man ein Gast, nach der dritten Nacht gehört man zur Familie, ist man «eigen». Aus den dem Fremden gewährten Schutzrechten entstehen Dienstpflichten.[3] Oder die Neuankömmlinge werden speziellen Ritualen unterzogen, um sie in die Gemeinschaft aufzunehmen, wie es auch in britischen Internaten und bei den Freimaurern üblich ist.[4] Die durch Fremde berührte Differenz von Gesellschaft und Gemeinschaft muss also zügig beseitigt werden.

Nun leben wir aber zumeist nicht mehr in Stämmen. Die Gegenwart von Fremden ist weithin normal. Die Stadt als weitverbreiteter Lebensraum impliziert die Anwesenheit großer Mengen von Unbekannten. Im Begriff der Menschheit und der Menschenrechte ist die Überzeugung grundsätzlicher Gemeinsamkeiten verankert, die alle Mitglieder der Gesellschaft weltweit verbindet. Neu Zugezogene müssen nicht in ansässige Familien integriert werden, sondern vor allem in den Arbeitsmarkt, in das Bildungssystem und in die Rechtsgepflogenheiten. Wenn sie einer anderen Konfession anhängen als den ortsüblichen, fällt daran zunächst auf, dass sie überhaupt und anders als rund 40 Prozent der Deutschen einer Konfession anhängen. Wer darüber hinaus im strikten Sinne auf der sozialen und kulturellen Ähnlichkeit seiner Zeitgenossen bestünde, käme vor lauter Aufregung über abweichende Erfahrungen kaum noch zum eigenen Leben. Wer gegenüber Migranten das Abendland ins Spiel bringt, übersieht insofern nicht nur, dass Christus ein Morgenländer war, sondern übertreibt auch das Abendländertum von Pegida-Demonstranten. Die Bemühungen, eine Leitkultur zu behaupten, zu der die Kenntnis wie Bewunderung von evangelischer Kirchenmusik oder Goethes Dichtung gehören soll, laufen auf dieselben Rückfragen zu: Wie viele Inländer wären nach diesen Kriterien integriert?

Die Übertragung von Erfahrungen des Miteinanders aus kleinen sozialen Verbünden – etwa der Jugendbewegung um 1900, der Kameradschaft im Krieg, von Sekten oder Familien – auf Staaten, Parteien, Firmen oder Universitäten weckt unerfüllbare Erwartungen an gesellschaftliche Einheit. Das zeigt sich auf den verschiedensten Gebieten. Besonders illustrativ sind die Erfahrungen, die mit dem Begriff der «Volksgemeinschaft» gemacht wurden, der einer von Konflikten, Konkurrenzen, Individualismus und sozialen Differenzierungen bestimmten Gesellschaft entgegengesetzt worden ist.[5] «Volk» lief im frühen 20. Jahrhundert der Nation als Integrationsbegriff den Rang ab. Die damit einhergehende Bestimmung des Volkes als einer ethnisch homogenen Abstammungsgemeinschaft, deren Wille zu verkörpern sei – etwa im Reichspräsidenten der Weimarer Republik – und nicht in wechselnden Mehrheiten und Streitereien repräsentiert werden könne, bahnte letztlich der Abweisung, Vertreibung und schließlich Tötung «gemeinschaftsfremder» Bürger den Weg sowie der Durchsetzung erpresster Zustimmung. Die Gemeinschaft wurde denen, die sich ihr nicht zugehörig fühlten, angeordnet. Das war ein giftiges Erbe des Ersten Weltkriegs. Kriege können über die inneren Differenzen und Differenzierungen einer Gesellschaft kurzzeitig hinwegtäuschen, beseitigen sie aber nicht.

Auf einem ganz anderen Gebiet und unter ganz anderen Umständen ist die These ausprobiert worden, clanförmig organisierte Firmen, in denen die Mitarbeiter sich mit Haut und Haaren von der Organisation beanspruchen lassen, führten zu höherer Produktivität. Gemeinschaft zahle sich aus. Das geschah in den späten siebziger Jahren des 20. Jahrhunderts unter dem Eindruck, die besondere, gemeinschaftliche Züge tragende japanische Unternehmenskultur (geringe Personalfluktuation, kollektive Entscheidungsfindung, nichtspezialisierte Karrieren, Kontakte der Mitarbeiter auch nach Ende der offiziellen Arbeitszeit) erkläre den Erfolg japanischer Firmen. Doch zum einen sind nicht einmal Familienbetriebe Familien, sondern folgen Rationalitäten, die ihnen nicht die Gemeinschaft, sondern die Konkurrenz, die Kundschaft und die Finanzwirtschaft vorgeben. Und zum anderen wurde auf gewichtige technologische und wirtschaftspolitische Gründe für den damaligen Erfolg japanischer Firmen hingewiesen, die ganz unabhängig von ihrem Managementstil und Gemeinschaftsgefühlen in ihrer Belegschaft waren.[6]

Oder nehmen wir Jugendgangs, die Straßenzüge als Reviere ihrer Gemeinschaft beanspruchen. Sie stoßen bald auf den Rechtsstaat, der zwischen Jets und Sharks keinen Unterschied macht oder jedenfalls nach seinen eigenen Normen keinen machen sollte. Fußballfans der Sorte «Ultras» wiederum können ihre stammesförmige Gemeinschaftsbildung nur rund um den Sport ausleben, die Unterscheidung zwischen Herne-West (für Gelsenkirchen) und Lüdenscheid-Nord (für Dortmund) aber nicht der gesamten Gesellschaft oder auch nur der Kommunalpolitik aufzwingen. Sie müssen sogar im Sport tapfer sein, da es erkennbar weder eine Gemeinschaft zwischen ihnen und den Spielern gibt noch die meisten Spieler Einheimische sind und mitunter sogar dann, wenn sie «aus dem Verein kommen», zu feindlichen Stämmen wechseln.

Familien schließlich, das Urbild von Gemeinschaft, sind schon lange keine großen Verwandtschaftsverbände mehr, durch die geregelt wird, wer in ihnen welche Ressourcen erhält, wer welchen Beruf ergreift, wer wen heiratet und als

Mitglied zugelassen wird. Die Steigerung der Ansprüche an Intimität ging in der Geschichte der Familie mit ihrer allmählichen Verkleinerung einher. Zugleich erweiterte sich der Kreis der in Betracht kommenden Heiratspartner. Der europäische Hochadel mag zwar in manchen seiner Ausprägungen noch so tun, als könne die alte Welt eines verwandtschaftlichen Lebens, das mit den Funktionserfordernissen der modernen Gesellschaft nicht mehr eng verknüpft ist, aufrechterhalten werden. Doch wenn die Eltern der Herzogin von Cambridge einen Handel für Partyzubehör betreiben und die Herzogin von Sussex eine amerikanische Fernsehschauspielerin ist, die der Herzog über ein arrangiertes «Blind Date» kennengelernt hat, lockern sich offenbar selbst hier die Kriterien für Mitgliedschaft und gleichen sich denen von Kleinfamilien an: *All you need is love.*

Kurz: Der Zusammenhalt moderner Gesellschaften kann nicht durch einen gemeinschaftlichen Sinn hergestellt werden. Dazu sind solche Gesellschaften intern zu vielfältig, dazu ist ihre Bürgerschaft zu inhomogen und zu mobil, dazu lebt sie zu sehr von Konflikten und Konkurrenzen, von Abweichung und von Eigensinn. Niemand könnte auch nur über einen städtischen Platz gehen oder in einen Supermarkt, würden durch die dort anwesenden Unbekannten Gemeinschaftsprobleme aufgeworfen. Erwartungen an Gemeinschaftlichkeit sind zu anspruchsvoll, um mit allen anderen Erwartungen an Freiheit, Arbeitsteilung oder Beweglichkeit kombiniert werden zu können. Das Verhältnis zu den meisten Mitmenschen ist eines unproblematischer Fremdheit, eines der Nichtbeachtung von und des routinierten Umgangs mit Unbekannten, eines von «Indifferenz und Minimalsympathie», wie es der Soziologe Rudolf Stichweh formuliert hat.[7] Lokale Stammessolidarität existiert, aber sie ist funktional und räumlich begrenzt und nicht beliebig belastbar. Man lebt beispielsweise auf der Insel Föhr nicht nur als Nordfriese im Gegensatz zu allen Fremden, sondern lebt im langen Sommer auch von ihnen, also vom Tourismus, was schnell Spannungen zwischen Heimatpflege, Grundstücksverkauf, nach außen gerichteter Folklore und Konkurrenz im Gaststättengewerbe auftreten lässt.

Diese Relativierung von Gemeinschaft macht sich auch über räumliche Distanzen hinweg geltend. Inwiefern bildet denn die Krankenpflegerin in Schleswig-Holstein eine Gemeinschaft mit der Steuerberaterin in Thüringen oder dem Gastwirt in Hessen und alle drei mit einem Finanzbeamten aus Rheinland-Pfalz? Dass sie untereinander einen Zusammenhalt haben, kann nicht durch ihre ethnischen Herkünfte, ihren Wohnort, ihre Familie, ihr Alter oder ihr Geschlecht begründet werden. Vielmehr muss zur Erläuterung des Zusammenhangs, der zwischen solchen Bürgern besteht, einerseits auf kühle Kategorien wie Grundgesetz, Steuerzahler, Wohlfahrtsstaat, Subventionsempfänger und Wahlberechtigte zurückgegriffen werden. Andererseits ist klar, dass sie gerade nicht durch Ähnlichkeit, sondern durch ihre Unterschiede miteinander zusammenhängen. Die Arbeitsteilung ist ein typischer Fall solcher Unterschiede, die integrative Folgen haben, weil gerade arbeitsteilig lebende, sich nicht selbst versorgende Personen stark aufeinander angewiesen sind.

Es wird also durch starke Konflikte zumeist keine Gemeinschaft gespalten, denn wir unterhalten gar kein starkes gemeinschaftliches Verhältnis zu den allermeisten unserer Mitbürger. Vielmehr nehmen wir an, dass sie in Hunderten von Dimensionen des gesellschaftlichen Lebens eigene und mit uns unabgestimmte Festlegungen treffen. Die Begründungslast liegt bei denen, die Einheitlichkeit zur Vorschrift machen wollen, also beispielsweise ein bestimmtes Familienbild, Bekleidungsnormen im öffentlichen Dienst, Sorten von Ernährung oder Sexualität, eine Begrenzung religiöser Ausdrucksformen. Im Normalfall wird Toleranz bis zu dem Punkt abverlangt, an dem der Freiheitsgebrauch der einen in die Rechte anderer eingreift. Darüber hinaus kann es dann noch Missbilligung oder sogar moralische Verachtung geben, die allerdings auf die Formen der schlechten Rede über andere eingeschränkt sind.

Demgegenüber gibt es selbstverständlich lokalen politischen Streit, der Risse durch eine Gemeinde legen kann. Kommunalpolitische Entscheidungen über die Ansiedlung von Industrien, Einrichtungen des Fremdenverkehrs oder der Energieversorgung, Maßnahmen des Straßenbaus oder Asylantenheime sind geeignet, solche Fronten hervorzubringen. Es ist dabei schwer, den Gemeinsinn selbst als Argument anzuführen. Wenn aber der soziale Zusammenhalt im Normalfall keine gemeinschaftliche Form hat, dann leidet er auch nicht an starkem Dissens oder Desinteresse. Die Vorstellung, alle müssten einander verstehen oder miteinander reden, die oft in der Forderung vorgetragen wird, niemand dürfe «ausgegrenzt» werden, ist politischer Kitsch. Die Gesellschaft ist in ihrem Zusammenhalt weder durch die Existenz von Verbrechern noch durch die Einrichtung von Gefängnissen bedroht; fast möchte man sagen: im Gegenteil.

Das bringt eine zweite Konzeption des gesellschaftlichen Zusammenhalts ins Spiel, die weniger pathetisch argumentiert. Ihr zufolge leben wir unter anderem in Nationalstaaten. Seit den neunziger Jahren des 20. Jahrhunderts, als das sowjetische Imperium zerfiel, ist die Welt fast vollständig in Nationalstaaten aufgeteilt. Wer über keinen Pass eines solchen Staates verfügt, hat es schwer.

Im Begriff der Nation wird dabei das Gefühl für Zusammengehörigkeit unter modernen Umständen und für sehr große, weit über Stämme hinausreichende Gebilde erneuert. Eine wichtige Verbindung ist dabei die Sprache, doch davon gibt es zahlreiche Ausnahmen: verschiedene Nationalstaaten mit derselben Sprache sowie mehrsprachige Nationalstaaten. Anders als es das berühmte Wort Ernest Renans suggeriert, eine Nation sei ein tägliches Plebiszit, tritt das Gefühl des Zusammenhalts auch nur in eng begrenzten Zeiträumen hervor, in Friedenszeiten etwa bei Sportwettkämpfen, in touristischen Kontexten, an Gedenktagen. Alle Staatsbürger sind rechtlich ständig, viele Staatsbürger emotional aber nur ausnahmsweise Deutsche. Denn es stehen für sie zumeist andere Rollen als die staatsbürgerliche im Vordergrund ihres alltäglichen Selbsterlebens.

Zwar hilft die nationale Zugehörigkeit bei mal mehr, mal weniger freundlichen Zuschreibungen, was französisch oder deutsch sei oder worin sich Norweger von Schweden und Finnen unterschieden. Doch auch das begründet keinen inneren Zusammenhalt der Nationen, weil sich solche Bezeichnungen von kulturellen oder habituellen Unterschieden in ihrem Inneren genauso und womöglich sogar schärfer ausgeprägt finden. Neben der Singularität der eigenen Nation gibt es die des Westfalentums, Bayerns oder des Saarländischen. Mitunter nennen Individuen auf die Frage nach der Zugehörigkeit zuerst die Region, eine Stadt oder Europa, bevor sie zugeben, außerdem Deutsche zu sein. Das wiederum, der Patriotismus und die eindeutig nationalkulturelle Selbstzuordnung, variiert zwischen den Nationen.

Die berühmte Formulierung, es handele sich bei Nationen um «imagined communities», vorgestellte Gemeinschaften, fängt das alles auf.[8] Nationen entstehen nicht durch gemeinsame Merkmale ihrer Mitglieder, sondern durch eine soziale Vorstellungskraft, die einander Unbekannte auf ganz unübersichtliche und vieldeutige Weise miteinander verbindet und solche Verbindungen sogar weit in die Vergangenheit zieht. 1848, 1871, 1914, 1929, 1933, 1941, 1945, 1947, 1949, 1968 und 1989 – alles Deutsche. Andernorts werden von den literarischen Minderheiten mit erheblicher Massenwirkung sogar das Amselfeld oder Jeanne d'Arc aufgeboten.

Staatsbürger zu sein, heißt aber nicht, sich mit seinen französischen Mitbürgern über die Schlacht von Compiègne, also die Feindschaft mit England, verbunden zu fühlen oder als Deutscher ständig 1871 im Sinn zu haben. Staatsbürger zu sein, heißt vielmehr in der Mehrzahl aller Fälle, Mitglied eines einzigen Nationalstaats zu sein und entsprechende Rechte sowie staatsbürgerliche Pflichten zu haben. Staaten entscheiden darüber, welche Rechte das sind und wodurch eine solche Mitgliedschaft erreicht werden kann. Die jeweiligen Festlegungen variieren sehr stark, denn man kann einer Nation angehören aufgrund des eigenen Geburtsortes, aufgrund verwandtschaftlicher Beziehungen, aufgrund einer durch längeren Aufenthalt begründeten Anwartschaft, aufgrund einer Sprachgemeinschaft, aufgrund ehemaliger kolonialgeschichtlicher Verbundenheit, aufgrund von ökonomischen Voraussetzungen oder aufgrund eines bestandenen Einbürgerungstests. Oft lässt sich die Staatsbürgerschaft erst durch Erfüllung einer Kombination solcher Kriterien erlangen.

Eine Türkin, ein Däne oder eine Ghanaerin, die seit mindestens acht Jahren rechtmäßig in Deutschland leben, den

Einbürgerungstest bestanden haben – etwa durch richtige Antworten auf die Frage, bei welcher Behörde in Deutschland ein Hund anzumelden ist oder ob Faustrecht hierzulande zu den Grundrechten gehört[9] –, ihre Lebensgrundlage selbstständig sichern, ausreichende Deutschkenntnisse besitzen und nicht als Straftäter verurteilt sind, haben den Anspruch, eingebürgert zu werden. Ob sie dadurch alle in eine Beziehung zu den Deutschen von 1848, 1914, 1933, 1941 oder 1949 treten, darf bezweifelt werden. Auch darauf kommt es also letztlich nicht an. Und zwar ganz folgerichtigerweise nicht, denn es würde umgekehrt ja auch keine Person mit deutschem Pass ausgebürgert oder als Staatsbürger zweiten Ranges behandelt, die mit diesen Jahreszahlen (oder mit Schwarzwälder Kirschtorte, dem Turnen, evangelischen Akademien) nichts anfangen könnte. Der Nationalstaat ist mithin ein Mitgliedschaftsverband mit pragmatisch und je nach politischer Lage definierten Zutrittsbedingungen geworden. Deshalb wird über jede Änderung dieser Bedingungen erregt diskutiert, wobei wiederum niemand den großen Spielraum bezweifeln kann, der hier für Festlegungen besteht.

Worin also ist die nationalstaatliche Gemeinschaft begründet, deren Spaltung drohen könnte? Der Versuch, diese Frage zu beantworten, muss sich einerseits dem Wohlfahrtsstaat, andererseits den Massenmedien als Trägern imaginierter Gemeinschaften zuwenden. Die kollektive Identität beruft sich auf Arten der Reichtums- oder Armutsverteilung und auf Geschichte, Kultur, Ethnizität.[10]

Moderne Nationalstaaten sind verteilungs- und vorsorgeaktiv, sie erheben Steuern und finanzieren daraus oder aus Schuldenaufnahme alle möglichen öffentlichen Ausgaben.

Der politische Streit ist dann vor allem einer darüber, welche Art von Ausgaben das sein sollen und wer an ihnen in welcher Höhe beteiligt wird. Risse in Nationalstaaten, die den Anspruch haben, als Zeichen drohender Spaltung gedeutet zu werden, verlaufen oft entlang von solchen Zahlungsbereitschaften. Der katalanische Nationalismus, der für eine Herauslösung der nordöstlichen Region aus Spanien plädiert, pocht nicht nur auf eine eigene Sprache und kulturelle Besonderheiten, sondern stark auch auf Ungleichgewichte im innerspanischen Finanzausgleich. Man möchte das Geld lieber selbst verwenden, als es nach Madrid zu schicken, um nach dort entwickelten Kriterien einen Teil davon zurückzuerhalten. Die oberitalienische Partei Lega betrieb, als sie noch Lega Nord und ausgeschrieben «Liga Nord für die Unabhängigkeit Padaniens» hieß, die Separation zwischen dem ökonomisch starken und dem zuschussbedürftigen Teil der italienischen Nation. Padanien war dabei eine erfundene geokulturelle und aus einem großzügigen Gebrauch des Namens «Poebene» (Südtirol bis Venedig, Aostatal bis Marken!) hervorgegangene Bezeichnung für ein primär fiskalisch definiertes Gebiet.

Demgegenüber suchen andere Forderungen, sich von der Zugehörigkeit zu einem Nationalstaat zu trennen, keine ökonomischen Vorteile, sondern nehmen zugunsten politischer Autonomie oder ethnischer Homogenität wirtschaftliche Probleme in Kauf. Der baskische Separatismus, der sich auf eine eigene Sprachgemeinschaft und eine Geschichte der Unterdrückung durch Franco berief, war solch ein Fall. Die Motive der schottischen Unabhängigkeitsbewegung, der bewusst ist, dass Schottland Nettotransfers aus London empfängt, sind ebenfalls nicht wirtschaftlicher Natur. In der großen Spaltung des ehedem jugoslawischen Nationalstaats in den Balkankriegen vermischten sich auf nicht mehr trennbare Weise politische, ökonomische, religiöse und mythologische Motive. Die Geschichte Nordirlands wiederum ist unmittelbar eine der Spaltung, nämlich des Ausscheidens Irlands aus dem britischen Commonwealth bei Verbleiben des nordöstlichen Teils der Insel im Königreich. Intern spaltete sich dann Nordirland selbst nach konfessionellen Gesichtspunkten und solchen des Zugehörigkeitsgefühls zu England.

Alle diese hier nur kursorisch angeführten Beispiele von «Sezessionsnationalismus»[11] zeigen, dass es gesellschaftliche Spaltung auf der Ebene des Nationalstaats durchaus gibt. Sprüche wie der, eine Demokratie müsse spalten (Carolin Emcke), oder der, eine Demokratie müsse versöhnen (Ulrike Guèrot), greifen daran vorbei. Der erste Spruch verharmlost Spaltung zur Trivialität, dass in Demokratien nicht jedwede Narretei einen Anspruch darauf erheben kann, vom Rest der Bürger ernst genommen zu werden. Reichsbürger, religiöse Fundamentalisten, Impfgegner mit Verschwörungsphantasien oder Rassisten können tatsächlich nicht verlangen, ihre Ansichten breit diskutiert zu sehen. Was tatsächlich auch gar nicht geschieht. Aber es gibt kein allgemeines Kriterium, wann eine Narretei vorliegt. Für die einen ist auch die Forderung nach Autonomie des Baskenlands, Korsikas oder Schottlands eine solche. Anderen erscheint die Abschaffung des öffentlich-rechtlichen Rundfunks ein sinnvolles politisches Programm. Oder die Wiedereinführung der Kernenergie. Oder eine aus dem Grundgesetz abgeleitete Pflicht zur «gendergerechten» Sprache für staatliche Einrichtungen. Oder der Brexit. Der Appell an «rationale Standards aus Gründen und Argumenten» (Emcke) verkennt, dass im politischen Konflikt gerade umstritten ist, was als rational gilt und was in den Bereich des Undiskutierbaren verwiesen werden muss.

Der zweite Spruch, der von der Demokratie Versöhnung erwartet, ist völlig abenteuerlich. Demokratie ist ein Verfahren des Konflikts und der Konkurrenz. Am Ende des Streits liegt man sich nicht in den Armen oder hat den Punkt der gegnerischen Seite verstanden. Am Ende des Streits wird vielmehr eine Entscheidung herbeigeführt. Als versöhnlich kann man die Demokratie darum nur in der Dimension bezeichnen, dass sie den Konflikt einhegt, indem sie ihn auf eine Entscheidung, die der Wähler, zulaufen lässt, wonach er eine andere Form annimmt, die von Regierung und Opposition. Fast kann man sagen: Demokratie versucht, Konflikte dadurch zu entschärfen, dass sie ein kaum überschaubares Geflecht von Institutionen der Konfliktbearbeitung aufspannt, in dem diejenigen, die nicht nur streiten, sondern auch Entscheidungen herbeiführen wollen, einen großen Teil ihrer Konfliktenergie verbrauchen oder sich jedenfalls zu einer ökonomischen Verwendung dieser Energie gezwungen sehen: zu Opportunismen, Kompromissen, «Zweckehen», Rhetorik und Anpassung.

Die imaginierte Gemeinschaft der Nation wird über diese demokratische Entscheidungsfindung hinaus von Medien der Imagination getragen. Zeitungen, Fernseh- und Radiosendungen vermögen es, ein Publikum von einander Unbekannten als Gemeinschaft anzusprechen. Wir alle, wir Zuschauer, wir Leser. Das ist zumeist ein nationales «Wir». Auch Romane spielen zumeist innerhalb einer Nation, die prominentesten Ausnahmen von dieser Regel hängen mit Kriegen oder Schiffen zusammen. Selbst wenn wir also Romane lesen, deren Schauplätze nicht in Deutschland liegen, oder uns im Kino lange Zeit vor allem Probleme des amerikanischen Heldentums vorgeführt wurden, bekräftigen außerordentlich viele solcher Artefakte die Nation als wichtigen Begriff, um sich in der Welt zurechtzufinden. So tun es insbesondere die Massenmedien, deren Interesse an Themen (Unfällen, politischen Entscheidungen, Wirtschaftsdaten, Sportereignissen oder Theateraufführungen) zunimmt, wenn sich nationale Bezüge herstellen lassen.

Aber es droht keine Spaltung dieser nationalen Gemeinschaft, wenn sich Bürger nicht für die Nationalmannschaft irgendeiner Sportart interessieren, und sei es die im Fußball. Oder wenn sie als Deutsche der Ansicht sind, mit den Griechen sei in der Eurokrise nicht gut umgegangen worden. Oder wenn sie nicht im Inland Urlaub machen, Aktien ausländischer Firmen halten, die «Ausländerküche» oder die amerikanische Filmproduktion der deutschen vorziehen – und so weiter. Wir leben in einem Paradox: einerseits ganz national fixiert, andererseits ganz in einer Weltgesellschaft, in der vieles von dem, was großen Einfluss auf uns hat, keinen nationalstaatlichen Ursprung besitzt. Die Kenntnis anderer Länder beispielsweise mag in vielen Hinsichten weniger ausgeprägt sein als die des eigenen Landes. Aber ob man das dann wirklich auch für Mallorca im Unterschied zur Eifel behaupten möchte?

Wer die Gesellschaft spalten wollte, müsste darin ein erhebliches Problem seines Vorhabens erkennen. Denn er – wir nehmen einmal an, es handele sich um einen Mann – müsste etwas spalten, das gar nicht einheitlich und wie ein Block vor ihm läge. Wenn es jedoch keinen Block gibt, ist Spaltung schwierig. Aufteilen lässt sich nur, was ein Ganzes ist, ein Ganzes wiederum setzt bestimmbare Grenzen voraus, die Innen und Außen zu unterscheiden erlauben. Der Nationalstaat mit seinen territorialen Grenzen, dem Register, wer zu seinen Mitgliedern gehört, und seiner politischen Ordnung beruht auf solchen Unterscheidungen. Man kann ihn sich als Block vorstellen. Dazu muss man freilich vom Europarecht absehen, vom internationalen Privatrecht, von der EZB, den Handelsabkommen, aber auch von Interpol, der Markenrechtverwaltung und der WHO, also von allen anderen Verpflichtungen auf internationaler Ebene.

Die Separatisten aller Länder kommen mit dieser Frage in Kontakt, wenn sie sich die Einbettung ihrer Nation und ihrer Bürger in die ökonomischen, militärischen, rechtlichen und politischen Zusammenhänge der Weltgesellschaft oder auch nur Europas vergegenwärtigen. Wie stark der Drang auch sein mag, in Spanien Spaltungen entlang der regionalen Grenzen des Baskenlandes und Kataloniens durchzusetzen: Wird die Europäische Union das überhaupt anerkennen, werden nicht baskische Firmen abwandern, weil sie nicht in politische Mitleidenschaft gezogen werden wollen, sondern einfach nur weiter Maschinenbau betreiben möchten, würde das Baskenland in die Nato und die Uefa aufgenommen? Und käme es nicht zu Abwanderung gerade der als wichtig empfundenen Arbeitskräfte, die sich nicht unter Symbolen ethnischer Homogenität versammeln wollen? Die Unsicherheiten im Bereich dieser Fragen sind erheblich, weil die Bürger der Nationalstaaten inzwischen nicht nur in diesen leben, wie in einem Haus, das man entweder bewohnen oder verlassen kann. Sie leben vielmehr sowohl in Nationen wie auch jenseits ihrer Zuständigkeit.

Wir haben darum außerhalb von regelmäßigen Fußballweltmeisterschaften, selten vorkommenden Kriegen und den üblichen Vorurteilen über andere Nationen ein vergleichsweise «dünnes» Gemeinschaftsgefühl. Dünn ist es nach dem Gesagten nicht nur, weil die Mitglieder der

Gemeinschaft einander fast alle unbekannt sind, sondern auch weil es nur wenige Entscheidungen gibt, die über die Existenz des Nationalstaats als solchen befinden und in allen anderen, punktuelleren politischen Entscheidungen Dissens geradezu erwünscht ist oder jedenfalls durch die Parteiendemokratie begünstigt wird. Zusätzlich gehen in die Ansichten, was als deutsch empfunden wird, ganz heterogene Beschreibungen ein. Nur eine Illustration: Erregung über fiskalisch unzuverlässige Griechen erhöht das Gefühl, deutsch, also ökonomisch vernünftig zu sein. Und zwar ganz unabhängig davon, wie es um die ökonomische Vernunft der einzelnen Zeitungsleser oder der deutschen Fiskalpolitik steht. Kurz darauf erfährt man, die Schulden der Griechen hingen irgendwie mit den Vermögensentscheidungen deutscher und französischer Banken sowie mit Toleranzen in Brüssel zusammen, die aus politischen Erwägungen lange Zeit beide Augen zugedrückt hätten. Es würde also nicht nur der griechische Staat, sondern vor allem die Banken gerettet, die ihn finanzierten, damit die deutschen Sparer und außerdem das Gesicht der Europäischen Union. Das führt zu keiner Klärung, was es mit der Lage der griechischen Ökonomie auf sich hat. Aber es zeigt, wie schwierig es ist zu entscheiden, worauf sich ein Gefühl der Zusammengehörigkeit gründen soll: auf Tatsachen, politische Gemeinschaftsappelle, Europaphantasien, Idealisierungen der eigenen Nation oder auf wechselseitige ökonomische Abhängigkeiten.

Von einer gespaltenen Nation kann darum sinnvollerweise nur bei scharfen und offiziell von Recht und Politik gedeckten Diskriminierungen gesprochen werden, wie es in den Vereinigten Staaten und in Südafrika zur Zeit der Rassentrennungen der Fall war. Oder es herrscht Spaltung durch scharfen Dissens, der in die Nähe von politischen Trennungen und Gewaltgebrauch rückt. Erst wenn sich abzeichnet, dass ganze Populationen sich vor die Frage gestellt sehen, auf welche Seite eines Konflikts um nationalstaatliche Einheit sie sich schlagen sollen oder geschlagen werden und welche Rollen neben ihren politischen sie an einem solchen Konflikt auszurichten bereit sind, kann von einer Spaltung gesprochen werden. Die Beispiele von Nationalstaaten, in denen Unabhängigkeitsbewegungen eine Sezession betreiben oder lange Zeit betrieben haben, sind zahlreich und reichen von Abchasien über Schottland und Neukaledonien bis zur Wallonie. Bloßer Streit, er mag noch so heftig sein, reicht also nicht aus, um von gesellschaftlicher Spaltung zu sprechen, so wenig wie eine ungleiche Verteilung von Handlungsmöglichkeiten.

2

**VERSÄULUNG: DIE GESELLSCHAFT
GESCHLOSSENER MILIEUS**

Die Vorstellung, Konflikte als solche zerstörten eine Gesellschaft, ist abwegig. Eine Gesellschaft kann gerade durch ihre Konflikte integriert werden. Das klingt paradox, denn Streit hört sich nach Spaltung, Auseinanderdriften und Zerfall an. Was haben Gegner miteinander zu tun, außer sich auseinanderzusetzen und entgegenzutreten? Doch seit den Tagen ihrer Klassiker – in Deutschland Georg Simmel, in Nordamerika Edward A. Ross – kennt die Soziologie diese eben nur scheinbar paradoxe These. Zusammenhalt durch Konflikt ist ihr zufolge immer dann zu erwarten, wenn auch das Konfliktverhalten von der sozialen Differenzierung erfasst wird. Religiöse Konflikte führen dann zu anderen «Fronten» als politische Konflikte, und diese wiederum zu anderen als die Konflikte im Wirtschaftsleben.

In so einer Lage ist es normal, dass sich wechselnde Allianzen bilden. Wer an der einen Front mein Gegner ist, den brauche ich womöglich an der anderen als Mitstreiter. Das wiederum erzieht mich dazu, ihn auch in der spezifischen Rolle des Gegners zu schonen. Man gehört also in verschiedenen Konflikten verschiedenen Parteien an, geht aber in keiner von ihnen ganz auf und betrachtet auch die Gegner als Gegner nur in einer Hinsicht. Man definiert sich nicht durch eine und nur eine Gegnerschaft. Vielmehr hat man verschiedene Gegner, unterhält aber in anderen Lebensbereichen zu einigen von ihnen auch gute und mitunter sogar persönliche Beziehungen.

Dafür gibt es viele Beispiele. Die Kritiker des Kapitalismus schreiben kritische Bücher über ihn – und tragen sie zu Verlagen, die ihnen mitunter sogar Vorschüsse dafür zahlen. Dasselbe gilt für die Kritiker der «weißen Mehrheitsgesellschaft», von denen selbstverständlich die meisten gute private, geschäftliche oder politische Beziehungen zu Angehörigen der weißen Mehrheitsgesellschaft unterhalten. Vielfältig gebrochene Konfliktfronten sind ein typisches Merkmal der modernen Gesellschaft. Ihre Religionen mögen differenziert sein, aber das schließt nicht aus, dass man in jeder politischen Partei auch mit Andersgläubigen kooperiert und in den Kirchen auf unterschiedliche politische Auffassungen eingestellt ist. Der eine Staat mag gegen den anderen Krieg führen, aber das muss nicht bedeuten, dass nun auch die Wissenschaftler der verschiedenen Staaten aufhören, sich füreinander zu interessieren und voneinander zu lernen. Viele Wissenschaftler, die Hitler vertrieben hatte, waren in den Ländern, die ihnen Zuflucht boten, durchaus willkommen. Man war mit guten Gründen gegen Deutschland, aber nicht partout gegen Deutsche. Und auch der Interessengegensatz zwischen den sozialen Schichten wird in den politischen, den religiösen, den wissenschaftlichen Konflikten nicht einfach kopiert, wenn es sozial inklusive Volksparteien gibt und Weltreligionen, die keinen Gott für einzelne Schichten kennen, und wissenschaftlichen Universalismus.

Eine Gesellschaft dieser Art kennt viele «Spaltungen» – und wird doch durch keine von ihnen definiert. Wenn also von gesellschaftlicher Spaltung gesprochen wird, sobald ein heftiger Konflikt sich meldet, sollte dazugesagt werden, ob es sich um einen Konflikt handelt, der in der Lage ist, die gesamte Gesellschaft zu ergreifen. In den allermeisten Fällen ist das nämlich nicht der Fall. Vielmehr wirkt die Differenziertheit der Gesellschaft sich im Sinne einer Begrenzung der in ihr vorkommenden Einzelkonflikte aus. Vollständiger Kontaktabbruch der Streitenden außerhalb des Konflikts ist eher die Ausnahme als die Regel.

Wenn doch einmal ein Konflikt alle anderen in den Schatten stellt, etwa der politische Konflikt in Kriegs- oder Nachkriegssituationen, dann wird das als eine artifizielle Sperre vor an sich sinnvollen Kontakten erfahren. Deutsche denken hier naheliegenderweise an die Geschichte der Teilung ihres eigenen Landes. Vielen verstellte sie den Kontakt zu Verwandten, andere waren von möglichen Zulieferbetrieben oder möglicher Kundschaft getrennt, und wieder andere klagten darüber, dass die Mauer den wissenschaftlichen Austausch oder die Teilnahme am literarischen Leben blockierte. Nach der Wiedervereinigung hielten manche dieser Spaltungen an, zum Teil bis heute. Die Geschwindigkeit, mit der sie überwunden werden, ist je nach Sektor unterschiedlich, aber in keinem Sektor wird die einstige Entgegensetzung heute noch als fortwährendes Gegeneinander empfunden. Darum kann man statistisch festhalten, wie schwer es Ostdeutsche nach wie vor haben, in Spitzenpositionen von Organisationen (Firmen, Verwaltungen, Universitäten, Kirchen und so weiter) zu gelangen – eine Spaltungsdiagnose wird jedoch nicht daraus. Niemand kann einen Kandidaten aus dem Osten mit dem Argument ablehnen, er komme aus dem Osten.

Auch in Organisationen gibt es das Phänomen der wechselnden Allianzen. Manchmal ziehen alle Fachkollegen an einem Strang, etwa wenn die Mediziner eines Krankenhauses sich gegen den Justiziar oder gegen die Pressesprecherin des

Hauses verbünden. In anderen Konflikten steht die eine Station gegen die andere, weil man sich über die Arbeitsteilung nicht einigen kann. Oder es kommt zu offenem oder verstecktem Streit zwischen Ärzten ungleichen Ranges. Auch hier wechseln die Gegner mit den Konflikten, und auch hier kommt es daher normalerweise nicht dazu, dass das ganze System sich in einem und nur einem Konflikt aufreibt. Selbst Produktionsbetriebe kennen nicht nur den Dauerstreit zwischen Systemleitung und Belegschaft. Spätestens wenn die Konzernzentrale über die Schließung der Niederlassung nachzudenken beginnt, müssen die Gegner auch hier kooperieren.

Die Differenzierung der sozialen Bereiche ist demnach nicht nur die ergiebigste Konfliktquelle, weil sie Beteiligten je nach Rolle und Stellung unterschiedliche Informationen zuspielt und damit auch unterschiedliche Einstellungen nahelegt. Sie dient zugleich der Konfliktbegrenzung. Nötig ist dazu vor allem, dass es nicht nur eine Linie der Differenzierung gibt, sondern mehrere.

Man kann die Geschichte der pazifizierenden Wirkungen wechselnder Konfliktfronten sehr weit zurückverfolgen. Ein frühes Beispiel bieten manche Stammesgesellschaften. Zu den wichtigsten Merkmalen, die uns an diesen Gesellschaften auffallen, gehört ein negatives: Es fehlt ihnen ein politisches Zentrum, das über soziale Konflikte verbindlich entscheiden könnte. In der Literatur über diese Gesellschaften hat man daher immer wieder gefragt, was die verschiedenen Stämme eigentlich daran hindert, sich im Falle von schweren Konflikten mit wechselseitiger physischer Vernichtung zu bedrohen.

Der Ethnologe Max Gluckman fand eine überraschende

Antwort in den Heiratsregeln dieser Gesellschaften.[1] Um sie zu verstehen, muss man sich zunächst einmal klarmachen, dass die Partnerwahl bis vor wenigen Jahrhunderten keineswegs dem individuellen Belieben der Wählenden folgte. Die sozial erlaubte Liebesheirat, notfalls auch gegen den Widerstand der Eltern und unter allgemeinem Kopfschütteln innerhalb der eigenen sozialen Schicht, ist eine durchaus moderne und im historischen Vergleich also eine eher untypische Einrichtung. Typisch ist dagegen eine sehr starke gesellschaftliche Vorzeichnung der Partnerwahl.

Aber nicht nur über die Tatsache, auch über den allgemeinen Richtungssinn solcher sozialen Vorzeichnungen lässt sich etwas sagen. Im Sinne einer historischen Faustregel darf man davon ausgehen, dass der Ehepartner aus relativ fremden und potenziell feindselig eingestellten Gruppen zu stammen hatte. In den Oberschichten von Adelsgesellschaften musste man ihn beispielsweise in anderen Adelsgeschlechtern suchen. Die eigene Abstammungslinie suggerierte dann andere Gegnerschaften als die Rücksicht auf den eigenen Partner. Die Ehen wurden sozusagen unter den Repräsentanten differenzierter Großgruppen, nicht aber unter Individuen geschlossen. Anachronistisch gesprochen, diente der Bund fürs Leben hier eher der Völkerverständigung als dem privaten Glück des Einzelnen, und entsprechend wäre sein aktuelles Modell eher in der Firmenfusion als in der Suche nach einem gleichsinnig oder komplementär interessierten Freund zu finden.

In den Stammesgesellschaften, die Gluckman untersuchte, hatte der Partner dem Nachbarstamm anzugehören. Auf diese Weise entstand eine Situation, in der man keinen Krieg anfangen konnte, ohne auf der Gegenseite Verwandte zu treffen. Immer gab es Leute in den eigenen Reihen, die es ablehnten, einen Feldzug etwa gegen die Familie des eigenen Schwiegervaters zu führen. Die Wendung gegen den äußeren Gegner wirkte hier also nicht solidarisierend, so wie man es aus anderen Situationen kennt, etwa wenn außenpolitische Gefährdung oder außenpolitische Aggression die innenpolitischen Konflikte in den Hintergrund treten lässt. Sie schürte vielmehr die inneren Konflikte zwischen denen mit und denen ohne Verwandtschaftsbeziehungen zur anderen Seite. Die Geschlossenheit einer Kampfgemeinschaft ließ sich unter diesen Umständen nicht herstellen, und darum unterblieb oft der Kampf selbst. Mit Recht sieht Gluckman in jenen Heiratsregeln eine multifunktionale Einrichtung, die nicht nur die Partnersuche dirigiert, sondern zugleich der Gewaltkontrolle dient und so den Bedarf nach ausdifferenzierten Rollen und Rollensystemen der Gewaltkontrolle vermindert.

Belege für die konfliktdämpfende Funktion der Mischehe lassen sich nicht nur in vormodernen Gesellschaften finden. Auf die Frage, wann es eigentlich so weit ist, dass harte und bewaffnete Konflikte sich zu entspannen beginnen, könnte man soziologisch auch für die moderne Gesellschaft noch antworten: sobald die Mitglieder der ehemaligen Streitparteien einander heiraten können, ohne von ihresgleichen dafür bestraft zu werden. In diesem Sinne sind religiöse Mischehen, die keinen der Partner zu Kirchenaustritt und Konversion zwingen, ein Zeichen dafür, dass nicht nur die Gesellschaft, sondern auch ihre Kirchen gelernt haben, mit religiöser Diversität zu leben.

Solche Paarbeziehungen zwischen den Glaubenskriegern der Frühen Neuzeit gab es zunächst nur als Zivilehe, also nur durch den Staat und das staatliche Standesamt beglaubigt. Die Kirchen verweigerten ihnen den Segen, weil sie fürchteten, die intime Sozialbeziehung zu Andersgläubigen könne den Glaubenseifer schwächen, und dies nicht nur in den erwachsenen Eheleuten, sondern auch in ihren Kindern, auch in deren Kindern, auch in den Kindeskindern dieser Kindeskinder und so weiter. Um solche Kettenwirkungen zu vermeiden, wollte die katholische Kirche Mischehen zunächst nur mitvollziehen, wenn der evangelische Partner einwilligte, die Kinder auf die Kommunion und nicht etwa auf die Konfirmation vorzubereiten. Dies wiederum erschwerte es der evangelischen Kirche, solche Verbindungen über Glaubensgrenzen nun auch ihrerseits zu bejahen. Erst als man die Entscheidung über die religiöse Erziehung den Eltern überließ, wurde die Einigung möglich.

Beurteilt man diese Entwicklung vom Standpunkt der Gesellschaft aus, muss das Urteil anders ausfallen als aus der älteren, auf Abgrenzung bedachten Sicht der Glaubensgemeinschaften. Was diese zunächst nur als Schwächung der Glaubensbindungen in der Gesellschaft beklagen konnten, das war für die Gesellschaft selbst eine Stärkung ihrer eigenen Integration.[2] Das gilt nicht nur in dem Sinne, dass man gegen religiösen Fanatismus sozialisiert wird, wenn man es Tag für Tag mit andersgläubigen Ehepartnern oder Elternteilen zu tun bekommt. Bei ausreichender Verbreitung können Mischehen auch die erneute Bewaffnung des Konflikts erschweren – denn wer würde schon in einen Glaubenskrieg ziehen wollen, der sich jederzeit auch gegen die eigene Mutter, den eigenen Sohn, den eigenen Mann richten kann? Die berühmte Rückzugsformel der Studentenbewegung, wonach gerade das Private politisch sei, trifft auf die religiösen Mischehen, an die in den Jahren nach der Revolte gewiss niemand dachte, ohne Einschränkung zu.

Einen aktuellen Anlass, an diese bekannten Sachverhalte

zu erinnern, bietet die politische Situation in den Vereinigten Staaten. Die gegenseitige Entfremdung unter den Anhängern der beiden großen Parteien des Landes ist offensichtlich angewachsen, und das nicht erst seit dem Wahlsieg von Donald Trump, der vielmehr seinerseits schon ein Ergebnis dieser politischen Polarisierung war. Auch im Privatleben gehen Demokraten und Republikaner sich nach Möglichkeit aus dem Weg. Ein solches Meidungsverhalten setzt natürlich voraus, dass sie einander nicht heiraten, und in der Tat sind dazu, je nach Erhebungsmethode, nur 3 bis 5 Prozent der Amerikaner bereit. Das ergibt dann nicht mehr als 6 bis 10 Prozent aller Ehen, wobei hier natürlich die Angaben über Ehen ohne Trauschein fehlen.

Einen Eindruck davon, auf welche Weise diese «politischen Mischehen» zur Entspannung der politischen Situation beitragen, vermitteln Daten, die amerikanische Wahlforscher durch wiederholte Befragungen derselben Personen in den Jahren zwischen 2011 und 2019 erhoben haben. Zuletzt wurden an diesen Daten einige Besonderheiten der politisch gemischten Ehen herausgearbeitet.[3]

Zunächst einmal verhält es sich keineswegs so, dass nur diejenigen, denen das politische Leben ohnehin wenig bedeutet, sich zur Eheschließung mit dem politischen Gegner bereitfinden. Der Anteil der nach eigener Auskunft politisch Interessierten ist in dieser Gruppe nicht geringer als unter den politisch einmütigen Partnern. Die Sorgen, die es manchen Eltern bereitet, wenn die entschieden demokratisch erzogene Tochter sie mit einem Schwiegersohn überrascht, der in gleicher Entschiedenheit den Republikanern zuneigt, könnten durchaus übertrieben sein.

Das belegt für sich genommen natürlich noch nicht, dass die Beteiligten im Zweifelsfalle lieber ihre politischen Überzeugungen zur Disposition stellen als ihre Ehen. Andere Daten deuten aber sehr wohl in diese Richtung. Nicht nur sind Feindbilder gegen politisch Andersdenkende hier deutlich seltener anzutreffen als in Ehen, in denen Partner ihre Überzeugungen teilen. Auch die Mobilität der politischen Zuwendungen liegt bei den politisch uneinigen Paaren ungleich höher. Das zeigt sich zum Beispiel an ihrer Bereitschaft, sich wahlweise auch einmal für den Kandidaten der Gegenpartei zu entscheiden. Einen einsamen Spitzenwert erreichten hier übrigens die demokratischen Männer mit republikanischer Gattin: Nicht weniger als 55 Prozent von ihnen haben im Wahljahr 2016 für Trump gestimmt. Aber auch wenn man nach dem Wechsel der eigenen Parteibindungen im Laufe der Zeit fragt, liegen die gemischten Ehen weit vor den anderen.

Die Autoren schließen ihre Übersicht mit einem ironischen Ratschlag, von dem natürlich auch sie wissen, dass niemand ihn allein aus staatspolitischen Gründen befolgen wird: Statt die verstockten Wähler in Kurse für demokratische Gesinnung zu locken, sollte man sie lieber dazu auffordern, ihre Partner in anderen Parteien zu suchen.

Solche «Mischehen» zwischen möglichen Gegnern fehlen wiederum in manchen Entwicklungsländern, wo die gesamte Bevölkerung in aparte Großgruppen differenziert ist, die sich zugleich auf der Basis ethnischer und religiöser Identifikationen voneinander unterscheiden. Die religiösen Differenzen stehen hier nicht etwa quer zu den ethnischen, sondern decken sich mit ihnen – und dann womöglich auch noch mit schichtmäßigen Unterschieden oder mit solchen zwischen den Lebensformen von Stadt- und Landbevölkerung. Man hat es dann auch bei einem «Themenwechsel» der Konflikte mit immer denselben Gegnern zu tun und kann sie konsequent als solche behandeln. Unter diesen Umständen ist die Rede von einer gespaltenen Gesellschaft durchaus keine Übertreibung, sondern alltäglich erfahrene Realität: Kontakte zwischen den Gruppen werden dann nach Möglichkeit vermieden, ein Gruppenwechsel ist nicht vorgesehen, auch eine vorübergehende Kooperation zu bestimmten Zwecken kommt selten vor.

Anders als die erwähnten Stammesgesellschaften verfügen diese Entwicklungsländer über staatliche Einrichtungen der Gewaltkontrolle. Das macht die Sache allerdings nicht unbedingt besser. Die politische Soziologie der Entwicklungsländer hat hervorgehoben, dass die Differenzierung in Großgruppen zu Schwierigkeiten mit der Wahldemokratie führen muss, und dies vor allem dann, wenn die verfeindeten Lager eigene politische Parteien bilden und ihre Mitglieder sie wählen, ohne Alternativen zu sehen. Vor allem bei Gruppen deutlich ungleicher Größe liegt das Problem auf der Hand: Die größere Gruppe gewinnt alle Wahlen, besetzt alle Ämter, trifft alle wichtigen Entscheidungen, und die kleinere Gruppe hat kein Motiv, die Legitimität dieser Politik anzuerkennen. Der Staat erscheint ihr, und nicht ohne Grund, als das Instrument ihrer gegen sie verschworenen Gegner. Er ist also kein Dritter im Streit der sozialen Parteien, sondern selber nur eine von ihnen. Die ohnehin bestehende Gegnerschaft wird durch das politische System nicht abgeschwächt, sondern verstärkt und zugleich auf alle politisch zu entscheidenden Themen ausgedehnt. Leicht entsteht daraus ein Bürgerkrieg im Wartestand – oder eine Diktatur, die seinen Ausbruch verhindern soll.

Vor diesem Hintergrund fanden niederländische Soziologen viel Aufmerksamkeit, als sie in den fünfziger Jahren die soziale und politische Lage ihres eigenen Landes zu beschreiben begannen. Denn auch hier schien es sich um eine in Großgruppen, in Blöcke, in «Säulen» gespaltene Gesellschaft zu handeln – nun aber mit Wahldemokratie und ohne Gefährdung des inneren Friedens.[4] Die Gruppen unterschieden sich durch ihre jeweilige Weltanschauung. Seit den zwanziger Jahren konnte man in den Niederlanden beispielsweise ein fast komplett katholisches Leben führen: vom katholischen Kindergarten über katholische Schulen bis zur katholischen Universität, mit katholischen Zeitungen, Radiostationen und Modezeitschriften, man wählte eine katholische Partei, machte Urlaub zusammen mit anderen Katholiken, schützte sich gegen Risiken bei einer katholischen Versicherungsgesellschaft und ließ sich in katholischen Krankenhäusern behandeln.

An dieser Geschlossenheit des katholischen Milieus war zunächst nichts, was nur die Niederlande charakterisiert hätte. Die katholische Kirche war die erste Glaubensgemeinschaft, die die Existenz von Krankenhäusern, Schulen, Parteien, Universitäten, Sportvereinen und Massenmedien nutzte, um ihnen ein ideologisches Kolorit zu geben. Schon im 19. Jahrhundert hatte sie in vielen europäischen Ländern, aber auch in Amerika mit dem Aufbau eines derart breiten Netzwerks aus eigenen Organisationen begonnen, um ihre Mitglieder gegen Gefahren einer Berührung mit Andersgläubigen oder Ungläubigen zu schützen. Mit Beginn der Moderne kamen Versuche hinzu, sich gegen manche ihrer Merkmale wie den angeblichen Materialismus, die urbanen Sündenpfuhle, den Glaubensabfall, der zunächst als Atheismus gedeutet wurde, und den Klassenkampf mit eigenen Mitteln zu wehren: Gründung von Organisationen, das Etablieren eigener Medien, Schulerziehung, soziale Arbeit.[5]

Der Grund dafür war ein robustes Misstrauen gegen die Moderne, die Angehörige der Kirche in die Städte entführte, mit den typischen modernen Relativismen konfrontierte und eine von der Wissenschaft und ihren Popularisierungen abhängige Haltung zu vielen Lebensfragen vorschlug. Wer den Wunderglauben, die Marienverehrung und einen gegen Forschung abgedichteten Blick auf die biblischen Texte beibehalten wollte, dem blieb im 19. Jahrhundert gar nicht viel anderes übrig, als zu versuchen, Kontaktsperren zu dieser Welt kritischer Destruktion aufzubauen. Sich in die Tendenz der modernen Gesellschaft einzufügen, Religion nur als eine Sichtweise auf die Welt unter anderen zu betrachten, ist bis in unsere Tage eine der größten Zumutungen für Weltdeutungen, in deren Vokabular Worte wie «Gott», «Todsünde» und «Diesseits» vorkommen.

Diese Selbstabgrenzung der Katholiken ist nur ein mögliches Motiv der sozialen Schließung. Ein anderes wird wichtig, wenn die Mitglieder einer Gruppe diskriminiert werden, so wie es den Schwarzen in Nordamerika unter dem Jim-Crow-Regime widerfuhr. Als «Jim Crow» hatte ein weißer Schauspieler um 1830 seine schwarz geschminkte Bühnenfigur eines wild tanzenden und singenden Afroamerikaners benannt. Nach der Abschaffung der Sklaverei im Jahr 1865 ging dieser Name auf Gesetze über, die gleichwohl der Rassentrennung und Diskriminierung von Schwarzen dienten und erst Mitte der sechziger Jahre außer Kraft gesetzt wurden. Berühmt war die Wendung des Obersten Gerichts, das 1896 in einem Urteil das Verhältnis von Weißen und Schwarzen als «separate but equal» bezeichnete.[6] Das war ein anderer Name für Versäulung: Es sollte von allen sozialen Einrichtungen wie Schulen, Universitäten, Sportvereinen, Krankenhäusern, aber auch, wie in dem vor Gericht verhandelten Fall, Eisenbahnabteilen, eine nur für Weiße und eine nur für Schwarze zugelassene Variante geben. Die Diskriminierung war eine doppelte: Einerseits waren die schwarzen Einrichtungen unterfinanziert, weil ihre Qualität nicht vom Gleichheitssatz erfasst wurde, andererseits bestanden die Weißen auch auf separierten Wohnvierteln und Arbeitsverhältnissen.[7]

Hier ist die Absonderung gewissermaßen aufgezwungen. Wenn Schwarze, die mit dem Rassismus nicht angefangen hatten, von «weißen» Organisationen nicht berücksichtigt wurden, bildeten sie eben eigene Kirchen, Firmen, Kliniken, Kanzleien und Schulen aus. Im Streit um die sogenannten Parallelgesellschaften türkischer Migranten in Deutschland spielt analog die Frage eine entscheidende Rolle, ob ihre Herausbildung sich nicht weniger einem Isolationsbedürfnis der Migranten als einer mangelnden Aufnahmebereitschaft der Einheimischen verdankt.

Unter den Weißen in Amerika, wo es übrigens keine katholischen Gewerkschaften und auch keine katholische Partei gab, war keine weitere Gruppierung dem Vorbild der Katholiken gefolgt, und auch in Europa geschah dies nicht überall. Wohl aber geschah es in den Niederlanden, wo auch Protestanten, Liberale und Sozialisten eigene Parallelorganisationen in praktisch jedem Funktionsbereich aufgebaut hatten; nur dass es keine sozialistischen oder liberalen Krankenhäuser, sondern nur nichtkonfessionelle gab. So gut wie alle Niederländer hatten sich also in ihre je eigenen Schulen, Gewerkschaften und Freizeitvereine zurückgezogen, lasen eigene Zeitungen und unterstützten eigene Parteien.

Die Niederlande sind dennoch nicht zerfallen, eine Spaltung der Gesellschaft oder ihre territoriale Auflösung fand nicht statt. Wie also war eine solche Segmentierung der

Bevölkerung ohne Bürgerkrieg möglich? Der Soziologe Staf Hellemans hat die wissenschaftliche Geschichte dieser Frage nachgezeichnet. Zunächst kamen Soziologen aus anderen europäischen Ländern wie Belgien oder Österreich und teilten mit, bei ihnen daheim sei das alles ganz ähnlich.[8] Später kamen Politikwissenschaftler, allen voran Arend Lijphart, die zunächst an den Niederlanden und dann auch an jenen anderen Staaten den Nachweis führten, dass sie allesamt eine besondere Form von Demokratie praktizierten, nämlich die sogenannte Konsensdemokratie, die jeder sozialen Gruppe unabhängig vom Wahlausgang einen Anteil an der legitimen Macht garantierte. Wo die Gruppengegensätze zu stark sind, als dass man sie durch Mehrheitsentscheidungen unterdrücken könnte, empfehlen sich demnach Proporzsysteme. Jede Partei genießt dann etwa ein Vetorecht, von dem Gebrauch zu machen sie aber tunlichst absieht, weil sie die Rache der dadurch Blockierten bei nächster Gelegenheit fürchtet. Im Ergebnis läuft das auf den Zwang zur Einstimmigkeit hinaus, der die Menge der möglichen Entscheidungen scharf limitiert. Ein Ausgleich dafür liegt darin, dass man auch wichtige Verwaltungsstellen streng nach Proporz verteilt.

In den Niederlanden wurde diese Struktur eines gewaltlosen Nebeneinanders von Parallelgesellschaften, wie schon angedeutet, «Versäulung» genannt. International hat sich dieses Wortbild nicht durchsetzen können. In anderen Sprachen spricht man heute eher von geschlossenen Milieus, von Subkulturen, von Ghettobildung, von Parallelgesellschaften. Auch in den Niederlanden gab es immer schon starke Widerstände dagegen, sich selbst als Säule zu beschreiben. Alle Nichtkatholiken schreckte der Vergleich mit der katholischen Kirche. Ein Spötter hat diesen Widerstand gegen das Wort einmal auf die Formel gebracht:

«Ich gehöre einer sozialen Bewegung an, du einer Organisation, er einer Säule.» (Die Formulierung dieser Spitze folgt der Grammatik jener «unregelmäßigen Verben», von denen Dietrich Schwanitz einst handelte: «Ich weiß einen guten Rotwein zu schätzen, du trinkst zu viel, er ist ein Säufer.»)

Dabei ist das Bild der Säule nicht einmal schlecht gewählt. Abgelesen an der Architektur des antiken Tempels, war die Metapher, die sich für jene Art der Segmentierung eingebürgert hatte, zunächst ein Ordnungsversprechen gewesen. Die Dachkonstruktion des Sakralbaus ruht nicht auf übereinanderliegenden «Schichten» von Steinen oder Gesteinen, sondern auf Säulen, die berührungslos nebeneinanderstehen – und ist gleichwohl stabil. Der anklingende Gegensatz zu den Schichten gehört mit ins Bild, denn wenn man die Bevölkerung so differenziert, dann kann sie nicht zugleich in Schichten, Stände oder Klassen eingeteilt sein. Solche Unterschiede sollten innerhalb der Säulen zurücktreten, was angesichts der sozialen Ungleichheit, die es auch in den Niederlanden gab, natürlich nur mehr oder minder gut funktionierte (wir kommen darauf zurück).

Außerdem ist die Dachkonstruktion ihrerseits nicht nach Maßgabe der Säulen gegliedert, sondern steht quer dazu. In der sozialen Realität der Niederlande entsprach dem, dass die politischen Führer der verschiedenen Großgruppen untereinander kooperationsbereit waren. Schon in den großen Kontroversen über Bekenntnisschulen und allgemeines Wahlrecht, die nach dem Ersten Weltkrieg anstanden, hatten sie sich kampflos zu einigen vermocht und dadurch den Beweis erbracht, dass die Demokratie auch in Staaten funktionieren kann, die kulturell stark differenziert sind.

Bis hierher sind wir einer Darstellung unseres Themas gefolgt, die vor allem die scharfen Differenzen zwischen den Blöcken betont, die nur durch Kooperation ihrer Führer hätten integriert werden können. Dies ist jedoch eine zu starke Vereinfachung und muss daher deutlich relativiert werden.

Man darf nicht davon ausgehen, dass die Soziologie einer versäulten Gesellschaft ihrerseits von Versäulung frei sei. Auch die begriffliche Darstellung der Differenzierung ist noch durch sie bestimmt. Man erkennt das zum Beispiel daran, dass die Frage nie abschließend geklärt werden konnte, ob es neben den beiden religiös fundierten Säulen auch noch dritte und vierte Säulen aus Liberalen beziehungsweise Sozialisten gegeben hat. Diese beiden politischen Gruppierungen haben sich selbst ausdrücklich nicht so begriffen, weil sie ihre Anhänger nicht nach Religion unterschieden. Das aber konnte angesichts des politischen Organisationsgrads der beiden Konfessionen nur dazu führen, dass es vorwiegend die religiös relativ Indifferenten waren, die sich einem der beiden überkonfessionellen Lager anschlossen. Und das wiederum ermöglichte es den religiös Gebundenen, Liberale und Sozialisten gegen ihren eigenen Willen zu einer einzigen Säule zusammenzufassen – nämlich zur Säule der Freidenker, gekennzeichnet nicht durch religiöse Vielfalt, sondern durch religiöse Abstinenz.

Die oft vertretene Drei-Säulen-Lehre bietet also einen ihrerseits schon versäulten Blick auf Versäulung. Sie verabsolutiert das Einteilungsschema der Religion und führt dazu, dass die politische Relevanz der Unterscheidung von Glaube und Unglaube überschätzt wird. Das wiederum nährt den Irrtum, es handele sich um einen bloßen Kulturkampf. In der Politikwissenschaft wird diese Auffassung noch heute reproduziert.

Soziologisch unbefriedigend an dieser Lehre ist, dass sie dem Thema der querstehenden Loyalitäten zu wenig gerecht wird – und deshalb den sozialen Frieden zu sehr von der Elitenkooperation abhängig sieht. Die Niederländer waren aber nicht nur nach Fragen des Glaubens beziehungsweise Unglaubens, sondern auch nach sozialen Schichten differenziert, und jedes dieser beiden Differenzierungsprinzipien hatte seine eigene Entsprechung im sozialen und politischen Leben des Landes.[9] Die Katholiken und die Protestanten bildeten ihre Blöcke nach religiösen Gesichtspunkten und wandten sich daher an Mitglieder aller sozialen Schichten, sofern sie nur ihren Glauben teilen; die Sozialisten und die Liberalen wandten sich dagegen an Arbeiter beziehungsweise Unternehmer, ohne nach Religion zu unterscheiden. Symptomatisch für den Klassencharakter speziell der liberalen Säule war übrigens das Schicksal ihrer Gewerkschaft, die sogleich als Gründung der Unternehmer beargwöhnt wurde, unter Arbeitern kein Vertrauen fand und ihren Betrieb alsbald einstellen musste.

Man hat es also nicht mit einer Differenzierung in lauter Weltanschauungsparteien zu tun. Vielmehr stehen den beiden Konfessionsparteien zwei Klassenparteien gegenüber. Die einen sind sozial inklusive «Volksparteien», wenn man von Schichtung ausgeht; die anderen sind es in dem Sinne, dass sie am Konfessionsstreit nicht teilnehmen und nach Distanz dazu suchen. Jeder Niederländer nahm an religiösen und an ökonomisch bedingten Konflikten teil, und ehe man sich einem der vier Blöcke zuordnen konnte, musste man eine Art von Vorrangentscheidung zwischen diesen beiden Konfliktlinien treffen. Wer sich nach religiösem Bekenntnis zuordnete, hätte es auch nach sozialer Klasse tun können, und umgekehrt. Hat man sich das einmal klargemacht, dann versteht man besser, woher die andernfalls mysteriöse Kooperationsbereitschaft unter den politischen Führern der verschiedenen Säulen stammt.

Die relative Einmütigkeit beim Ausbau des niederländischen Wohlfahrtsstaats in den Jahren nach dem Ende des Zweiten Weltkriegs hatte ihren Grund nicht allein in der Wohlerzogenheit der Eliten oder in den säulenübergreifenden Kontakten der Oberschicht. Sie wurde auch dadurch erleichtert, dass die Sozialisten nicht die Einzigen waren, die sich mit Unterschichtinteressen identifizierten. Die protestantischen und katholischen Parteien mochten den Sozialismus ablehnen, aber sich gegen konkrete Maßnahmen zur Verbesserung der Lage von Industriearbeitern zu wenden, hätte ihnen erhebliche Schwierigkeiten mit den Arbeitern in den eigenen Reihen eingebracht. An einer Verschärfung des Klassenkampfes konnte den Konfessionsparteien nicht gelegen sein, denn sie mussten fürchten, dass ihre Anhänger dann nach Klasse statt nach Konfession abstimmen würden. Sie hätten dann auch bei gleichem Bekenntnis je nach Klasse verschieden abstimmen können, und das wiederum hätte die religiösen Solidaritäten geschwächt. Mehr als die Sozialisten, die sich ihnen unter Preisgabe ihrer revolutionären Traditionen freilich bald anschlossen, waren die Konfessionsparteien daher auf sozialen Ausgleich bedacht.

Den Klassenparteien wiederum konnte an einer Verschärfung des religiösen Konflikts nicht gelegen sein, der doch am Ende auch die eigenen Mitglieder und Anhänger so hätte erfassen können, dass sie bei der nächsten Abstimmung die Partei ihrer Religion und nicht die Partei ihrer sozialen Lage wählten. Eben deshalb waren die Klassenparteien Anhänger des Toleranzgedankens, Gegner der religiösen Versäulung, Freunde des Säkularisierungsprozesses.

Man hat es eigentlich mit zwei Paaren aus jeweils typgleichen Parteien zu tun, und jedes Parteienpaar hat ein eigenes Interesse daran, den «Scheidungsgrund» des anderen Paares zu entschärfen. Jedes Parteienpaar fungiert als vermittelnder Dritter in den internen Konflikten des anderen Paares. In jedem Lager gab es verschiedene Teilgruppen, die je eigene externe Loyalitäten hatten. Industriearbeiter, die sich einer religiösen Säule mitsamt ihrer Industriegewerkschaft und ihrer politischen Partei zurechneten, teilten relevante Interessen mit Arbeitern, die sich den Sozialisten zuordneten, und mit Bezug auf bestimmte Themen konnte dies die stärkere Identifikation sein. Die Inkongruenz der Abgrenzungsprinzipien für Säulen und das ihr entsprechende Nebeneinander von Klassen- und Konfessionsparteien schuf also querstehende Konfliktlinien auch unterhalb der Spitzenebene. Das relativiert eine Sichtweise, die soziale Integration nur auf das Verhalten der Spitzenfiguren zurückführt.

Aufschlussreich sind hier etwa die Fernsehprogramme der religiösen Säulen. Sie boten ein schichtmäßig differenziertes Kulturprogramm an – von den Erzeugnissen der Hochkultur bis zu solchen der volkstümlichen Unterhaltung. Das Ergebnis war, dass große Teile der religiös gebundenen Zuschauer mit großen Teilen der ihnen zugedachten Programme wenig anfangen konnten, weil sie an die kulturellen Präferenzen einer anderen Schicht angepasst waren. Aber statt bei diesen unwillkommenen Teilen einfach abzuschalten, suchten die Zuschauer in den Programmen der Gegenseite nach Sendungen, die ihnen zusagten. Der religiösen Differenzierung des Angebots entsprach also keine Differenzierung des Nutzerverhaltens. Nach Unterhaltung suchend, verhielten sich auch die religiös gebundenen Arbeiter als Arbeiter und nicht nach Maßgabe ihres Glaubens.

Die Spaltung der Niederlande reicht weit in die niederländische Religionsgeschichte zurück. Eine Bedingung dafür, dass sie sich lange halten konnte, war der Wechsel in der politischen Führung des Landes, die mal bei den Katholiken, mal bei den Protestanten oder den religiös Desinteressierten lag. Versuche, die politische Macht auszunutzen, um die anderen Säulen massiv zu schädigen, gab es nicht. Toleranz vorausgesetzt, können Parallelgesellschaften also durchaus nebeneinander existieren; die Frage ist nur, wie wahrscheinlich das ist, und ob nicht die Gründe, die gegen eine Versäulung sprechen, sich langfristig durchsetzen.

Als die Soziologie der Versäulung einsetzte, war unter den Niederländern nicht nur die Wortwahl, sondern auch die Sache, um die es ging, schon zum Gegenstand öffentlicher Kontroversen geworden. In ihrem Widerstand gegen die Deutschen, die ihr Land besetzt hielten, hatten die Niederländer von 1940 bis 1945 keine Säulen gekannt, und sie nach dem Kriege erneut aufzurichten, erschien vielen als unnötig, als künstlich, als zu forciert.

Diesen Eindruck kann man auch soziologisch gut nachempfinden. Soweit es die Religion betrifft, liegt ein Grund dafür in jenem Prozess, der ebenso häufig wie missverständlich als Säkularisierung bezeichnet wird. Anders als vielfach angenommen, ist damit nicht gemeint, dass die Religion allmählich verschwindet; wohl aber, dass viele Bereiche der Gesellschaft nicht mehr religiös interpretierbar sind. Seuchen und Wirtschaftskrisen, das Misslingen eines wissenschaftlichen Experiments oder die politischen Erfolge sozialistischer Parteien sind, auch nach Auskunft der Religion selbst, keine Strafen Gottes. Wenn das so ist, welchen Sinn soll es dann haben, sich in säkularen Rollen als Kranke, als Touristen, als Eltern und Wähler immer nur mit Glaubensgenossen zu umgeben? Ist das nicht nur noch ein Ausdruck religiöser Fremdenfeindlichkeit? Und wenn es doch geschieht: Wie lange lässt sich das durchhalten, wenn der Versuch dazu den Verzicht auf attraktive Möglichkeiten voraussetzt? Wenn es schon keine katholische Blinddarmoperation oder keinen katholischen Chemieunterricht gibt, warum soll man sie den Nichtkatholiken dann vorenthalten? Und warum sollte man nicht auch als Katholik nach dem Krankenhaus mit der reichsten Behandlungserfahrung oder nach der Schule mit dem besten pädagogischen Ruf suchen?

In den Niederlanden setzte der Abbau der Gruppenspaltung schon in den sechziger Jahren ein. In Übereinstimmung mit jenem allgemeinen Trend zur Relativierung religiöser und ideologischer Identifikationen konnten sich die sei es kirchlich, sei es politisch gebundenen Organisationen immer weniger darauf verlassen, dass die «eigenen Leute» auch in ausreichender Zahl mitwirken wollten. Einige von ihnen mussten aufgeben, andere schlossen sich mit den Gegnern von ehedem zu überkonfessionellen Zeitungen, Krankenhäusern oder Freizeitvereinen «für alle Christen» zusammen, und wieder andere definierten ihr Publikum so, dass es auf Glaube oder Unglaube überhaupt nicht mehr ankam. Auch der anderswo schon vollzogene Wandel von der Klassen- und Konfessionspartei zur Volkspartei wurde nachgeholt. In anderen Ländern dauerte derselbe Prozess etwas länger, so etwa in Belgien, wo die Parallelorganisationen sich dank staatlicher Alimentierung länger zu halten vermochten. Aber auch damit ist es seit einigen Jahrzehnten vorbei.

In Europa scheint diese Version einer gespaltenen Gesellschaft damit der Vergangenheit anzugehören. Anders dagegen in manchen Ländern an der Peripherie der Moderne. Angesichts der Zumutung, nur zwischen Bürgerkrieg und

Diktatur wählen zu können, blieb das Interesse am dritten Weg der Konsensdemokratie in vielen von ihnen lebendig – mit wechselndem Erfolg, wie Staf Hellemans unter Hinweis auf den Libanon oder auf Bosnien-Herzegowina hinzufügt, wo auch die Konsensdemokratie den Bürgerkrieg entweder gar nicht oder nur unter starker Außenintervention abwenden kann.

Der Niedergang religiöser Parallelorganisationen in säkularen Rollenbereichen bestand nicht nur in den Niederlanden darin, dass religiöse Zugangsschranken für das Publikum einfach weggelassen wurden. Auch in anderen konfessionell zerklüfteten Ländern lässt sich ein langanhaltender starker Einfluss religiöser und weltanschaulicher Organisationen auf das zivile Leben feststellen, der allmählich zurücktritt. Nehmen wir nur die Geschichte der deutschen Christdemokraten, deren Vorläuferpartei, das «Zentrum», sich zunächst ganz an katholische Wähler wandte und zur Verteidigung des Katholizismus gegen den Liberalismus gegründet worden war. Der Übergang zum «C» nach dem Zweiten Weltkrieg öffnete die Partei für Protestanten, Ludwig Erhard beispielsweise war evangelisch. Heute hat die Partei muslimische, jüdische und konfessionell ungebundene Mitglieder wie Wähler. Sie wählt ihre Gegnerschaften politisch, nicht mehr religiös.

Im Bereich der Politik kann Versäulung nur vermieden werden, wenn eine Ausdifferenzierung spezifisch politischer Konflikte gelingt. Wie an den Beispielen der Entwicklungsländer und der Sondersituation in den Niederlanden schon angedeutet, setzt dies voraus, dass die politischen Parteien sich nicht einfach als der verlängerte Arm einer gesellschaftlichen Großgruppe verstehen, die man auch unabhängig von ihrer politischen Präferenz als solche identifizieren könnte. Natürlich lässt sich themenweise immer angeben, wer seine Anliegen von welcher politischen Partei gefördert sieht – oder welche Parteien wen durch je eigene Förderprogramme umwerben. Aber über so eine Koordination muss, weil sie sich nicht von selbst versteht, wiederum politisch entschieden werden.

Das Verhältnis der Sozialdemokraten zu den Gewerkschaften etwa war ehedem ein gutes Beispiel dafür, wie sich eine Partei fest an eine große gesellschaftliche Konfliktlinie und an eine Großgruppe bindet. Heute sind die Sozialdemokraten keine Arbeiterpartei mehr, und als solche wurden sie auch durch keine andere Partei abgelöst. Der Versuch, eine neue Arbeiterpartei zu gründen, müsste mit Schwierigkeiten rechnen. Denn die potenziellen Wähler haben nicht nur eine Schichtzugehörigkeit und einen Beruf oder eine Konfession, sie bilden auch Interessen als Land- oder Stadtbewohner aus, als Eltern, Konsumenten oder Patienten, die nur in losem Zusammenhang mit ihrem Arbeiterdasein stehen. Überdies machen sie oder ihre Kinder Karrieren, die aus der Arbeiterschaft hinausführen können. Wer darum nachvollziehbarerweise fordert, es müsse um der Chancengleichheit in der Bildung willen mehr für die Kinder von Arbeitern getan werden, sollte zugleich sehen, dass die Arbeiterkinder, die solche Chancen verwirklichen, dann selbst keine Arbeitereltern mehr sind.

Bauernparteien wiederum waren vielerorts nur ein Übergangsphänomen, und das sogar in Schweden, wo sich die einst als Bauernbund gegründete Zentrumspartei konservativen, sozialdemokratischen, grünen und neoliberalen Programmen zuwandte. Ein Grund dafür: Es ist eben nicht klar, worin die Interessen der Bauern, Arbeiter oder Frauen als solchen bestehen. Nicht zuletzt, weil zwischen Arbeitern in niedergehenden und solchen in aufsteigenden Industrien, zwischen Hausfrauen, teilzeitbeschäftigten und Frauen in der Unternehmensberatung, Ökobauern und Massentierhaltern wenig gemeinsame Interessen bestehen. Oder jedenfalls nicht so viele, um eine Parteibildung unter dem Titel der jeweiligen «Identität» zu rechtfertigen.

Noch gegen Ende des 19. Jahrhunderts bereitete diese Differenzierung zwischen den gesellschaftlichen und den spezifisch politischen Konfliktlinien erhebliche Schwierigkeiten, und dies durchaus nicht nur in den Niederlanden. Auch in Deutschland dachte man sich die Parteien als Agenturen von Klassen oder von Konfessionen. Von der Ausweitung oder Egalisierung des Wahlrechts erwartete man sich daher den dauerhaften Übergang der politischen Führung auf die größte gesellschaftliche Gruppierung.

Wie kann man, so lautete damals die Frage der besorgten Oberschichten und des Bürgertums, zur Demokratie übergehen, ohne dass in der Folge eine riesige Unterschicht alle Wahlen gewinnt? Und muss darum nicht, wer den Sozialismus ablehnt, auch gegen das allgemeine und gleiche Wahlrecht eingestellt sein? Wie kann man verhindern, dass regelmäßig die mitgliederstärkste Glaubensgemeinschaft gewinnt? Können Juden, obwohl üblicherweise in der Minderheit, Demokraten sein?

So zu denken, hat zur Voraussetzung, dass die Ausdifferenzierung der sozialen Rolle des Wählers misslingt. Der Wähler hätte dann gar keine Wahl, sondern würde zuverlässig so abstimmen, wie die jeweils maßgeblichen Mitmenschen es von ihm erwarten. Arbeiter beispielsweise würden als solche unter dem Druck stehen und ihm nachgeben, sozialistisch zu wählen – und keine anderen Parteien als die sozialistischen würden sich ihrer Interessen annehmen. Das dritte Merkmal der heute üblichen Wahlen neben ihrer Allgemeinheit und Gleichheit wurde eingeführt, um genau das zu verhindern: Die Geheimheit der Wahl macht den Gruppenzwang wirkungslos, weil sie es dem Wähler überlässt zu entscheiden, wem er über sein Wahlverhalten welche Auskünfte gibt. In gleicher Funktionsrichtung liegt es, dass Wahlen ohne imperatives Mandat, also ohne Bindung der gewählten Vertreter an Aufträge ihrer Wähler, nicht gut als Beauftragung mit Interessenvertretung verstanden werden können.

Historisch ist es in den europäischen Nationalstaaten und ihren Parteiensystemen anders gekommen. Parteien mit eindeutiger Zuordnung zu gesellschaftlichen Interessengruppen sind in der Minderheit. In den großen, ehemals als «Volksparteien» bezeichneten politischen Gruppierungen gibt es jeweils Untergruppen, die sich den Interessen von Arbeitnehmern, Frauen, Jugendlichen oder Mittelständlern verbunden fühlen. Die Stimme eines Arbeiters ist der SPD im Übrigen genauso recht wie die eines Angestellten oder Beamten. Dafür muss sie Rücksicht auf die spezifischen Interessen von Schullehrern, Ingenieuren und Leuten in der Verwaltung nehmen, die nicht mehr «Proletariat» genannt werden können.

In einer Gesellschaft, die auf Rollen und Rollentrennungen, nicht auf Personen beruht, sind also persönliche Identifikationen mit wirklichen oder vermeintlichen Gruppen dazu verurteilt, abstrakt zu bleiben. Es gibt keine kompakte Identität. Man kann nicht sein ganzes soziales Leben als Deutscher, als Parteimitglied, als frommer Muslim oder als Angehöriger der linksalternativen Szene führen. Bei aller ethnischen, religiösen oder ideologischen Fremdenfeindlichkeit – die Kommunikation mit den jeweils Abgelehnten kann nicht oder nur um den Preis des Fanatismus vermieden werden.

Damit wird es zunächst einmal wahrscheinlich, dass die Gruppenzugehörigkeit selbst an Bedeutung verliert, weil sie die Inklusion in die wichtigsten Funktionsbereiche der Gesellschaft nicht vermittelt. Lokale Inklusionsgemeinschaften, auch solche von Migranten mit ethnischen oder religiösen Besonderheiten, verlieren entweder ihren Systemcharakter, oder sie erhalten sich als Sozialsysteme mit einer nur rollenspezifischen Bedeutung, zum Beispiel als Stätten geistlicher Kommunikation, als Herkunftsfamilie oder als Trachtenverein. Das Mitglied wird als Person gegenüber solchen Gruppen gestärkt, weil seine Teilnahme an der Gesellschaft nicht von ihr abhängig ist, nicht durch sie garantiert wird und daher auch nicht in sanktionierender Absicht blockiert werden kann.

Eine andere Komponente von Versäulung war das Schulwesen. Ehe es Schulen mit einheitlichem Curriculum für alle gab, war die Religion das institutionelle Organ einer zweiten, einer über die Familien hinausreichenden Erziehungsleistung von größerer Kontextfreiheit und Allgemeinheit gewesen. Diese Funktion konnte sie erfüllen, solange es in Europa praktisch nur eine einzige Religion gab. Nach der Kirchenspaltung und nach der Gewöhnung an konfessionell differenzierte Nationalstaaten wurde dies anders. Die religiöse Erziehung war nun ihrerseits nach Maßgabe partikularer Gruppen differenziert und konnte in dieser Form nicht mehr für die Gesellschaft, sondern nur noch für die Bedürfnisse ihrer jeweiligen Trägergruppe erziehen. Um dies zu verhindern, suchte man die Schulerziehung, ähnlich wie zuvor schon die Politik, gegenüber der Religion zu verselbstständigen. Formuliert wurde dieser Wechsel in der Idee einer Nationalerziehung. Statt an die religiösen Bindungen der Schüler und ihrer Familien anzuschließen, um sie durch Schulunterricht zu verstärken, sollte sie zu denjenigen Einstellungen erziehen, die im Gesamtsystem brauchbar sind, also etwa zur Toleranz angesichts religiöser Auffassungsunterschiede, zu kulturellem Individualismus, zum Respekt vor der Wissenschaft.

Die Religion ist aber nur eine Linie der Abgrenzung. Auch angesichts der Klassenkämpfe, die in der Geschichte der großen Konflikte nach den religiösen Bürgerkriegen kamen, optierte die Erziehung gegen ein Versäulungsprogramm. Selbst die Institutionen der Arbeiterbildung, vor allem natürlich die alten Volkshochschulen, stellten die vermeintlich allgemeine, «bürgerliche» Kultur vor, und sogar linke Soziologen wie der junge Theodor Geiger traten für das klassenunspezifische Curriculum ein. Geiger fragte: Soll der Lehrer das Arbeiterkind als solches erziehen, es also auf den hochwahrscheinlichen Verbleib in dieser Klasse vorbereiten und ihm die entsprechenden Gegnerschaften und Loyalitäten nahelegen? Oder soll er solche Dinge gleichsam nur am Rande des Unterrichts und nur auf Initiative des Schülers überhaupt ansprechen? Betrachtet man die Sprachschwierigkeiten des Proletarier- oder Migrantenkinds als ein auszuräumendes Hindernis für Allgemeinerziehung – oder erzieht man dieses für sein zu erwartendes Kollektivschicksal beziehungsweise für den politischen Widerstand dagegen?

Es ist offensichtlich, dass die Schule die Allgemeinerziehung präferiert. Der Lehrer versteht sich, was die Funktion seines eigenen Systems anbelangt, als Repräsentant der Gesamtgesellschaft und bietet ein für diese sinnvolles Programm an, das dann den Verkehr unter Beliebigen erleichtern soll. Die Idee der Nationalerziehung richtet sich deutlich dagegen, dass jede Gruppierung ihre eigene Erziehung hat. Deshalb sieht sie eigene Differenzierungen – und zwar nach Bildungsniveaus und/oder Ausbildungsgängen – überhaupt erst gegen Ende der Schulzeit vor. Das Pendant zur Versäulung wäre, wenn die Erziehung der Spaltung der Gesellschaft nachgeordnet wäre, also von den politischen, religiösen oder schichtmäßigen Gruppen in eigener Regie betrieben würde, sodass die ohnehin vorhandene Tendenz einer Sozialisation zur gegenseitigen Entfremdung sich mangels Ausdifferenzierung in den Schulen nur fortsetzen würde.

Die Ausdifferenzierung der sozialen Rolle der Schüler liegt darin, dass das Curriculum von allen Sonderloyalitäten der Kinder absieht, ihnen also nicht spezifisch als Christen, als Migranten, als Arbeiterkindern oder Nachkommen der lokalen Honoratiorenschicht gerecht zu werden versucht, sondern all diese Merkmale allenfalls als Vorteile beziehungsweise Nachteile bei der Vermittlung eines allgemeinen Programms einstuft. Unter diesen Umständen wird den Gruppen zugemutet, dass ihre Kinder täglich eine Situation erfahren, in der Fremde anwesend sind und in der die eigenen Selbstverständlichkeiten bestenfalls Thema, Frage oder Problem sind, und oft nicht einmal dies. Die Kinder können und müssen in der Schule Dinge sagen, die zu sagen in ihrer jeweiligen Gruppe nicht gestattet wäre.

In einer hochdifferenzierten Gesellschaft wird, mit anderen Worten, notwendig unangemessen sozialisiert. Bauernkinder lernen zu Hause unter Umständen wenig über Literatur, Professorenkinder überschätzen womöglich, wie wichtig Argumente sind – es fragt sich, ob gerade die von Professoren erzogenen Lehrer dies korrigieren können. Die Familie und die Wohnumgebung sind nur ein Teil der Gesellschaft, sie bereiten also nicht auf die ganze Gesellschaft vor. Die Generalisierungen, die aus dem Aufwachsen als Kind von Kioskbesitzern, Facharbeitern oder Schullehrerinnen gezogen werden können, werden nicht oder jedenfalls nicht konsequent und nicht breit genug unterstützt, um Kontaktfähigkeit unter beliebigen Mitgliedern der Gesellschaft garantieren zu können. Nicht einmal die Sozialisation in Oberschichten stellt sicher, dass das Ergebnis auch gesellschaftsadäquat ist; mitunter ist es, ähnlich wie bei Unterschichtensozialisation, nicht einmal schuladäquat. Die Gesellschaft bedarf also der Erziehung – und zwar einer Erziehung, die sich ihren Adressaten primär als Mitglied des Gesamtsystems vorstellen kann und ihn eben deshalb aus seinen partikularen Loyalitäten herauslösen, ihnen gegenüber individualisieren muss. Sie führt ihn in Situationen, in denen er nur noch über seine Kleingruppen und nicht als deren Mitglied kommunizieren kann. Der Lehrer und die Themen stehen für das Gesamtsystem – auch wenn sie zusammen mit dem Schüler wiederum ein eigenes Teilsystem bilden, das eigene (und gleichfalls nicht gesellschaftsweit brauchbare) Sozialisationseffekte ausübt.

Es liegt auf der Hand, dass die Schulen in mancher Hinsicht die Kinder gegen die Erwartungen ihrer eigenen Eltern erziehen. Nicht alle Eltern waren, nicht alle Eltern sind damit einverstanden. Manche von ihnen erziehen dann ihrerseits gegen die Schule. Wir nehmen dies heute als Besonderheit mancher Migranten wahr und assoziieren es mit deren Religion. Das Problem ist aber kein Monopol des Islam, es hat allgemeinere Konturen. Noch zu Beginn der siebziger Jahre notierte der amerikanische Soziologe Talcott Parsons über die Schulen seines Landes, die ja vielfach private Träger haben und darum für lokale Elterneinflüsse offener sind, eigentlich lerne man nicht dort, sondern erst an der Universität, dass es neben der eigenen Religion und neben der eigenen Nation auch noch andere gebe.

In der Erziehung gegen den höherstufigen Partikularismus der je eigenen Nation zeichnet sich eine nochmals anspruchsvollere Funktionsbestimmung für die Universität ab. Ihr ist unlängst ein Kreis um den Soziologen John W. Meyer nachgegangen.[10] Den weltweiten Ausbau der Schulen und Hochschulen sowie die internationale Angleichung ihrer Lehrpläne und ihrer Abschlüsse hatte Meyer bis dahin vor allem als eine Begleiterscheinung der weltweiten Staatenbildung behandelt. Er folgte damit der Einsicht von Sozialhistorikern, wonach die historisch erfolgreichen Nationalstaaten die religiösen Partikularismen nur überwinden konnten, indem sie die allgemeine Schulpflicht einführten. Nur die Schule sollte die kleinen Kirchgänger lehren können, furchtlos auch mit Andersgläubigen und Ungläubigen zu kommunizieren.

Nun hat Meyer eine Publikation vorgelegt, die seinem Lebensthema eine neue Fragestellung abgewinnt: Wenn es richtig ist, dass die Schule für den Nationalstaat erzieht – wer erzieht dann für die Kultur und für die Verkehrsformen einer darüber hinausgehenden Weltgesellschaft? Natürlich liegt es nahe, hier an Universitäten zu denken. Aber lässt sich das auch zeigen? Meyer und sein Team haben Daten aus der jüngeren Entwicklung von rund einhundertfünfzig Staaten miteinander verglichen, und zwar für zwei Gruppen von Variablen. Im Bereich der abhängigen Variablen geht es um Indikatoren und Maße, an denen man ablesen kann, wie stark ein Staat sich an transnationaler und weltweiter Kooperation beteiligt. Hierher gehören: die Zahl an internationalen

Abkommen; die lokale Präsenz von weltweit tätigen Nichtregierungsorganisationen; die Bereitschaft der Staatsbürger, sich an globalen Protesten in Themenbereichen wie Umweltschutz oder Menschenrechte zu beteiligen; ferner der Grad an «Verwissenschaftlichung» von Politik und Verwaltung und anderes mehr.

Zum anderen geht es um den Anteil der akademisch ausgebildeten Bevölkerung, der als unabhängige Variable eingeführt wird, also die Erklärungslast tragen soll. Das Ergebnis dieses Riesenvergleichs fällt ziemlich eindeutig aus: Das Ausmaß, in dem ein Staat sich für transnationale und globale Kommunikation öffnet, hängt nicht an der allgemeinen Schulpflicht und auch nicht am Besuch des Gymnasiums oder vergleichbarer Einrichtungen. Nur die Breite des Universitätszugangs vermag den jeweils erreichten Grad an Offenheit zu erklären.

Die Universität wäre demnach nicht nur eine Institution der Weltgesellschaft neben anderen, sondern zugleich diejenige, von der diese anderen Institutionen in doppelter Weise abhängen. Sie verdanken ihr das analytisch geschulte Personal mit seinen Englisch- und Mathematikkenntnissen, seinen dadurch erweiterten Kontaktchancen, seinen weltweit relativ einheitlichen Wissensbeständen und Denkvoraussetzungen. In all diesen Erwerbungen spiegelt sich, Meyer zufolge, der wissenschaftliche Charakter der akademischen Lehre: Von den Geltungsansprüchen her gesehen, kann es keine deutsche Physik und keine amerikanische Soziologie geben, also lassen sich auch die Kommunikationschancen, die man durch das Studium solcher Disziplinen erwirbt, nicht auf nationale Bezugsgruppen begrenzen.

Aber es geht nicht nur um das Personal der globalen Einrichtungen. Dessen Ansprüche auf Mitsprache und Beachtung, auf Autorität und Prestige setzen ein Publikum voraus, das bereit ist, diese Ansprüche zu honorieren, weil ihm ein Minimum an Achtung vor wissenschaftlichen Argumentationsweisen beigebracht wurde. Und auch dieses Publikum kann Meyer sich ohne die Universität schwerlich vorstellen. Eben deshalb, so sein abschließender Befund, bildet auch die viel beklagte Entfremdung zwischen den globalen Eliten und den Nichtakademikern in ihrem Publikum einen eigenen, minder glanzvollen Teil dieser Geschichte.

Nehmen wir nach den Hinweisen auf die Entsäulung der Religion, Politik und Erziehung auch noch die Geschichte des Sports hinzu. Ein kleines Beispiel: die beiden größten Fußballclubs der schottischen Metropole Glasgow. Ursprünglich waren sie konfessionell und politisch gebunden. Die Celtics waren, ihren Mitgliedern, Zuschauern und Spielern nach, seit dem Ende des 19. Jahrhunderts ein katholischer sowie ein Arbeiterverein mit starken Wurzeln in der irischen Migration nach Schottland. Niemals wurde hier im Stadion der Union Jack gehisst. Die Glasgow Rangers hingegen waren protestantisch und britisch, sie verstanden sich selbst als zur Mittelschicht gehörig und königstreu.

Eine solche Versäulung des Sports sollte nicht von vornherein als unsachgemäß bewertet werden. Sie trägt vor allem in die Tribünen Gefühle hinein. Man hat über die Gegnerschaft auf dem Feld hinaus einen zusätzlichen Grund, den anderen Verein nicht zu mögen. Gerade dort, wo es um die Mobilisierung von Emotionen geht, ist Versäulung ein Mittel, um die Beteiligten gegeneinander aufzubringen.

Doch dieser Mobilisierung des Publikums stehen Nachteile gegenüber, Nachteile auf dem Platz. Es dauerte in der Vereinsgeschichte der Glasgow Rangers einhundertacht

Jahre, bis 1989 erstmals ein Spieler katholischer Konfession für das Team spielen durfte. Im aktuellen Kader gibt es Spieler aus Kolumbien, Rumänien, Sambia, Nigeria und Kroatien, die offenkundig keinem Konfessionstest unterzogen worden sind, aber es gibt dennoch kein einziges Teammitglied, das zuvor bei Celtic Glasgow gespielt hätte. Die Celtics ihrerseits nahmen es mit der Konfession und «Identität» ihrer Spieler schon seit langem nicht so streng. Damit hatten sie die Logik des Sports auf ihrer Seite. Denn es liegt auf der Hand, dass es keinen katholischen, keinen monarchietreuen und keinen proletarischen Fußball gibt. Vereine sind zwar mehr als der Fußball, den ihre Mannschaften spielen. Sie sind unter anderem lokale Gemeinschaften. Insofern mag es katholische Vereine oder solche mit einem Arbeiter-Image geben. Auch im deutschen Fußball bemüht man sich insbesondere im Ruhrgebiet, das Ethos des Arbeitervereins aufrechtzuerhalten. Am Ende bleiben Arbeiter und Mittelschicht, Katholiken und Protestanten aber bloße Ornamente des Spielgeschehens: Die frühe Entwicklung zum Profisport zwang immer stärker dazu, von solchen nichtfunktionalen Gesichtspunkten bei der Rekrutierung der Leistungsträger abzusehen. Stehen in der eigenen Mannschaft aber erst einmal Andersgläubige, wird es auch für die Tribünen schwieriger, sich als exklusive Gemeinschaften zu fühlen.

Eine ähnliche Geschichte lässt sich über die Entsäulung des amerikanischen Baseballs erzählen, wo die rassistische Sortierung des Publikums und der Mannschaften – «Major League» hier, «Negro League» da – ebenfalls über die Leistung schwarzer Spieler aufgebrochen wurde. 1945 unterzeichneten Branch Rickey, der Manager der Brooklyn Dodgers, und Jackie Robinson, bis dahin Spieler bei den Kansas City Monarchs in der Negro League, noch ganz im Geheimen einen

Vertrag, und zwei Jahre später lief Robinson unter Protest vieler Weißer auch unter seinen Mannschaftskollegen auf Seiten der Dodgers als erster schwarzer Spieler in einem sonst komplett weiß besetzten Match auf.[11]

Um es zusammenzufassen: Versäulung ist eine Spaltungsform der modernen Gesellschaft und ihrer Teilsysteme. Sie liegt insbesondere vor, wenn religiöse oder schichtmäßige Gesichtspunkte den Zugang zu anderen sozialen Bereichen steuern, wenn es also eine nahezu komplett katholische, protestantische oder sozialistische Lebensführung geben kann. Man mag von einer milden Form von Fremdenfeindlichkeit oder jedenfalls Abneigung gegen den Kontakt zu Mitbürgern sprechen. Im extremen Fall kann es unter diesen Umständen zu Konflikten zwischen den Säulen kommen, vor allem wenn es um die Frage geht, wer politisch regieren soll, und die Entscheidung dieser Frage über demokratische Wahlen bezweifelt wird. Je mehr Säulen es in einer Gesellschaft gibt, desto unwahrscheinlicher ist dieser Fall, weil sich dann nicht zwei, sondern mehrere Gruppen gegenüberstehen und weil politisch die Bildung von Koalitionen naheliegt. Verfassungen mit Minderheitenschutz tun ihr Übriges.

Zugleich übt die moderne Gesellschaft einen steten sozialen Druck auf Versäulungen aus, weil die Frage, was spezifisch katholisch an einem Krankenhaus, einer Schule, einem Sportverein oder einer politischen Partei sein soll, nicht leicht zu beantworten ist. Wenn heute von Eltern katholische Schulen geschätzt werden, geschieht das oft nicht aus einer Präferenz für Thomas von Aquin, für den Wunderglauben oder für päpstliche Festlegungen heraus, sondern weil das öffentliche Bildungssystem in Misskredit gekommen ist. Das Argument ist also oft mehr ein erziehungsspezifisches als ein religiöses. Das entschärft konfessionelle Konfliktlinien genauso, wie in der Politik die «christliche» oder «sozialistische» Orientierung von Parteien nicht mehr als feindliche Erklärung gegen Atheisten und Kapitalisten verstanden wird, sondern als Wertbekenntnis. So gut wie niemand ist gegen die dabei beanspruchten Werte der Gerechtigkeit, Toleranz, Nächstenliebe oder Fürsorge für die Benachteiligten. Entsprechend kann gegenwärtig auf Begriffe wie «Ökumene», «Wohlfahrtsstaat», «soziale Marktwirtschaft» und «Allgemeinbildung» in der Beschreibung der normativen gesellschaftlichen Absichten gar nicht verzichtet werden. Diese Begriffe aber passen nicht zur Behauptung einer Spaltung der Gesellschaft.

3
POLITIK UND POLARISIERUNG:
DER FALL DER VEREINIGTEN STAATEN

Das für Rationalisten Anstößige des politischen Konflikts liegt darin, dass man im politischen Gegner immer den Gegner vermutet. Man widerspricht ihm auch dann, wenn es in der Sache selbst wenig Alternativen gibt oder wenn man in der vorhergehenden Legislaturperiode dasselbe praktiziert hat. Umgekehrt wird von den politisch Nahestehenden erwartet, die gemeinsamen Positionen rein als solche, also ohne allzu hohe Ansprüche an sachliche Konsistenz, zu unterstützen. *Right or wrong, my party.* Bei raschen Positionswechseln der Spitze und bei Übernahmen der bislang vom politischen Gegner vertretenen Ansichten wird es dann mitunter an der Basis schwierig, noch ganz mitzukommen und entschieden zu vertreten, was gerade beschlossen wurde. Die Christdemokraten unter Merkel können – Wehrpflicht, Atomkraftausstieg, Ehe für alle – ein Lied davon singen.

Es wird also nicht immer von neuem, nicht Thema für Thema über Kooperation oder Konflikt entschieden, sondern es kommt zu einer Vereinfachung im Sinne des Freund/Feind-Schemas. Die Furcht vor dem Beifall von der falschen Seite gehört mit in dieses Syndrom. Vielleicht kann man genau das «politische Polarisierung» nennen. «Polarisierung» meint dann einfach den Sachverhalt, dass man soziale Differenzierungen zur Vereinfachung komplexer Sachlagen nutzt.

Im Extremfall braucht man keinerlei Sachkenntnis mehr, um sich gegen ein Vorhaben auszusprechen; es genügt dann, dass der Gegner sich positiv damit identifiziert. Das führt natürlich zu viel unnötigem Streit. Und es führt dazu, dass Dinge unentscheidbar werden können, die es an sich keineswegs sein müssten. Es gibt also viel Widerspruch um des Widerspruchs willen.

Dass die Diskussionslage in Parlamenten durch solche Polarisierung bestimmt ist, gehört zu den klassischen Argumenten einer Kritik, die den Parlamentarismus am Ideal einer offen und unvoreingenommen geführten Diskussion misst, sei es von rechts in der Variante Carl Schmitt, sei es von links in derjenigen von Jürgen Habermas.[1] Sie muss sich den Vorwurf gefallen lassen, etwas als eine beklagenswerte Unvollkommenheit zu bezeichnen, das tatsächlich eine nichtrationale Entscheidungshilfe in überkomplexen Entscheidungssituationen ist.

Bekannt ist überdies, dass es im politischen System selbst Einrichtungen gibt, die diesem Konfliktstil entgegenwirken. Es gibt verschiedene Formen parteiübergreifender Zusammenarbeit, sei es in Koalitionen oder angesichts der Mitspracherechte einer zweiten Kammer. Es gibt die Kooperation in Ausschüssen, bei der es durchaus um Sachargumente geht. Es gibt eine teils offene, teils latente Dominanz der Verwaltung gegenüber der Parteienpolitik, und dadurch ist sichergestellt, dass nicht alles, was nach der Logik des politischen Konflikts einleuchtet, auch zum Gesetz werden kann. Jede neue Regelung muss sich beispielsweise in das geltende Recht einfügen lassen, und das geht nicht ohne ein Minimum an sachlicher Konsistenz. Außerdem müssen Ungleichbehandlungen sachlich, also nicht nur von der Warte des politischen Partikularismus aus begründet werden. Es kann zum Beispiel Steuerbefreiungen geben, aber nicht nur für die Mitglieder der Regierungspartei – auch wenn ihr dies sehr viel Unterstützung eintragen würde.

Der politische Konflikt wird also nur in einem Teil des politischen Teilsystems der Gesamtgesellschaft aktuell. Was wir in den Vereinigten Staaten derzeit sehen, kann demgegenüber nur als Politisierung der Alltagskommunikation beschrieben werden – und nicht als eine Übertragung ökonomisch oder religiös erzeugter Gegnerschaft durch Klassen- oder Konfessionsparteien, so wie sie uns im Kapitel über Versäulung vor Augen standen.

Der Begriff der Versäulung scheint einen Richtungssinn zu implizieren: Zuerst gibt es religiösen oder sozialen Konflikt und danach dann einen politischen Konflikt mit ähnlichen Fronten. Für die politischen Entsprechungen zu den beiden «Urspaltungen» der modernen Gesellschaft, der Kirchenspaltung und den Klassenkämpfen des 19. Jahrhunderts, ist das ein brauchbares Modell.

Mitunter wird versucht, auch die aktuelle Situation in Amerika nach diesem Muster zu verstehen. Die beiden Parteien stünden für unterschiedliche Teile der Bevölkerung. Gezeigt wird dann aber eigentlich nur, dass die politischen Neigungen, sagen wir: der Schwarzen, der Migranten oder der evangelikalen Christen nicht etwa gleich verteilt sind, sondern deutliche Schwerpunkte zugunsten der einen oder der anderen Partei aufweisen. Dieser Sachverhalt ist jedoch vergleichsweise normal, er rechtfertigt es nicht, von einer gespaltenen Gesellschaft zu reden.

Demokraten und Republikaner stehen nicht für streng getrennte Segmente der Bevölkerung, sie sprechen nicht für «Säulen» von Wählern, die in getrennten Welten leben. Man muss eine zweite Art der Spaltung in Betracht ziehen, die durch starke Identifikation mit der eigenen Stellung in politischen Konflikten zustande kommt.

Machen wir uns den Sachverhalt zunächst an Beispielen klar. Bei Georg Simmel wird gesagt: Es gebe keinen Grund, warum Konservative gegen den Realismus als ästhetisches Programm eingestellt sein sollten – außer dass er zufälligerweise zunächst von den Fortschrittsleuten geschätzt wurde. (Um einzusehen, wie wenig selbstverständlich solche Übereinstimmungen zwischen politischen und ästhetischen Optionen sind, muss man sich nur klarmachen, dass selbst Adorno, der sie in seiner geschichtsphilosophischen Ästhetik immer wieder beschwor, das eigene Interesse an moderner Malerei mit Leuten wie Arnold Gehlen teilte, mit denen ihn politisch wenig verband.) Ähnlich sagt Maurice Duverger über den Antiklerikalismus der französischen Linken, er existiere nur deshalb, weil man die Rechten irgendwann einmal als kirchennah und die Kirche als konservativ wahrgenommen habe. Die Freunde des Gegners in unpolitischen Rollenzusammenhängen werden gleichfalls zu Gegnern erklärt, und was immer ihm dort gefällt, das muss ich eben deshalb ablehnen.

Wenn es um politisch hervorgerufene Versäulung geht, sind solche Beobachtungen wichtig. Sie zeigen, dass nicht nur religiöse Auffassungsunterschiede, ökonomische Interessengegensätze oder Amalgame aus beidem in die Politik übertragen werden können, sondern dass es auch umgekehrt möglich ist, eine zunächst nur politische Gegnerschaft auf unpolitische Präferenzen des Gegners auszudehnen. Der Gegner wird sozusagen mit seiner politischen Option überidentifiziert. Er ist in jeder Handlung mein Gegner, auch wenn er sich mit Kunst befasst, seine Kinder erzieht, in die Kirche geht oder gerade nicht. Zu wissen, wie seine Einstellung zu solchen Themen ist, erleichtert mir die Option. Ich kann dann aus politischen Gründen in die Kirche gehen (statt aus religiösen Gründen zu wählen), einfach weil der politische Gegner es nicht tut, oder aus politischen Gründen das Leben in der Stadt gegenüber dem Landleben bevorzugen (statt je nach Wohnort zu wählen) und den Wechsel des Wohnorts als politische Aktion inszenieren.

Das zeichnet sich gut in den Forschungen ab, die Arlie Hochschild unter enttäuschten Bewohnern der «Fly Over Countries», die sich Donald Trump zugewendet haben, durchgeführt hat.[2] Manche der Gesprächspartner leiden unter Arbeitslosigkeit wie extremer Umweltverschmutzung und haben eine um fünf Jahre geringere Lebenserwartung als die Bewohner der «blue states», die gewöhnlich an die Demokraten gehen, aber sie wählen ihre politische Einstellung nicht nach Maßgabe dieser Erfahrung. Vielmehr bejahen sie ihre beklagenswerte Lage einfach deshalb, weil der politische Gegner das nicht tun würde. Sie sind nicht als Anrainer und Opfer der petrochemischen Industrie disponiert, demokratisch zu wählen, sondern als sich oft moralisch und kulturell definierende Gegner der Demokraten dazu, aus ihrer Betroffenheit andere als die von diesen erwarteten Konsequenzen zu ziehen.

Manche Parteianhänger nehmen gerade als solche etwa am religiösen Leben teil. Der Umstand, dass dieses nicht von sich aus nach Parteien differenziert ist, wirkt dann nicht länger ausgleichend; vielmehr kann es sein, dass die politisch größte Gruppe in der Gemeinde den Gottesdienst für Zwecke der Selbstdarstellung missbraucht und die kleinere Gruppe, davon abgestoßen, die Teilnahme einstellt oder nach anderen Gemeinden oder gar nach anderen Glaubensgemeinschaften sucht, in denen sie selbst die Mehrheit stellt.

Das Ergebnis solcher Entmischungen mag dann als religiös-politische Versäulung erscheinen, obwohl der Konflikt in umgekehrter Richtung verstärkt wurde.

Wenn Ausstellungseröffnungen dazu dienen, vor einem mehrheitlich demokratisch gesonnenen Publikum gegen den republikanischen Präsidenten zu polemisieren, darf man sich nicht darüber wundern, wenn die anwesenden Republikaner es bei der nächsten Vernissage vorziehen daheimzubleiben – und auch nicht darüber, dass ihre Kulturpolitik (oder ihre Einstellung zu den geisteswissenschaftlichen Departments der Universitäten) solche Erfahrungen widerspiegelt.

Die ausgleichende Wirkung, die es haben kann, dass die politischen Gegner in anderen Bereichen wie Kunst und Religion auch Kooperationspartner sind, hat also offenbar zur Voraussetzung, dass man diese unpolitischen Handlungszusammenhänge nicht für politische Kundgaben der stärksten Fraktion unter den jeweils Anwesenden nutzt.

Etwas Ähnliches gilt für Massenmedien. Es ist eine Sache, dass Journalisten im Allgemeinen weiter links stehen als der Durchschnitt der Bevölkerung, und es ist eine ganz andere Sache, wenn sie ihre Stellung in ehemals unabhängigen Blättern für Zwecke der politischen Eigenwerbung nutzen – und damit Sendern wie Fox News eine Rechtfertigung dafür liefern, sie darin zu überbieten. Eine solche politische Eigenwerbung wird ihnen im Zeitalter der Identitätspolitik gleichwohl naheliegen.

Für Soziologen ist also nicht leicht zu erkennen, was man sich unter der Spaltung einer komplexen Gesellschaft nach Maßgabe einer rein parteipolitischen Differenzierung vorstellen sollte. Die bloße Intensität des politischen Konflikts würde dafür nicht genügen, denn der betrifft die beteiligten

Personen ja nur in den Rollen des Politikers oder des Wählers, des Demonstrationsteilnehmers, des Wahlkampfhelfers, des Zeitungslesers, des politisch kommentierenden Journalisten.

Zusätzlich dazu müsste man erwarten, dass das politische Schisma sich auch in unpolitische Rollenzusammenhänge hinein fortsetzt, angefangen von der parteipolitisch neutralisierten Verwaltung innerhalb des politischen Systems selbst über das Gerichtswesen des Landes bis in seine Wirtschaft, seine Krankenhäuser, den Wettkampfsport, die Erziehung in Schulen und Hochschulen. Eine solche Fortsetzung könnte zum Beispiel darin bestehen, dass man dem politischen Gegner auch in unpolitischen Rollenzusammenhängen zu schaden versucht: beim Zugang zum Wohnungsmarkt, zum Arbeitsmarkt, beim Aufstieg innerhalb einer Organisation, der Aufnahme ins Krankenhaus, dem Erhalt von Transferleistungen, vor Gericht oder wenn es um die Frage der Vertrauenswürdigkeit eines Informanten im Zuge einer journalistischen Recherche zu politikfernen Themen geht.

Demokraten hätten dann etwa schlechte Chancen, eine Stelle zu bekommen, wenn es ein Republikaner ist, der darüber entscheidet – und umgekehrt. Eine in diesem Sinn politische Stellenbesetzung gibt es in Amerika für die höheren Verwaltungsämter, wo sie die vertrauensvolle Zusammenarbeit zwischen deren Inhabern und der politisch mobilen Spitze erleichtern soll und daher in weitem Umfang auch legitimiert werden kann. Aber das sind deutliche Ausnahmen, schon in der Verwaltung selbst.

Den privaten Arbeitgebern wird eine solche Diskriminierung nach Parteibuch und politischer Gesinnung erheblich erschwert. In dreißig der amerikanischen Bundesstaaten ist sie auch rechtlich verboten. Aber selbst dort, wo keine Rechtsschranken der parteipolitischen Diskriminierung entgegenstehen, wäre es mit erheblichen Nachteilen verbunden, sie zu praktizieren, weil man dann unter Umständen an dem raffiniertesten Programmierer oder an der Pressechefin mit den besten Pressekontakten vorbeigehen müsste. Unsachgemäße, beispielsweise politische, aber auch religiöse oder ethnische Rekrutierung hat Kosten. Nicht zuletzt wären solche Zensuren politisch unwirksam. Jeder Bewerber, dem an der Stelle viel liegt, könnte die erwünschte Loyalität unwiderleglich simulieren, um dann im Schutze des Wahlgeheimnisses trotzdem so abzustimmen, wie er es für richtig hält. Die Gelegenheiten zu politisch kontroversen Diskussionen außerhalb des politischen Systems konzentrieren sich denn auch am Arbeitsplatz der Leute und nicht etwa in ihrem Privatleben, das sie in vielen Fällen unter politisch Gleichgesinnten verbringen.

Dass auch das Publikum von Organisationen oder die Kundschaft von Unternehmen üblicherweise nicht politisch diskriminiert wird, ist gleichfalls leicht zu erkennen. Es mag ja sein, dass Demokraten oberhalb einer gewissen Bildungsschwelle ökologische Produkte vorziehen, aber der Hersteller wäre trotzdem schlecht beraten, wollte er sie nur nach einem Gesinnungstest aushändigen, von dem er nicht weiß, wie er zu bewerkstelligen wäre, und von dem er doch weiß, dass er an der Machtlage im Lande nichts ändern wird. Von den Richtern, den Geistlichen, den Ärzten erwartet man ohnehin, dass sie sich von solchen Unterschieden nicht rühren lassen. Von Ronald Reagan wird berichtet, er habe sich bei den Ärzten, die ihm nach einem Attentat beistanden, noch kurz vor der Narkose erkundigt, ob sie denn auch republikanisch wählten; aber natürlich ist dies eine Geschichte nicht über die Befürchtungen des Schwerverletzten, sondern über seinen Humor.

Es gehört nicht zur Rolle des politischen Parteigängers, Anhänger der Gegenpartei in unpolitischen Rollenzusammenhängen zu diskriminieren. So etwas zu tun, wäre vielmehr als Rechtsverstoß oder moralisch illegitimes Verhalten ein gefundenes Fressen für den politischen Gegner und als potenzieller Skandal selbst schon ein politischer Fehler. Vor allem aber wäre es in vielen Fällen auch ökonomisch irrationales Verhalten. Nicht nur stellt Donald Trump als Hotelier deutlich mehr Demokraten als Republikaner ein, einfach weil er sein Servicepersonal aus ökonomischem Kalkül zu schlecht bezahlt, um auf dessen politische Unterstützung hoffen zu können.[3] Er wäre auch längst pleite, würde er seine Zimmer nicht jederzeit und ganz selbstverständlich auch an Demokraten vermieten. Man sieht an diesem Beispiel recht gut, wie sehr die politische Gegnerschaft auf politische Rollenzusammenhänge begrenzt ist und wie unsinnig es wäre, sie bis in die Wirtschaft hinein fortsetzen zu wollen.

Eine Spaltung der Gesamtgesellschaft entlang rein parteipolitischer Differenzen würde bedeuten, dass die Ausdifferenzierung der politischen Rollen misslingt. Das könnte auch dadurch geschehen, dass man als Parteigänger dazu verpflichtet wäre, die politischen Gesinnungsgenossen in unpolitischen Rollen zu schonen. Es wäre folglich ein politischer Fehler (und bei Parteimitgliedern vielleicht sogar ein möglicher Ausschließungsgrund), ihnen Konkurrenz zu machen, ihren Forschungen mit wissenschaftlichen Argumenten entgegenzutreten, sie beim Gebrauchtwagenkauf zu übervorteilen oder sich von ihnen, bei wie immer großer Höllenähnlichkeit des Zusammenlebens mit ihnen, scheiden zu lassen.

In Wahrheit bietet die Überstimmung der politischen Meinung nicht den geringsten Schutz dagegen, dass man sich in anderen Rollenzusammenhängen verfeindet, und das reduziert dann auch die Bedeutung, die man jener Übereinstimmung im Alltag zumessen kann. Den Streit unter Nachbarn oder vor Gericht, die harte Konkurrenz am Markt oder in der Wissenschaft – all dies kann es auch unter Republikanern und unter Demokraten geben. Es gibt viele unpolitische Gründe, den politischen Duzbruder zu meiden oder zu hassen. Für die meisten Konflikte ist die Frage der politischen Übereinstimmung oder Nichtübereinstimmung unter den Gegnern so irrelevant, dass schon an der Information darüber kein verständliches Interesse besteht. Wenn sicher ist, dass jemand seine Geliebte umgebracht hat, so wird darüber berichtet, ohne zu fragen, wie die beiden gewählt haben, und wenn der Richter im anschließenden Verfahren dies trotzdem wissen wollte, dann würde das als Ausdruck von Befangenheit verbucht. Ganz ähnlich würde niemand allein aus der politischen Übereinstimmung eines Paares die Erwartung ableiten, dass die Beziehung nicht etwa durch Gattenmord endet.

Zur politischen Loyalität gehört keine rollendiffuse Friedenspflicht, sie bietet keinen Schutz für alle Lebenslagen. Die Demokratin, die eine andere Demokratin vor Gericht, beim Sport oder in der geschäftlichen Konkurrenz schlägt, weckt damit noch keinen Zweifel an ihrer politischen Loyalität. Und wer Donald Trump auf dem Hotelsektor Konkurrenz macht, der ist nicht allein darum schon ein schlechter Republikaner; es fällt schwer zu sehen, wie eine marktliberale Partei von diesem Grundsatz sollte abrücken können.

Gleichwohl wird gesagt und beklagt, dass die Amerikaner sich mit ihrer jeweiligen politischen Loyalität identifizierten.

Wenn das nur heißen soll, dass sie gegen Abwerbungsversuche von der anderen Seite immun wurden, muss das nichts Schlimmes sein. Was es darüber hinaus heißen könnte, bleibt unerfindlich. Es ist nämlich aus leicht erkennbaren Gründen gar nicht so einfach, Demokrat oder Republikaner zu sein. Die Begriffe bezeichnen im strengen Sinne nicht die Zugehörigkeit zu einer rollendiffusen Gruppe, sondern eine ausdifferenzierte Einzelrolle, die das Verhalten ihres Trägers in anderen Rollen nicht vorherbestimmt, auch nicht sein Verhalten den politisch Gleichgesinnten gegenüber, wenn er ihnen außerhalb der politischen Sphäre begegnet.

Wir haben bisher nur den Fall in Betracht gezogen, dass ein politisches Trennschema die unpolitischen Rollenbeziehungen belastet und dass es daraufhin zu einer segmentären Differenzierung der unpolitischen Rollensysteme kommt, die mit deren eigener Funktion nicht abgestimmt ist. Ein solcher Trennversuch stößt rasch an Plausibilitätsgrenzen. Man kann ihn auf der Ebene der Interaktion, aber nicht für Organisationen oder gesellschaftliche Teilsysteme durchziehen. Man kann im Privatleben auf politische Gleichsinnigkeit bedacht sein, nicht aber am Arbeitsplatz, beim Kundenfang oder vor Gericht. Es gibt keinen republikanischen Staubsaugermarkt und kein demokratisches Privatrecht, und auch Blinddarmoperationen oder statistische Berechnungen lassen sich parteipolitisch nicht zuordnen.

Von Tendenzen in diese Richtung muss man den Fall unterscheiden, dass es nicht gelingt, die Politik nach Maßgabe von politischen Differenzen zu strukturieren und diese in einem ergebnisoffenen Verfahren zur Wahl zu stellen, weil die politischen Parteien sich fest in der Hand bestimmter sozialer Gruppen befinden, zwischen denen es wenige Kontakte und wenig Mobilität gibt. Die Parteien stützen sich dann exklusiv auf die Mitglieder ihrer jeweiligen Gruppe und ziehen Leute aus der Gegenkategorie weder als mögliche Mitglieder noch als mögliche Wähler in Betracht. Das historische Modell dafür sind die europäischen Klassen- und Konfessionsparteien aus dem letzten Drittel des 19. Jahrhunderts mitsamt den Tendenzen zur Versäulung, die sie vor allem in den Niederlanden ausgelöst hatten. In vielen Entwicklungsländern, in denen die engen Stammesloyalitäten nie überwunden wurden, kann man sich noch heute von den politischen Schwierigkeiten überzeugen, die in so einer Lage stecken.

Aber auch zur Beschreibung der Lage in Amerika greifen manche Beobachter auf die Formel vom Tribalismus zurück. Hinter der politischen Polarisierung steckt demnach ein Konflikt zwischen Großgruppen, die auch unabhängig von ihrer politischen Vertretung als solche identifizierbar sein sollen. Aber was könnten das für Großgruppen sein? Weder bilden die Schwarzen eine eigene Partei, noch unterstützen sie geschlossen die Demokraten, noch haben sie vom Ghetto bis ins Establishment einheitliche Interessen. Die Evangelikalen sind in ihrer deutlichen Mehrheit, aber keineswegs exklusiv auf Seiten der Republikaner. Muslime, die von Trump beleidigt werden, unterstützen ihn wegen seiner militärischen Zurückhaltung im Nahen Osten.

Die Vorstellung, die politische Unterstützung stehe aus vorpolitischen Gründen immer schon fest, dient großen Teilen der Wahlforschung als eine Art von Hintergrundprämisse bei dem Versuch, soziale Einflüsse auf das Wahlverhalten nachzuweisen in der Hoffnung, es irgendwann einmal vorhersagen zu können. Die Daten, die auf diese Weise erhoben werden, stützen die Prämisse einer politisierten Sozialstruktur aber keineswegs. Sie zeigen vielmehr nur, dass es auch in Amerika nicht reiner Zufall ist, wie Parteipräferenzen sich auf Merkmalgruppen oder soziale Kategorien verteilen, und in dieser Form ist die Theorie der sozialstrukturellen Konfliktlinien und ihrer Abbildung durch die Parteiendifferenzierung so widerlegungssicher wie uninformativ. Auch die Vorstellung, Parteien würden sich auf Koalitionen von Gruppen stützen und seien dadurch fest an bestimmte Interessenlagen gebunden, hilft nicht weiter, wenn beide Parteien von Personen aus jeder nur erdenklichen Gruppe unterstützt werden.

So urteilt mit Blick auf die jüngste Präsidentenwahl auch Victor Lidz, der von einer «komplexen Spaltung» der amerikanischen Gesellschaft spricht: «Obwohl einige Kommentatoren Bürger identifizierten, die aus ‹Stammeszugehörigkeit› heraus politisch handeln, setzen sich die Bündnisse der Demokraten und Republikaner tatsächlich aus einer Vielzahl sozialer Elemente zusammen. Die Mitglieder jedes parteizentrierten Bündnisses unterscheiden sich in ihrer Herkunft durch religiöse und ideologische Gruppierungen, regionale und lokale Wählerschaften, Bildungsstatus, berufliche und fachliche Rollen und das politische Erbe der Familie, um nur einige Schlüsselelemente zu nennen.»[4] Keine der beiden regierungsfähigen Parteien in Amerika kann nach dem Vorbild einer Klassen- oder Konfessionspartei begriffen werden. Es handelt sich hier wie dort um sozial inklusive Parteien ohne feste Bindungen an religiöse oder ökonomische oder rassisch definierte Gruppen, aber natürlich mit mehr oder minder ungleichem Appeal für Arbeiter und für Geschäftsleute, für Schwarze und für Weiße, für Angehörige verschiedener Religionen, für die Migranten verschiedener Generationen und Herkunftsländer.

Diese Feststellung ist kompatibel damit, dass Gruppen

ihre Mitglieder in die eine oder andere politische Richtung zu drängen versuchen. Es mag sein, dass es strenggläubige Protestanten gibt, die nicht mitteilen könnten, demokratisch zu wählen, ohne die weitere Mitwirkung am Gemeindeleben ihrer Kirche zu gefährden, oder dass man sich als Schwarzer mit offenen Donald-Trump-Sympathien in der gleichfalls schwarzen Nachbarschaft isolieren würde. So etwas gibt es in der Tat, aber da der Einzelne verschiedenen Gruppen angehört, die ihn üblicherweise auch politisch in verschiedene Richtungen ziehen, läuft das nicht auf eine Determination seines politischen Verhaltens durch unpolitische Zugehörigkeiten hinaus. Gerade umgekehrt kommt es zu einer Überdetermination, die seine Freiheit in der politischen Rolle des Wählers wiederherstellt und dem politischen System eine gewisse Autonomie in der Gesellschaft sichert. Die Vorstellung, man sei als weißer protestantischer Amerikaner bereits parteipolitisch gebunden, ist offensichtlich abwegig, auch wenn es richtig ist, dass diese Merkmalskombination unter den Anhängern der Republikaner häufiger vorkommt als unter denen der Demokraten. Aber auch den Schwarzen, der zugleich strenggläubiger Protestant ist oder von Republikanern mit Kandidaturen und Ämtern umworben wird, legt seine soziale Lage politisch gerade nicht fest. Auch ihm ist es nicht möglich, sich politisch seinen Bezugspersonen anzupassen, denn da diese sich untereinander nicht einig sind, würde Anpassung an den einen Nichtanpassung an den anderen bedeuten.

Auch die Massenmedien sind sicher extrem politisiert – oder waren das jedenfalls bis zum Wahlsieg Joe Bidens, inzwischen rudern manche von ihnen, CNN zum Beispiel, ja schon wieder zurück –, aber sie sind nicht versäult, denn das würde bedeuten, dass die Nutzer der rechten beziehungsweise linken Publikationsorgane dies aus Gründen sind, die in unpolitischen Rollen liegen. Das ist aber nicht so. Man schaut nicht als Schwarzer CNN und nicht als Landbewohner Fox News, sondern man tut dies in der Konsequenz einer politischen Option, die man im ersten Falle auch mit Weißen, im zweiten auch mit Großstädtern teilt, und in beiden Fällen: ohne dies als Irritation zu empfinden. Das Publikum der polarisierten Sender und Zeitungen ist allenfalls politisch mehr oder minder homogen, aber nicht auch sozialstrukturell. Es gibt in diesen Spitzenzonen an Reichweite und Reputation keine Sender, die exklusiv für Schwarze oder exklusiv für Weiße da wären. Sie können keine rassischen, sie können nur politische Partikularismen anbieten.

Die Theorie der Versäulung beschreibt eine Lage, in der das politische System nicht ausdifferenziert werden kann, weil die politischen Rollen der Leute gegenüber ihren anderen Loyalitäten nicht mobil genug sind. Gegnerschaften, die es aus ethnischen oder religiösen oder schichtmäßigen Gründen ohnehin gibt, übertragen sich in das politische System, das darüber seine Fähigkeit verliert, sie durch eigene Entscheidungen zu entspannen.

Die Feststellung, dass so eine Situation in den Vereinigten Staaten nicht vorliegt, gibt aber keinen Anlass zur Entwarnung. Auch die Partei Hitlers war keine Klassenpartei und keine Konfessionspartei, sie war vielmehr eine der ersten Volksparteien. Der rechte Populismus spricht in Deutschland Professoren für Makroökonomie ebenso an wie Lkw-Fahrer oder Arbeitslose im Osten. Offensichtlich gibt es Gefahren gesellschaftlicher Entdifferenzierung, die sich gerade daraus ergeben, dass die politischen Rollen ihre soziale Einbettung verloren haben und für politische Ziele der verschiedensten

Art mobilisiert werden können. Dieser Verlust ist gleichbedeutend damit, dass sozialstrukturelle Sicherungen gegen eine Politik, die gleichsam ausrastet, mehr oder minder unwirksam werden. Es braucht dann keine gesellschaftliche Katastrophe mehr, um eine politische auszulösen. Mit Recht hat Neil J. Smelser einst die Gefahr des Entstehens wahnhafter Massenbewegungen gerade auf die hohe Autonomie des politischen Teilsystems zurückgeführt.[5]

Eine der Konsequenzen dieses Gedankens ist, dass die externen Beschränkungen politischer Entwicklungsmöglichkeiten, die in der relativen Immobilität der politischen Unterstützung liegen, durch interne Beschränkungen des politischen Teilsystems selbst kompensiert werden müssen. Im Vielparteiensystem kann der Extremismus auf kleine Parteien begrenzt werden, wo er sich dann entweder isolieren und über mitgeteilte Bedingungen für Regierungsbeteiligung domestizieren lässt. In Zwei-Parteien-Systemen entscheidet sich die Frage, wie groß er werden kann, innerhalb einer der beiden staatstragenden Parteien, die jeweils breite Unterstützung suchen und daher immer auch gemäßigte Auffassungen ansprechen müssen. Sie könnten vor dem Extremismus nicht kapitulieren, ohne Teile ihrer Anhänger in die Arme des Gegners oder in die Wahlenthaltung zu treiben, und schon darin liegen gewisse Schranken seiner möglichen Ausbreitung.

Die Spannung zwischen mittigen und extremen Positionen muss dann parteiintern ausgetragen werden. Die klassische Form dieser Problemverschiebung von außen nach innen besteht in einer Differenzierung der Partei in zwei Flügel, von denen keiner allein und dauerhaft ihren offiziellen Kurs zu bestimmen vermag. Wie die Gruppe der Never-Trumper erkennen lässt, gibt es das auch im Falle der Republikaner.

Man wird sagen, dass der Widerstand der Gemäßigten sich offenbar in Grenzen hält, da die Partei bis heute nicht die Kraft aufbringt, sich von Trump loszusagen.

Eine andere, funktional äquivalente Möglichkeit zur parteiinternen Begrenzung extremer Tendenzen folgt eher der für Parteien maßgeblichen Umweltdifferenzierung zwischen Publikum und bürokratisch organisierter Verwaltung. Politische Parteien können sich ja auch sonst nicht auf Stimulierung und Erfüllung von Publikumswünschen spezialisieren. Sie müssen dafür eine Form finden, die von der parteipolitisch neutralen Verwaltung akzeptiert wird und auch verfassungsrechtlicher Kritik standhält. Das ist eine scharf einschränkende Bedingung, der zahllose publikumswirksame Partikularismen zum Opfer fallen. Mit einem Gesetz, das dem politischen Gegner, und nur ihm, das Recht zum Erwerb und Gebrauch von Schusswaffen nehmen würde, braucht man es unter diesen Abnahmebedingungen gar nicht erst zu versuchen. Die Zuweisung von Bauland an Parteifreunde heißt Korruption.

An diese Differenzierung anschließend, kann eine große und staatstragende Partei sich darauf verlegen, dem Publikum gegenüber extrem, der Verwaltung gegenüber gemäßigt aufzutreten. Manche Beobachter haben die Präsidentschaft Donald Trumps genau so beschrieben: An den meisten Themenbereichen nicht sonderlich interessiert, habe er die Bestimmung des Kurses fast immer anderen überlassen, und die hätten dann ganz normale republikanische Politik gemacht; er selbst habe sich darauf konzentriert, sein Publikum mit skandalösen Sprüchen bei Laune zu halten und einige dazu passende Prestigeprojekte wie den Einreisestopp für Muslime oder die Errichtung der Mauer an der mexikanischen Grenze bis zu ihrem vorhersehbaren Scheitern, sei es an der Verwaltung einschließlich des Verfassungsgerichts, sei es an Finanzierungsschwierigkeiten, voranzutreiben.

Das Folgeproblem dieser Lösung besteht darin, dass es nicht zur Abrechnung mit den «inneren Feinden» kommt, mit der die Spinner im Publikum angelockt wurden. Der Umstand, dass diese Inkonsequenz der politischen Zugkraft von Trump wenig Abbruch getan hat, könnte darauf hindeuten, dass allzu viel Konsequenz gar nicht erwartet wurde. Man hätte es dann mit einem Publikum zu tun, das die Reden seines Präsidenten nicht als Pläne, sondern als Ausdrucks- und Bühnenhandlungen schätzt, die schon als solche befriedigen. Man freut sich vor allem über die Verärgerung der Gegner und über das Spektakel der Feindseligkeit.

4

**GEGNER WERDEN ZU FEINDEN:
McCARTHY UND WIR**

Im Folgenden soll es noch einmal um die politische und soziale Situation in den Vereinigten Staaten gehen, die vielen Beobachtern innerhalb und außerhalb des Landes als aktueller Musterfall einer gespaltenen Gesellschaft gelten. Vor allem der Sieg Donald Trumps bei den Präsidentschaftswahlen von 2016 sowie sein zumutungsreiches Verhalten im Amt haben die Situationsdefinitionen in diese Richtung vereinheitlicht. Der Rückgang an überparteilicher Zusammenarbeit sowie der dadurch ausgelöste Stillstand im Kongress; zwei demokratische Parteien, die einander offen oder versteckt die Regierungsfähigkeit absprechen; die Weigerung des abgewählten Präsidenten, sich dem Wählervotum zu beugen; der Streit über den angemessenen Impfschutz, der ganz dem Schema der parteipolitischen Gegnerschaft folgt; die Krise der unabhängigen Berichterstattung, beginnend mit Sendern wie Fox News, das seither manche Nachahmer fand, nach Meinung einiger selbstkritischer Linker auch auf der politischen Gegenseite – all das spricht dafür, dass ein Extremwert an politischer Polarisierung erreicht ist.

Sieht man etwas genauer hin, gibt es freilich neben den alarmierten Beobachtern auch andere, die Entwarnung geben. Gegen die Spaltungsdiagnosen der Journalisten und Sachbuchautoren stehen beispielsweise Umfragedaten, die auf die Präsenz eines unaufgeregten, in seiner großen Mehrheit unverändert moderat eingestellten Publikums deuten.[1] Die meisten Wähler vertreten demnach gemäßigte Positionen, und zwar auch zu Reizthemen wie Abtreibung oder Immigration. Außerdem haben viele ehemals linke Themen wie die moralische Freigabe homosexueller Orientierungen oder ethnisch gemischter Ehen den gesellschaftlichen Mainstream erreicht. Schließlich deutet der Umstand, dass mehr als jeder dritte Wähler von seinem Wahlrecht keinen Gebrauch macht, nicht gerade auf einen gesamtgesellschaftlichen Großkonflikt hin, der niemanden kaltlässt und keine Unbeteiligten kennt.

Ist der erbitterte Streit zwischen den beiden großen Parteien eine Angelegenheit, die allenfalls die politischen Funktionäre und Aktivisten entzweit? Oder ähnelt er gar dem Theaterdonner aus Wahlkämpfen, den ja nicht einmal die politischen Akteure ganz ernst nehmen?

Auch die Ereignisse im Zusammenhang mit der jüngsten Wahl sind alles andere als eindeutig. Immerhin hat es sich gegen viele Befürchtungen als möglich erwiesen, Donald Trump im Wege der politischen Wahl abzulösen, ein Schicksal, das noch jeder der von ihm bewunderten Populisten und autoritären Staatsmänner für sich selbst zu verhindern wusste. Es gab nicht nur den sogenannten Sturm aufs Kapitol, sondern auch eine Polizei, die dagegen einschritt und deren parteipolitische Neutralität offenbar keinem Zweifel unterlag. Ähnliches gilt für das Verhalten jener Parteifreunde, die Trump um Fälschung der Wahlergebnisse zu seinen Gunsten gebeten hatte, oder der mit ihm sympathisierenden Journalisten, als es darum ging, seine Wahlniederlage und den Sieg seines Widersachers Joe Biden zu melden. Natürlich wurde auch berichtet, dass er selbst sich als Betrogenen sieht und Anhänger findet, die ihm das abnehmen. Andererseits dachte offenbar niemand im Ernst daran, den alternativen Wahlausgang als alternatives Faktum zu melden.

Man übertreibt nicht, wenn man festhält, dass jeder der letzten drei Präsidenten für viele, die jeweils gegen sie gestimmt hatten, eine erhebliche Zumutung war: Obama als erster Schwarzer im höchsten Amt, Trump ausweislich seines Verhaltens und Biden, weil es ihm gelang, sich gegen Trump durchzusetzen. Die Intensität dieser Zumutungen spricht für einen hohen Grad an Polarisierung. Aber der Umstand, dass der Machtwechsel in allen drei Fällen gewaltlos gelang, könnte ein Zeichen für die Robustheit der amerikanischen Demokratie sein.

Zur besseren Orientierung in dieser Lage mag ein historischer Vergleich mit einem von Trumps Vorfahren helfen: dem republikanischen Senator Joseph McCarthy. In Erinnerung bleibt er vor allem mit jener «Hexenjagd» (Arthur Miller) auf kommunistische Schriftsteller, Schauspieler, Regisseure, die er zu Beginn der fünfziger Jahre mitinitiiert hatte und die seither mehreren Spielfilmen als zeithistorischer Hintergrund diente.

Weniger bekannt ist das unrühmliche Ende seiner Karriere. McCarthy selbst hat es herbeigeführt, indem er sich kurze Zeit später dazu verstieg, von der Partei der Demokraten zu behaupten, ihre Funktionäre würden aus Moskau ferngesteuert, um das Land zu zerstören. Ein solcher Gegner ist natürlich nicht wählbar, und die, die ihn wählen, sind nicht achtbar; schon wer sie auch nur grüßt, beteiligt sich am Landesverrat. Die Implikationen einer solchen Auffassung liegen auf der Hand: Sollte der Gegner trotzdem die Stimmenmehrheit bekommen, dürfte man den Wahlsieg keinesfalls anerkennen.

Vieles an diesem Kreuzzug erinnert an Donald Trump: so der Vorwurf, der Gegner ruiniere das Land, so die Verschwörungstheorien, die ihn beglaubigen sollten, ferner die Unterstützung durch die ländlichen und kleinstädtischen Schichten des Mittleren Westens, die auch McCarthy genoss, und nicht zuletzt auch die Aufforderung, die Mehrheitsregel aus moralischen Gründen zu suspendieren. Aber im Unterschied zu seinem Nachfahren hat der Erfinder dieser Strategie sie politisch nicht überlebt. Einer der Gründe dafür war, dass seine Partei sich, nach kurzem Zögern, umso geschlossener von ihm distanzierte.

Eine der soziologischen Lektionen dieses Vorfalls hat Niklas Luhmann festgehalten.[2] Der demokratische Gegner müsse immer wählbar sein. Man darf daher nur seinen Programmen widersprechen, nicht aber ihn selbst verteufeln. Die Moral kann also politisch nicht zur Aufwertung der eigenen Position eingesetzt werden. Ihre Aufgabe könnte allenfalls darin bestehen, diese moralische Neutralität der politischen Gegnerschaft selber zu schützen. Wer den Gegner moralisch angreift, noch ehe dieser sich gegen Demokratie erklärte, der disqualifiziert sich als Demokrat. So etwas zu sagen, steht in der konkreten Situation natürlich nur dann außer Verdacht, selber ein politischer Schachzug zu sein, wenn die Kritik des politischen Moralisten in erster Linie aus seiner eigenen Partei kommt. Die Republikaner der fünfziger Jahre waren zu dieser Kritik bereit.

Der Umstand, dass die heutigen Republikaner sich anders verhalten, gilt vielen Beobachtern als Maß für die Gefährdung der Demokratie in Amerika. Man kann ihnen zugutehalten, dass sie ihren Präsidenten nicht unterstützten, als er die jüngsten Wahlergebnisse zu seinen Gunsten zu frisieren versuchte. Aber man versteht ebenso, dass ihre Gegner ihnen vorhalten, dass sie es auch nach diesem Vorfall und selbst nach den Angriffen seiner Anhänger auf das Kapitol nicht fertigbrachten, sich von ihm zu lösen.

Luhmanns Warnung vor einer moralisierten Politik hatte ihre eigenen Anlässe in der politischen Polarisierung der Bundesrepublik in den ersten beiden Jahrzehnten nach der Studentenbewegung. Sie bezog sich also nicht direkt auf den Streit um McCarthy, der nur als eine Modellsituation für ein allgemeines Problem diente. Schon wenige Jahre nach dem Scheitern von McCarthy hatte einer der Lehrer Niklas Luhmanns, der amerikanische Soziologe Talcott Parsons, den Misserfolg dieses Spaltungsversuchs mit den Mitteln seiner Theorie und mit den seinerzeit aktuellen Daten der Wahlforschung zu erklären versucht.[3] Parsons zufolge gibt es zwei Formen des Schutzes gegen eine politisch ausgelöste Spaltung der Gesellschaft, die eine von oben, die andere von unten her zugreifend.

Die Schutzvorkehrung von oben besteht darin, dass die politischen Eliten die Spielregeln achten und ernsthafte Verstöße konsequent sanktionieren, so wie es die Republikaner im Fall McCarthys (und zwei Jahrzehnte später dann noch einmal, wenn auch nach merklich längerem Zögern, im Fall von Nixon und der Watergate-Affäre) taten.

Die Schutzvorkehrung von unten ist in ihrer politischen Bedeutung nicht sogleich zu erkennen. In einer komplexen differenzierten Gesellschaft gibt es eine Vielzahl von Interaktionen, in denen die politischen Gegner unter unpolitischen Vorzeichen voneinander abhängig werden und daher auch miteinander kooperieren. Dabei haben beide Seiten Gelegenheit, Erfahrungen zu machen, die zu den politischen Feindbildern wenig passen. Das nimmt dem politisch attraktiven Versuch, die Gegner zu spalten und gegeneinander aufzuhetzen, viele der Chancen, die man sich anderenfalls ausrechnen könnte. Man kennt die Anhänger der Gegenpartei nicht nur als solche – und also nicht nur nach Maßgabe der eigenen Vorurteile, nicht nur als Kontrahenten in politischen Diskussionen und erst recht nicht nur aus der politisch voreingenommenen Berichterstattung. Man kennt sie vielmehr auch als Verwandte und Nachbarn, als Arbeitskollegen oder Gemeindemitglieder. Man bezieht also nicht alle Informationen über den politischen Gegner von den Führern der eigenen Lieblingspartei, und sollten diese aus politischem Kalkül versichern, er plane die Zerstörung des Gemeinwesens, dann wird man ihnen nicht unbedingt glauben.

Unpolitische Solidaritäten stehen also quer zum Parteiengegensatz und behindern seine Verschärfung. Ein konsequenter Kampf der politischen Lager würde Christen gegen Christen, Kollegen gegen Kollegen, Verwandte gegen Verwandte mobilisieren. Auch Kirchen, Produktionsbetriebe und Familien haben ein Interesse daran, den politischen Streit zu begrenzen, weil seine Intensivierung sie selbst gefährden würde. Die Regel, nicht über politische Themen zu sprechen, erlassen für die Dauer eines größeren Familienfestes, bietet ein Beispiel dafür. Sie soll verhindern, dass die Familie aus rein politischen Gründen zerlegt wird.

Wären diese unpolitischen Beziehungen zu stark, würden sie bereits den Ausdruck politischer Meinungsverschiedenheiten verhindern, und eine politische Mobilisierung quer zu anderen Einteilungen wäre unmöglich. Parsons deutet auch die Funktion des Wahlkampfs in diesem Zusammenhang. Seine offizielle Funktion, Wähler durch Argumente zu mobilisieren, erfülle er allenfalls an denen, die sich zwischen den politisch entgegengesetzten Auffassungen gleichrangiger Bezugsgruppen hin- und hergerissen fühlen, also an Wechselwählern im soziologischen Sinne des Wortes. Für alle anderen bedeute er die vorübergehende Befreiung von dem Zwang, ihre politische Auffassung aus Rücksicht auf den Familienfrieden, den Betriebsfrieden, den politisch ungestörten Kirchgang für sich zu behalten. Unter Umständen verzichtet man dann in dieser Zeit lieber auf Verwandtschaftsbesuche als auf das Politisieren. Diese Überlegung zeigt im Nebenertrag, welche Schäden ein Präsident anrichten kann, der seine eigene Regierungszeit in einen Dauerwahlkampf verwandelt, so wie Trump es tat.

Beide Schutzvorkehrungen, die Parsons nennt, sind im Verhältnis zueinander funktional äquivalent. Sie können sich also wechselseitig entlasten, und wenn die eine ausfällt, mag man umso mehr auf die andere hoffen. Wie aber steht es im heutigen Amerika mit der unpolitischen Kooperation unter politischen Gegnern?

An ihrer konfliktdämpfenden Bedeutung hat sich nichts geändert. Das zeigen die Untersuchungen von Lilliana Mason.[4] Ihre Ausgangsüberlegung besagt, dass die Wähler und Unterstützer beider Parteien in sich selbst differenziert sind. Einige teilen miteinander auch noch andere Rollen als nur die des Parteigängers und werden daher auch in politikfernen Rollenzusammenhängen in der eigenen Parteibindung bestärkt, so etwa die christlichen und weißen Republikaner, die oft auch im Gemeindeleben politisch unter sich sind, während andere nach dem Rollenwechsel auf Unterstützer der Gegenpartei stoßen, so etwa die republikanisch eingestellten Migranten auf der Migrantenparty. Auch unter den Parteigängern der Demokraten gibt es Leute, die ihre parteipolitischen Neigungen nur mit einem Teil ihrer Interaktionspartner teilen und sie gegen andere, ebenso wichtige Partner verteidigen müssen, und solche, die für ihre politischen Präferenzen rollenübergreifend Unterstützung finden. Demokraten, die mit den Republikanern den christlichen Glauben teilen, sind ihnen gegenüber in einer anderen Lage als ihre Parteifreunde, die sich anderen Religionen oder gar keiner verbunden fühlen.

In der Untersuchung von Mason wurden beide Anhängergruppen, die mit und die ohne Querkontakte zum politischen Gegner, im Grad ihrer politischen Antipathien verglichen, und das Ergebnis war eindeutig. Wer seinen Alltag komplett mit politisch Gleichgesinnten verbringt, auch wo es der Sache nach gar nicht um Politik geht, hat gute Chancen, die eigene Auffassung für die einzig richtige zu halten. Offenbar enthemmt es die politische Kommunikation, wenn man sich immerfort unter Gleichgesinnten weiß. Man kann dann auch vor relativ Unbekannten stark und eindeutig agieren, ohne auf Widerspruch zu stoßen. Umso mehr, wenn die Themen, die bei der politischen Selbstidentifikation besonders prominent sind, einen hohen Moralisierungsgrad aufweisen: Abtreibung, Ehe für alle, Einwanderung, Beteiligung im Krieg. Das Ergebnis sind starke Selbstbindungen. Wer sich dagegen in einer politisch komplexeren Umwelt bewegt, ist ideologisch weniger gefestigt, aber darum vielleicht auch weniger geneigt, sich politisch zu exponieren.

Die Frage ist nun, wie viel Gelegenheit es zu solchen unpolitischen Kooperationen gibt, wenn gleichzeitig eine ideologische Binnenmigration existiert, die zu politisch relativ homogenen Nachbarschaften führt.[5] Zwischen 1995 und 2000 erfolgten 79 Prozent der Umzüge von Anhängern der Republikanischen Partei in Wahlkreise mit starken republikanischen Mehrheiten im Jahr 2004. Die Anhänger der Demokraten hingegen verteilten sich beim Wohnortwechsel gleichmäßiger auf republikanisch und demokratisch dominierte Gegenden. Zwischen 1976 und 2004, berichtet Bill Bishop, ist der Stimmenabstand zwischen beiden Parteien in zwei Dritteln aller Wahlkreise angestiegen, in nur einem Drittel wurde der Wettbewerb intensiver. In der knappen Wahl von 1976 (Carter gegen Ford) lag in 38 Prozent aller Wahlkreise die Gewinnerpartei 20 Prozent vor der Verliererin. 2004 (Bush gegen Kerry) gab es schon in mehr als 60 Prozent aller Wahlkreise erdrutschartige Siege.[6]

Die Unterscheidung von republikanischen und demokratischen Parteigängern strahlt durch eine darauf abgestimmte Wahl des Wohnorts auf Schulen, Kirchengemeinden und Sportvereine sowie auf die ethnische Zusammensetzung der Wahlkreise aus. Gut ein Fünftel der Bewohner von stark demokratisch dominierten Bezirken hatte im Jahr 2000 einen Migrationshintergrund, in stark republikanisch dominierten waren es nur 5 Prozent. In der Folge fehlen Gelegenheiten, den politisch Andersdenkenden durch die Kooperation in unpolitischen Situationen schätzen zu lernen. Ähnlich beunruhigt der deutliche Rückgang der Bereitschaft, Anhänger der Gegenpartei im engsten Familienkreis zu akzeptieren oder sie gar zu heiraten. Zeigten sich 1960 nur 5 Prozent der Befragten «verstört» durch die Vorstellung, ein Kind könne den Anhänger oder die Anhängerin der anderen Partei heiraten, so waren es 2010 schon 33 Prozent der Demokraten und 40 Prozent der Republikaner, die eine «politische Mischehe» ablehnten.[7]

Hinzu kommen die selbstbestätigenden Effekte der Kommunikation im Internet. Dort verbringt man seine Zeit nämlich noch leichter als in den Städten in einer an Querkontakten armen Umgebung, die durch Bildung gesinnungsähnlicher Gruppen und ihre ständige Pflege der Wir-gegen-die-anderen-Unterscheidungen hervorgebracht wird.

Medien wie TikTok, die das, was den Nutzern zugespielt wird, vom bisherigen Nutzungsverhalten abhängig machen, haben eine Tendenz zur Homogenisierung der Zugriffe auf die Welt. In anderen sozialen Medien ergibt sie sich a) aus der Kürze der Mitteilungen, die Differenzierungen enge Grenzen setzt, b) aus der sozialen Homophilie der Followerschaft, in der sich weniger die Gegensätze anziehen, als sich Gleich und Gleich gern gesellt, vor allem aber c) aus der Melodramatik, der Meinungsfreudigkeit und dem Vergnügen an persönlicher Selbstdarstellung, die den Kommunikationsstil prägen. Auch im Internet scheint der Wahlkampf der Identitäten mit seinen übertriebenen Forderungen und scharfen Verdikten niemals aufzuhören. Außerdem muss dort im engeren Sinne nicht gehandelt werden, es genügt, Meinungen kundzutun, was Anreize zur Kooperation stark herabsetzt. Die Bezeichnung von Twitter als «elektronischer Kneipe», die gewiss freundlich gemeint war, lässt an die Schattenseiten des ständigen Aufenthalts an Stammtischen und des verstärkten Zurufens von Ablehnung über die Stammtische hinweg denken.

Ezra Klein hat in seiner Analyse des Wahlerfolgs von Donald Trump darauf hingewiesen, dass er nicht durch einen außerordentlichen Zustrom an Wählern zu den Republikanern erklärt werden kann. Es gab diesen Zustrom nicht. Das Erstaunliche sei vielmehr die Wahrnehmung Trumps als eines ganz normalen Republikaners durch die dieser Partei loyalen Bürger. Trump kommunizierte, etwa was sein Bild von Frauen, Migranten und republikanischen Mitbewerbern anging, bizarr, ohne dass er dadurch an Stimmen einbüßte. Er nannte rein erfundene Arbeitslosenzahlen für die Vereinigten Staaten und praktizierte ganz allgemein geradezu genussvoll ein phantasievolles Verhältnis zur Wirklichkeit.

Die republikanischen Wähler fanden für all das Rechtfertigungen. Klein spricht von einer «negativen Parteienbindung», wenn missbilligende und feindliche Einstellungen gegenüber dem Gegner für das Zugehörigkeitsgefühl wichtiger sind als zustimmende Gefühle für die eigene Gruppe. Es werde mehr aus Gegnerschaft gewählt denn aus Bejahung einer bestimmten Politik. Man lehnt die anderen mehr ab, als man die eigenen Leute bejaht.[8]

In dieser Situation ist Abhilfe paradoxerweise nur von einem abnehmenden Interesse an Politik zu erwarten. Der indifferente Bürger, der seine Existenz nicht stark an eine politische Gruppenzugehörigkeit knüpft und sich nicht in jedem Aspekt seiner Lebensführung in Opposition zu einer anderen Gruppe sieht, nützt der Demokratie. Wer in jeder politischen Frage letzte Werte (Freiheit, Solidarität, Fortschritt etc.) berührt oder infrage gestellt sieht, kommt ebenso schwer aus der negativen Parteilichkeit heraus wie jemand, der in jedem politischen Dissens tiefgreifende kulturelle Unterschiede aufspürt und alles, was missfällt, als das Ergebnis moralischer Verwerfungen interpretiert. Nicht alles, was einem gegen den Strich geht, ist Ausdruck eines unguten oder sogar bösen Willens. Nicht alles ist Politik.

5

LOKALPOLITIK UND DIE GESETZE DES STAMMESLEBENS

Häufig wird heute gesagt und beklagt, dass die Amerikaner sich mit ihrer jeweiligen politischen Loyalität identifizierten. Für den Soziologen liegt es nahe, bei solchen Identitätsaussagen an rollendiffuse Formen des Zusammenlebens nach dem Vorbild der Stämme, der Dörfer, der auch räumlich isoliert lebenden Sekten zu denken. Rollendiffus, das heißt: Die Beteiligten mögen sich nach ihrem Wohnort, ihrer Religion, den Glaubensartikeln ihrer politischen Weltanschauung oder wie immer sonst benennen. Das Entscheidende ist nicht die damit jeweils bezeichnete Einzelrolle, sondern eine gesellschaftliche Situation ohne nennenswerte Rollentrennung, in der das, was man glaubt, wählt, arbeitet und in einer Familie darstellt, ineinander übergeht. Das relativiert dann die Rede von einer spezifisch politischen Identität.

Der Widerspruch zwischen dem «sortierten» und insofern gespaltenen Amerika, das einem aus den Untersuchungen von Bishop und Mason entgegentritt, und dem Amerika stärkerer Rollentrennung könnte also der Unterschied zwischen eher kommunalen und eher urbanen Lebensformen sein. In der einen Situation existiert ein lokaler Überblick über das, was die Leute tun, in der anderen sind sie einander Fremde und können darum die Ausführung ihrer Rollen leichter trennen. Selbstverständlich kann man auch in Stämmen und in Dörfern unterscheiden, ob jemand am Gottesdienst teilnimmt oder an der Jagd, ob er einen Strafzettel oder einen Kreditantrag ausfüllt. Es geht nicht um die Notwendigkeit, situationsweise verschiedene Rollen zu aktivieren, die immer besteht; es geht um das Prinzip ihrer sachlichen Integration.

In der modernen Gesellschaft werden jeweils verschiedene Paare von Rollen und Komplementärrollen mit sachlichen Funktionen in Handlungsbereichen wie Erziehung, Krankenbehandlung, wirtschaftliche Produktion oder eben auch Politik integriert. Die Interaktion läuft dann zwischen Lehrern und Schülern, Ärzten und Patienten, Produzenten und Konsumenten, Politikern und Wählern. Die Frage, was die Beteiligten außerhalb dieser Rollen sind, verliert an Bedeutung. Es ist medizinisch einerlei, ob der Patient Bürgermeister oder katholisch ist. Die anderen Rollen werden dem individuellen Rollenmanagement überlassen, das zu sehr verschiedenartigen Kombinationen führt.

In älteren, weniger differenzierten Gesellschaften war gerade der Zusammenhang verschiedener Rollen in einer Person das integrierende Prinzip (und noch heute ist es auf dem Lande gelegentlich so). Das hatte vor allem zur Folge, dass jedes rollenspezifische Fehlverhalten einer Person ihre Vertrauenswürdigkeit auch in anderen Rollenbereichen infrage stellte. Die Untreue der Frau gefährdete nicht nur ihre Ehe, sondern auch die Eignung ihres Mannes, da er offenbar nicht einmal sie zu «regieren» weiß, für das Amt des Bürgermeisters. Abwesenheit beim Gottesdienst gefährdete nicht nur das Seelenheil, sondern auch die Kreditwürdigkeit und die Aussicht der eigenen Kinder, Spielkameraden zu finden. Es konnte also «politische» Gründe geben, auf ehelicher Treue zu bestehen oder Untreue geheim zu halten, und «ökonomische» Gründe für regelmäßigen Kirchgang. Aber so zu reden, ist bereits Projektion von Späterem auf Früheres.

Es lohnt sich, den Unterschied zwischen der hier vertretenen und einer sehr viel geläufigeren Auffassung deutlich zu machen. Oft stellen wir uns die relativ undifferenzierte Vergangenheit so vor, als hätte die Religion damals das Verhalten in allen weltlichen Rollen festgelegt. Gottesfurcht und Heilsunsicherheit hätten auch bestimmt, wie jemand sich als Geschäftsmann verhält oder was er tut, wenn er auf Brautschau ist. Das ist richtig, aber nicht exklusiv richtig. Denn auch die Religion selbst wurde ja in anderen Rollenbereichen so breit unterstützt, dass man ihr sogar bei ausgesprochenem Unglauben nicht hätte ausweichen können. Es war daher praktisch unmöglich festzustellen, ob jemand aus spezifisch religiösen Gründen zur Kirche geht, denn er hätte es auch tun können, um seine Kreditwürdigkeit oder seine Glaubwürdigkeit vor Gericht nicht zu gefährden. Religiöse Engagements erscheinen als unselbstständige Teile der konkret bekannten Personen und konnten daher auch nicht isoliert aufgegeben werden, ohne weitere Teile der Lebensführung in Mitleidenschaft zu ziehen. Redundante Unterstützung im Sinne einer Bestätigung der religiösen Teilhabe durch andere Bereiche des sozialen Lebens, geringe Rollendifferenzierung, diffuse Sanktionen und die Entbehrlichkeit spezifischer Motive – darin und nicht im Dominieren einseitig religiöser Orientierungen liegt die wichtige Unterscheidung zwischen einer schwach und einer stark funktional differenzierten Gesellschaft.

Ganz ähnlich verhält es sich mit den politischen Orientierungen. Es wäre nicht richtig zu sagen, dass etwa Leute, die heute in den republikanisch dominierten Kleinstädten des ländlichen Amerika leben, die Politik zum Kern ihrer

Identität erklärt hätten, dass sie vor allem als Republikaner agierten, alle anderen eigenen Rollen und Rollenpartner einer Art von politischer Vorzensur unterstellend. Das würde verkennen, wie wenig die politische Orientierung sich in so einer Lage im engeren Sinne politischen Motiven verdankt. Das Schimpfen auf die Clintons, Obamas und Bidens ist kein politisches Urteil, für das es politische Gründe bräuchte, sondern ein Symbol für die soziale Zugehörigkeit und moralische Achtbarkeit des Schimpfenden, auf die er auch und gerade in der Rolle des Geschäftsmanns, bei der Partnersuche, in der Nachbarschaft nicht verzichten könnte.

Es gibt also stärkere als nur politische Gründe, sich zugunsten der akzeptierten Auffassung auszusprechen, und auf die politische Überzeugungsgrundlage kommt es daher nicht an. Sie kann fehlen oder verloren gehen, ohne dass man es den Skeptikern und Abtrünnigen anmerkte – so wie ja auch der Ungläubige einmal sehr starke Gründe hatte, trotz seines Unglaubens am Ritual teilzunehmen. Die politischen wie die religiösen Rollen treten nicht isoliert ins Bewusstsein, und das dazu passende Handeln dient vor allem als Symbol für die Bereitschaft zu rollenübergreifendem Wohlverhalten.

Republikaner in einem gesamtgesellschaftlichen Sinne kann man nur sein, wenn man in einem rollendiffusen Kleinsystem lebt, in dem jede Rolle einer Person durch ihre anderen Rollen mitgetragen und bei Abweichungen auch mitsanktioniert wird. Aber gerade dann hat die Rolle einen mehr als nur politischen Sinn, sie wird vielmehr mangels Rollentrennung gar nicht als spezifisch politische Rolle erlebt. Sie ist unselbstständiger Teil einer sie einschließenden und sie überschreitenden Lebensführung, die ihrerseits von einer Art Gesamtperson erwartet wird. Man kann daher auch nicht teilweise abweichen. In so einer Situation sanktioniert die eine Rolle die andere. Der Kaufmann gehört dem Kirchenvorstand an, was ihm einerseits neue Kunden zuführt und ihn andererseits an einer rücksichtslosen Eintreibung seiner Schulden hindert. Der Biologielehrer ist treuer Kirchgänger und schon als solcher gehindert, sich bei den religiös umstrittenen Themen seines Fachs auf der falschen Seite zu engagieren, und der Gemeindepfarrer, der diese Zuverlässigkeit zu schätzen weiß, mobilisiert im Austausch dafür seinen eigenen Einfluss gerne auch mal im Dienste der Schule.

In so einer Situation mag es wenig Konflikte geben. Dies aber nicht, weil Republikaner als solche einander schonten, sondern weil jeder Konflikt dazu tendiert, so etwas wie Rache in anderen Rollen auszulösen. Was der Lehrer meinen Kindern angetan hat, vergelte ich ihm im Aufsichtsrat der Schule oder wenn er eine Baugenehmigung braucht. Außerdem ist das System oft zu klein, um verfeindete Rollenpartner leicht durch andere zu ersetzen. Man kann der Verklumpung der Rollen nicht dadurch ausweichen, dass man sich an andere Lehrer oder andere politische Funktionäre wendet: Es gibt oft nur diesen einen, an dem mehr als die pädagogische oder die politische Wirksamkeit hängt. Das hat Konsequenzen auch für die politische Rollenbesetzung durch Wahlkämpfe, also durch öffentlich ausgetragene Konflikte, die unter aktiver Beteiligung eines polarisierten Publikums mit einer eindeutigen Differenzierung in Gewinner und Verlierer enden. So einen Konflikt kann man unter diesen Umständen nicht austragen. Man kann nicht einfach «rein politisch» über einen Mitbewerber triumphieren, ohne auch andere Rollenbeziehungen in Mitleidenschaft zu ziehen, und das bedeutet, dass ergebnisoffene Wahlverfahren als Form der Rollenbesetzung ausscheiden.

Auch die Rekrutierung für politische Ämter belohnt also

nicht einfach spezifisch politische Talente, über die ja ebenso der Ungediente, der Alleinstehende oder der religiös Indifferente verfügen könnte. Sie erfolgt vielmehr askriptiv, also in mehr oder minder fester Anknüpfung an familiäre, schichtmäßige oder religiöse Rollen, die dem politischen Führer als Einflussbasis und den Geführten als Form der sozialen Kontrolle dienen. Es kommen dann etwa nur die Erstgeborenen einer bestimmten Familie, der Gemeindepfarrer, die ältesten Stammesmitglieder oder die stadtbekannten Honoratioren in Betracht. All das sind kontaktstarke Prominenzrollen, und diese Rollenhäufung stellt sicher, dass die nötigen Rücksichten auf unpolitische Belange stillschweigend oder nach Intervention von Partnern aus anderen Rollenbereichen genommen werden. Der politische Führer ist hier noch keine ausdifferenzierte Rolle, die durch die gegenüberstehende Rolle des Wählers kontrolliert wird; er wird vielmehr durch permanente Rücksichten auf eigene andere Rollen gelenkt, und gerade diese Einbettung trägt den Sozialerfolg seiner Entscheidungen. Die Sanktionsform für Fehlentscheidungen wäre nicht der Verlust des politischen Amts, sondern die Isolierung in anderen Rollenzusammenhängen.

Wie Untersuchungen über das politische Leben in kleinen Gemeinden des ländlichen Amerika zeigen, hat sich diese Form der Rekrutierung dort bis heute gehalten.[1] Für die Besetzung lokaler Ämter in der Schulaufsicht, im Gemeinderat oder der Verwaltung der Bibliothek greift man auf allseits beliebte Gemeindemitglieder zurück, die dann aus rollendiffusen Gründen breit und parteiübergreifend unterstützt werden und im Gegenzug Kompromisse suchen und auf gewagte Initiativen verzichten, wo immer es geht. Das Problem der Auswahl unter mehreren geeigneten Kandidaten wird dadurch umgangen, dass man die einmal gefundene

Person wieder und immer wieder im Amt bestätigt, solange es irgend geht, und ihr am Ende auch noch die Auswahl ihres Nachfolgers überlässt. Auch das ist eine Form der Problemlösung durch diffuse Rollenrücksichten. Sie setzt vorgängige Einigung des Amtsinhabers mit denen voraus, die sich bei der Bestimmung des Nachfolgers übergangen fühlen könnten.

Auch die Auswahl von Abgeordneten für die kommunalpolitischen Parlamente vollzieht sich auf diese Weise, indem aus dem Kreise der verdienten Mitbürger diejenigen bekniet werden, die als Rentner oder aus gesundheitlichen Gründen nicht arbeiten können und darum abkömmlich sind. Deren oft nur mühsam zu gewinnendes Einverständnis, sich in das Amt «wählen» zu lassen, hängt dann üblicherweise an der Zusage, dass es keine ernsthaften Gegenkandidaten geben wird, da man weder über diese zu triumphieren gedenkt noch dazu bereit ist, persönlichen Freunden aus dem anderen politischen Lager die Wahl zwischen entweder persönlicher oder politischer Illoyalität zuzumuten. Der «Wahlkampf» besteht darin, dass der eigentlich schon feststehende Wahlsieger von Tür zu Tür zieht und dabei jene parteiübergreifende Dankbarkeit für vergangenes Wohlverhalten erntet, die ihn zuverlässig in jenes Amt trägt, in dem angekommen er dann merkliche Anzeichen der Entfremdung des Kleinstädters gegenüber den mobilen Großstädtern zeigt.

Ein Bericht von James D. Barber bezieht sich auf eine Gemeinde, in der beide politische Parteien ihre Unterstützer fanden und Republikaner wie Demokraten füreinander erkennbar waren. Der Parteiengegensatz war also auch lokal repräsentiert, wurde hier aber durch eine Vielzahl von guten persönlichen Beziehungen, die quer dazu standen, neutralisiert – mit der Folge, dass niemand sich als Kandidat der einen Partei gegen den Kandidaten der anderen hätte aufstellen lassen, weil ihn das in einen offenen Gegensatz zu einem Teil seiner «Freunde» gebracht hätte. Gegenkandidaten gab es also nicht oder nur zum Schein, und das Interesse der jeweils unterlegenen Partei wurde dadurch ausgeglichen, dass in anderen Wahlen oder auch in einer ganzen Reihe von Besetzungsentscheidungen für andere Ämter einer der ihren gewann. Es lohnt sich festzuhalten, dass unter diesen Umständen genau das funktioniert, was die Theorie der querstehenden Konfliktfronten sich als Befriedungsmechanismus vorstellt – wenn auch nur um den Preis, dass der geregelte Konflikt als eine besonders leistungsfähige Form der Komplexitätsreduktion ausfällt. Diese Problemlösung setzt übersichtliche Verhältnisse, und das heißt soziologisch: relativ undifferenzierte Zustände mit einer dementsprechend geringen Entscheidungslast voraus. Sie eignet sich nicht als Vorbild für Großstädte oder ganze Nationalstaaten.

Eine andere Situation entsteht, wenn man es lokal mit einer starken Hegemonialpartei zu tun hat. Das Interesse der Gegenpartei und ihrer verstreuten Anhänger kann dann wegfingiert werden. In einer von Emily Van Duyn untersuchten texanische Gemeinde geschieht dies, indem man die kleine Minderheit der Demokraten, über deren Existenz der Ausgang der einzelstaatlichen wie der nationalen Wahlen informiert, durch rollendiffuse Sanktionen daran hindert, ihren politischen Dissens im Alltag zu zeigen. Man befindet sich dann augenscheinlich in einer politisch homogenen Welt. Bei der Besetzung der lokalen Ämter kann der Parteiengegensatz ignoriert werden, und bei Wahlen für die Hauptstadtpolitik gibt es Schwierigkeiten, Kandidaten zu finden, die offen für die Gegenpartei kandidieren. Wer Sympathien mit der Gegenpartei erkennen lässt, findet sich auch in wirtschaftlichen Situationen, auch auf dem Familienfest, auch beim Kirchgang sozial isoliert, und wer sich als Kandidat für sie wollte aufstellen lassen, der wäre verloren.

Man ist dann buchstäblich in jeder sozialen Situation auch als Republikaner gefragt und auf diese Teilrolle ansprechbar, aber das ist kein Indikator für den gesamtgesellschaftlichen Primat der Politik oder für ihren Vorsprung an existenzieller Bedeutung, sondern bezeugt nur einen geringen Grad an sozialer Differenzierung.

Van Duyn hat eine Gruppe von 136 liberal eingestellten Amerikanerinnen untersucht, die sich jahrelang im Geheimen trafen und austauschten, um ihren Schock über den Wahlsieg Donald Trumps zu verarbeiten und auf politische Abhilfen zu sinnen. Gegründet in einer kleinen und eindeutig republikanisch dominierten Ortschaft des ländlichen Texas, zeigt der nicht ohne Sympathie gezeichnete Geheimbund ganz deutlich, mit welchen Schwierigkeiten sich die Leute aus der linken politischen Mitte in solchen Regionen herumschlagen müssen. Die Frauen litten vor allem darunter, dass auch in unpolitischen Situationen so kommuniziert wurde, wie die Konservativen es in einer anonymen Großstadt wohl nur auf der eigenen Wahlkundgebung wagen würden: die politisch rechte Grundeinstellung auch des jeweiligen Gesprächspartners schlicht unterstellend. Sogar beim Arztbesuch, im Restaurant oder während der Wohnungsbesichtigung mussten die Frauen sich, tapfer lächelnd, Hymnen auf den verhassten Präsidenten anhören.

Die wenigen Frauen, die sich das nicht gefallen ließen, wurden dafür auf der Stelle bestraft: Eine Beschwerde über Behindertenwitze, und schon wird man beim Kirchgang gemieden; eine Kritik am Gelegenheitsrassismus im Sprachgebrauch einer Handarbeitsgruppe, und schon gehört man ihr nicht mehr an. Neben der sozialen Isolierung drohen handfeste ökonomische Nachteile. Aus berechtigter Furcht davor, Kunden zu verlieren, behielten vor allem die erfolgreichen Geschäftsfrauen des Geheimbunds ihre Meinung für sich, und zwar nicht nur beim Verkaufsgespräch, sondern angesichts der Kleinheit der Verhältnisse auch überall sonst. Lange bevor sie ihre Gruppe gründeten, waren die Frauen also zu Verhaltensdisziplin und Ausdrucksvorsicht unter Einschluss des Lügenkönnens sozialisiert worden.

Es ist auch diese Situation, in der eine segmentäre Differenzierung unpolitischer Rollenbereiche nach Maßgabe eines politischen Schismas die besten Chancen hat. Das zeigt das Beispiel einer demokratisch eingestellten Maklerin aus Texas: Nachdem sie zunächst ihre politische Einstellung konsequent verleugnet hatte, um nicht ihre Klienten unter den bekenntnisfreudigen Anhängern der republikanischen Hegemonialpartei zu verlieren, fasste sie wenig später den Vorsatz, innerhalb des weiteren Landkreises so etwas wie eine Maklerin ausschließlich für Demokraten zu werden. Würden ihr andere darin nachfolgen, könnte das zur Segmentierung des Wohnungsmarkts entlang politischer Differenzen führen.

Republikaner zu sein, hat also in vielen Regionen des ländlichen Amerika ungefähr die Bedeutung, die dort auch heute noch der regelmäßigen Teilnahme am Gottesdienst zukommen mag. Weder hier noch dort handelt es sich um eine spezifische Rolle, die zu übernehmen man jederzeit ablehnen könnte, ohne Nachteile in anderen Rollenbereichen fürchten zu müssen. Denn die Erwartungsbildung läuft gar nicht über Rollen. Stattdessen hat man es, so wie in den Großstädten vor allem in den Familien, mit konkret bekannten Personen zu tun.

Die Einsicht in solche Situationen liefert ein Argument gegen die Vorstellung, der politische Konflikt werde durch gute unpolitische Beziehungen zwischen seinen Parteien entspannt, denn sie zeigt, wie der Seitenblick auf solche Beziehungen es gerade ausschließt, offene politische Konflikte zu führen.

In den Großstädten wird das persönliche Bekanntsein zu einem Merkmal, das den Einzelnen nur noch mit einem Teil seiner Interaktionspartner verbindet, während der andere und größere Partnerkreis aus Unbekannten besteht, die er nur rollenspezifisch überhaupt kennenlernt. Aus dem weiten Bereich dessen, was der Mieter, der Bergführer, der Stellenbewerber sonst noch ist, muss man dann nur wissen, was für die spezifische Rolle relevant ist, und dazu mag bei einem Mieter das regelmäßige Einkommen gehören, bei einem Bergführer die Frage, ob er trinkt, und bei einem Stellenbewerber der Schulabschluss und die Berufserfahrung – nicht aber die Antwort auf die Frage, wie diese Leute gewählt haben oder wählen werden; dies kann vielmehr bei allen Kontakten außerhalb der im engsten Sinne politischen Sphäre ignoriert werden. Schon im Kontakt mit der Verwaltung, sicher doch einem zentralen Teil des politischen Systems, tritt die Frage nach der parteipolitischen Affinität der Beteiligten deutlich zurück, und ein Antragsteller, der danach gefragt würde, müsste dem Sachbearbeiter, der das tut, keineswegs antworten.

6
DER AUSBLEIBENDE AUFSTAND

Nach allem, was man über den Gebrauch von Enttäuschungserklärungen wissen kann, glauben Verlierer nur zu gern, dass der Sieg der anderen Seite unverdient sei. Das ist auch nach amerikanischen Präsidentschaftswahlen nie anders gewesen. Ungewöhnlich an der aktuellen Situation seit dem Wahlsieg Joe Bidens ist nur, in welcher Breite die These von der gestohlenen Wahl auch heute noch akzeptiert wird, obwohl keine der sorgfältigen Überprüfungen von Stimmauszählungen, die seither durchgeführt wurden, irgendwelche Anhaltspunkte für Unregelmäßigkeiten ergeben hat. Noch zu Beginn des Jahres 2022 zeigte sich in Umfragen über die Hälfte der Republikaner davon überzeugt, dass Donald Trump der rechtmäßige Gewinner jener Wahl war.

Schon die ersten Umfragen dieser Art hatten die Befürchtung geweckt, nun werde es zu Aufständen kommen, und noch heute werden die hohen Zustimmungswerte von vielen Kommentatoren als starkes Anzeichen für eine politische Instabilität der amerikanischen Nation gewertet. Immer noch wähnen manche Amerikaner ihr Land an der Schwelle zu einem Bürgerkrieg. In Wahrheit hat der Aufstand natürlich längst stattgefunden, nämlich bei der sogenannten Erstürmung des Kapitols. Man untertreibt nicht, wenn man die Beteiligung daran minimal nennt, gemessen an den zig Millionen, die den neuen Präsidenten für einen Usurpator halten. Nach Schätzungen sind um die tausend Personen am 6. Januar 2021 in das Parlamentsgebäude der Vereinigten Staaten eingedrungen, um die Bestätigung der Wahlniederlage Trumps durch den Kongress zu verhindern. Zu weiteren putschistischen Handlungen, etwa in Rundfunksendern, Kasernen oder Behörden, kam es landesweit nicht.

Einstweilen stellt die Verbreitung der Legende vom Wahlbetrug die Beobachter vor eine unglückliche Alternative. Entweder müssen sie den Empörten abnehmen, dass sie sich betrogen fühlen, und dann mit Aufständen und politischen Unruhen rechnen, zu denen es aber aus irgendeinem Grund nicht kommt; oder sie müssen mit dem amerikanischen Soziologen Musa al-Gharbi die These vertreten, dass die Republikaner ihre Empörung über das falsche Wahlergebnis nur vortäuschten.[1] Den Grund dafür sieht er darin, dass die Anhänger Donald Trumps in jedem Sozialwissenschaftler, der sie befragt oder befragen lässt, einen Anhänger der Gegenpartei vermuten, der sie aufs Kreuz legen will. Lieber trügen sie daher das Stigma, die phantasievollen Ansichten ihres politischen Helden zu teilen, als zur Strafe für eigene Aufrichtigkeit wenig später in der Zeitung zu lesen, nicht einmal sie würden ihm glauben. In anderen Umfragen wurde den Teilnehmern eine kleine Geldsumme für aufrichtige Antworten offeriert, und hier urteilten die Republikaner denn auch vollkommen realistisch und wenig anders als die gleichfalls befragten Demokraten.

Nach der ersten Auffassung wäre jeder zweite Anhänger Donald Trumps ein Feigling, weil er die Handlungen schuldig bleibt, die seine Einstellung zum Thema erwarten ließe. Nach der zweiten Auffassung hätte man es mit einem Heer von Schwindlern zu tun, die Thesen zustimmen, die sie in Wahrheit keineswegs teilen. Aber warum kommt niemand auf die Idee, den Zweifel an der Fairness der Wahl und die

Bereitschaft, sich ihrem Ergebnis zu fügen, für vereinbar zu halten?

Das Hindernis liegt in einem Gesinnungsbegriff von politischer Legitimität. Die politische Ordnung soll demnach auf der Überzeugung auch der Verlierer von der mindestens formalen Richtigkeit des Ergebnisses beruhen. Man respektiere den Wahlsieg des Gegners, wenn man glaubt, dass es wirklich die Mehrheit war, die ihn unterstützt hat. Dieser Begriff stellt sich die Person als das Organ der Vermittlung von Partikularismus und Universalismus, von Parteipolitik und Verwaltung, von ideologischem Grabenkrieg und staatsbürgerlicher Rechtstreue vor. Dem Erleben und Handeln des Einzelnen wird abverlangt, zugleich parteilich und überparteilich zu sein, zugleich als Konfliktpartei und als neutrale Instanz zu fungieren, und das zwingt dazu, Anzeichen für forcierte Parteilichkeit als Krisensymptom zu deuten. Der Wahlbürger soll den politischen Gegner bekämpfen, der Staatsbürger soll in ihm den möglichen oder gar wirklichen Wahlsieger achten, und wenn es an dieser Achtung fehlt, wähnt man den politischen Frieden in Gefahr.

Dies scheint ein hoffnungslos unrealistisches Ideal zu sein, das ebenso auf Überforderung hinausläuft wie die Vorstellung vom wohlinformierten Bürger. In Wahrheit beruht die Demokratie auf institutionalisierter Inkonsequenz – und nicht etwa darauf, dass jeder Gegner der Regierungspartei die Spannung zwischen deren Parteilichkeit und deren Legitimität in sich selbst austrüge. Die Anerkennung einer legitimen, für alle geltenden Ordnung kann durch unpersönliches und ausdrucksschwaches Handeln erfolgen. Man zahlt seine Steuern, ohne Kommentare über die Schwächen und Stärken des Steuersystems anzufügen. Die Folgebereitschaft wird nicht dem Handelnden zugerechnet, sondern der Institution, und zeigt folglich nicht seinen Charakter, sondern ihren.

Der Bürger kommt daher nie in die Lage, begründen zu sollen, warum er auch nach dem Wahlsieg der abgelehnten Partei fortfährt, Steuern und Stromrechnungen zu zahlen, und auch sonst liegt es ihm fern zu glauben, seine Präferenz für die nunmehrige Oppositionspartei könne durch seinen Rechtsgehorsam dementiert werden. Auch wer der Auffassung ist, die Regierung verdanke ihren Wahlerfolg einem Betrug oder alle politische Amtsmacht sei diabolisch, braucht die Verantwortungsentlastung in der Rolle des Staatsbürgers. Er würde sich als Person schlicht übernehmen, wollte er alles pflichtgemäße Handeln auf die eigene Kappe nehmen. Es ist ein weiter Weg vom Stammtisch zum Reichsbürger. Auch die Unterlegenen benötigen also die politische Legitimität als institutionalisierte Ausrede für zumutungsreiches Verhalten anderen gegenüber wie auch als Interpretationshilfe für das, was diese ihm zumuten. Auch der radikale Systemablehner, der alle Macht für korrupt hält, muss nicht erwarten, dass seine Gattin es ihm persönlich zurechnet, wenn er Steuern zahlt.

Die Vorstellung, die Person (und nicht das politische System) sei das Organ der Synthese oder des Ausgleichs zwischen Parteilichkeit und systemweiter Legitimität, bedeutet im Ergebnis, die Differenzierung der Publikumsrollen zu verkennen. Extreme Werte, verkörpert in einer Rolle, werden dann der Person zugerechnet, die in allen anderen Rollen dieselbe sein muss und ihre Achtbarkeit aufs Spiel setzte, wenn sie es nicht wäre. Man müsste dann aus der unkritischen Einstellung des Staatsbürgers, der Entscheidungen rein um ihrer Geltung willen beachtet, auf andere Publikumsrollen schließen, so als wäre diese Einstellung nicht auch mit politischem Radikalismus kombinierbar. Und umgekehrt müsste man jeden, der sich von den politischen Rändern her ansprechen lässt, sogleich zum potenziellen Verschwörer erklären.

Aber so viel Konsistenz wird von niemandem erwartet. Der entscheidende Punkt ist, dass man legitimen Entscheidungen folgen kann, ohne dabei als Person sichtbar zu werden. Mit der fluchenden Ablehnung einer ungeliebten Regierung aus nichts als Verbrechern konnte man an den Biertheken dieser Welt – den echten wie den virtuellen – immer schon punkten, und auch die rechten und linken Versionen einer generalisierten Systemablehnung mussten sich ihr Publikum nicht lange suchen. Das hat die so Redenden aber keineswegs auf Ungehorsam und Widerstand in der Rolle des Staatsbürgers und Entscheidungsempfängers festgelegt oder sie gar dazu verpflichtet, in den Untergrund zu gehen und jenen Gehorsam nur mehr zu Tarnzwecken an den Tag zu legen. Der Jugendmarxismus der siebziger Jahre war ja gleichfalls keine für Soziologen erkennbare Legitimationskrise, auch wenn der Größenwahn einiger seiner Intellektuellen das anders sah. Aber es gibt auch im Rückblick keinen Grund, den Linken nicht abzunehmen, dass sie sich in einem Unrechtsregime wähnten, nur weil sie generalisierten Rechtsgehorsam zeigten und keinen Terror übten. Und will man im Ernst anzweifeln, dass Adorno glaubte, was er schrieb, nur weil er bei Studentendemonstrationen nicht mitmarschierte?

Zwei Beispiele aus anderen Sphären sollen diesen Gedanken verdeutlichen. In seiner Soziologie ausdifferenzierter Leistungswettbewerbe im Sport hat William J. Goode darauf aufmerksam gemacht, dass die Legitimität eines solchen Verfahrens nicht bedeuten kann, dass es nach der Bestimmung des Siegers keine Meinungsverschiedenheiten über die Sachgerechtigkeit der Entscheidung mehr geben würde; so eine Behauptung sei rasch zu widerlegen.² Gleichwohl könne man von der Objektivität des Sieges sprechen, und zwar mit Hinblick darauf, dass niemand seine persönliche Meinung über die Verdienste des offiziellen Siegers verrät, wenn er ihn seinem Range entsprechend behandelt – nicht einmal der knapp unterlegene Mitbewerber, der in Wahrheit den Schiedsrichter für voreingenommen und sich selbst für den besseren Athleten hält. Die Sitte, dass auch er dem Sieger zu gratulieren habe, und zwar in der Regel noch vor allen anderen, hat genau diesen Sinn: Sie drückt den Respekt vor der Institution aus – und lässt die eigene Meinung über die Berechtigung des Sieges dahingestellt.

Mit den Helden der wissenschaftlichen Reputation verhält es sich wenig anders. Die exzellente Reputation eines Wissenschaftlers entlastet jeden Fachkollegen von persönlicher Verantwortung für das Interesse an seinen Texten, für das gezeigte Startvertrauen in seine Thesen, auch wo sie der vollen Evidenz vorerst noch entraten, für den zeremoniellen Respekt der anwesenden Person gegenüber. In der Frage, für wie verdient man jene Reputation hält, legt dieses Verhalten, weil unpersönlich, die Kollegen nicht fest, und die Diskussion in kleinerem Kreise zeigt denn auch oft, dass es hier erhebliche Meinungsverschiedenheiten gibt. Der etwaige Zweifel an ihrer Verdientheit ergibt dann eine persönliche Darstellung des Zweiflers, die aber die objektive Reputation gerade nicht entzieht – wer das will, müsste sich zu einer offenen Kritik an den Lehrmeinungen ihres Trägers aufraffen und damit Erfolg haben. Der Zweifel entbindet daher auch nicht von Zitierpflichten oder davon, an zeremoniellen Ehrungen mitzuwirken, und die Bereitschaft dazu wird auch nicht als Widerspruch zu jener skeptischen Einschätzung vorgeworfen. Man muss also persönliche Urteile über eine Person von solchen unterscheiden, die man im Schutz der Institution und mit mutmaßlicher Deckung durch beliebige Dritte abgibt.

Wir haben bisher nur über verschiedene Meinungen berichtet und eine von ihnen vertreten, ohne den theoretischen Hintergrund dieser Meinungsverschiedenheit zu beleuchten; das sei zum Abschluss dieser Überlegungen nun nachgeholt.

Die Kontroverse zwischen dem abwiegelnden al-Gharbi und denen, die auch heute noch mit der Gefahr von Aufständen rechnen, beruht auf einer hier wie dort akzeptierten Erklärung für die faktische Legitimität einer politischen Ordnung, also dafür, dass die Entscheidungen, die in ihrem Namen ergehen, im Allgemeinen kampflos akzeptiert werden. Diese Erklärung stammt von Max Weber, und sie lautet, dass die Entscheidungsempfänger von der Richtigkeit der Entscheidung beziehungsweise von der Richtigkeit ihrer materialen oder prozeduralen Prämissen überzeugt sind. Wo es vielen an dieser Überzeugung fehlt, müsste man daher erwarten, dass es zum sozialen Aufstand kommt. Das sieht auch al-Gharbi nicht anders, und daher kann er Entwarnung nur geben, indem er den Republikanern den Legitimitätszweifel nicht abnimmt, den sie in Umfragen äußern.

In diesem Argument ist Legitimität noch als gesinnungsabhängig gedacht. Die Leute glaubten, dass der legitime Präsident Joe Biden heißt, das erkenne man daran, dass sie lieber zum Einkaufen oder zum Friseur gehen, als das Kapitol zu erstürmen, und folglich können sie die Legende von der gestohlenen Wahl nur unüberzeugt verbreiten. Nicht einmal Trump selbst glaube daran, denn wenn er es täte, dann wäre unbegreiflich, warum er nichts unternommen hat, um einen wirklichen Aufstand zu organisieren.

Das beschert al-Gharbis Argumentation den Schönheitsfehler, die These, dass Republikaner in Umfragen schwindeln, nur mit Daten belegen zu können, die gleichfalls in Umfragen und an Republikanern erhoben wurden. Der Widerspruch zwischen den Auskünften belegt aber eigentlich nur, dass auch die Rolle des Umfrageteilnehmers von manchen Befragten nicht sonderlich ernst genommen wird.

Nach der Auffassung von Niklas Luhmann erkennt man die Legitimität der politischen Entscheidung gerade daran, dass man ihr auch unüberzeugt folgen kann, weil sie nur gesinnungsbeliebiges Handeln abverlangt. Ihm zufolge ist es kein Selbstwiderspruch, wenn man die Vorstellung, in einem Unrechtsstaat oder unter einer Unrechtsregierung zu leben, mit unkritischem Verhalten in der Rolle des Entscheidungsempfängers kombiniert, statt zu revoltieren. Demnach gibt es keinen Grund, den Republikanern nicht abzunehmen, dass sie die Legende von der gestohlenen Wahl glauben, nur weil sie keine Neigung zum Aufstand zeigen. Vielmehr beweist gerade diese Kombination des nur scheinbar Unverträglichen, dass das politische System eine Legitimität erzeugt, die von der dazu passenden Gesinnung nicht abhängig ist. Es liegt daher nahe, die weitere Entwicklung in den Vereinigten Staaten als eine Art von natürlichem Experiment aufzufassen, dessen Ausgang etwas darüber sagen wird, welcher dieser beiden Legitimitätsbegriffe den Vorzug verdient.

7

**TESTFALL PANDEMIE:
GEIMPFTE UND UNGEIMPFTE**

Die Behauptung, die Gesellschaft sei von Spaltung bedroht, hat mit dem Auftreten des Coronavirus eine starke Zuspitzung erfahren. Der Grund dafür ist nicht so sehr, dass sich zwei vergleichbare gesellschaftliche Blöcke im Konflikt über die Beurteilung der Pandemie befänden. Weder sind sie gleich groß, noch sind es überhaupt Blöcke, und es agieren auch nicht alle ihre Mitglieder wechselseitig ihren Dissens als einen scharfen Konflikt aus. Im Wesentlichen verhalten sie sich nur unterschiedlich.

Zunächst überwiegt die Zahl der Geimpften bei weitem die Zahl derjenigen, die sich dem Impfen bislang entzogen haben. Im Mai 2022 waren in Deutschland beinahe 80 Prozent der Bevölkerung vollständig geimpft; der Begriff «vollständig» ist dabei eine Übertreibung, denn inzwischen wissen wir, dass es der Auffrischung bedarf, um das Risiko schwerer Erkrankung zu mindern. Knapp 60 Prozent waren «geboostert». Das ist eine deutliche, täglich zunehmende Mehrheit, der allerdings eine starke Minderheit gegenübersteht und nicht nur, wie es mitunter heißt, ein «Rand» der Gesellschaft. 20 Prozent Ungeimpfte sind keine Restgröße. Wählten diejenigen, die sich bislang nicht impfen lassen wollen, geschlossen eine einzige Partei, so wäre es die zweitstärkste der im Bundestag vertretenen.

Vermutlich würde jenes Fünftel der Bevölkerung aber gar

nicht eine einzige Partei wählen und hat es jedenfalls bei der Bundestagswahl im Herbst 2021 nicht getan, als die Impffrage schon in der Welt war. Denn diese Minderheit ist kein Block. Die meisten ihrer Mitglieder sind sozial nicht von denen der Mehrheit in der Impffrage getrennt. Mehrheitlich gehen sie nicht einmal auf Demonstrationen für ihre Meinung; deren Teilnehmer gehen nicht in die Millionen, sondern bestenfalls in die Zehntausende. Was die Motive angeht, so finden sich auf Seiten derjenigen, die sich nicht impfen lassen, strikte Gegner jeglicher Impfung, alternativmedizinisch Beeinflusste, Leute, die sich vor schweren Krankheitsverläufen durch ihr Alter, ihre gesunde Lebensweise oder schlicht durch ihr Immunsystem geschützt glauben, und solche, die gar nicht an schwere Verläufe glauben und dann zwangsläufig die Statistik der Übersterblichkeit für manipuliert oder falsch berechnet erklären müssen. Manche trauen Impfstoffen nicht, die schnell entwickelt und schnell zugelassen wurden, oder sie warten auf einen «Totimpfstoff», weil sie dem Irrtum aufsitzen, andernfalls würden ihre Gene verändert. Manche trauen dem Staat nicht. Viele erzählen Anekdoten von Impfnebenfolgen, haben also wenig Sinn für Konzepte wie «Wahrscheinlichkeit» oder «Durchschnitt». Viele gehen auch einfach nur nicht zur Impfung, weil sie sich nicht krank fühlen. Demgegenüber gibt es die Fanatiker, die zu wissen meinen, dass es sich bei der Pandemie um eine biopolitische Verschwörung handelt, und sich vorstellen können, Angela Merkel, Boris Johnson, Wladimir Putin und Xi Jinping gehörten einem von Bill Gates finanzierten Komplott an. Weitere Phantasmen sind im Angebot.

Aber auch bei den Geimpften gibt es zu viele unterschiedliche Motive, um sie als kompakten Block zu bezeichnen. Die einen vertrauen Wissenschaft und Medizin oder dem, was im Funk und Fernsehen davon ankommt. Manche lassen sich impfen, um nicht so sehr sich selbst als Nahestehende, Großeltern etwa oder Vorerkrankte, zu schützen. Andere sehen die Impfung als Mittel, um sich den Zugang zum Einzelhandel, zu Restaurants, Sportstadien oder anderen Ländern zu erhalten. Sie reagieren also weniger auf Appelle an Rationalität als auf Rechtsverordnungen und auf die Unbequemlichkeiten, die inzwischen mit starker Impfresistenz einhergehen. Man hat sogar versucht, mit Bratwürsten zu Impfungen zu verlocken. Das Fachwort dafür ist «nudging», Schubsen.[1]

Wir haben also weder gleich große noch überhaupt kompakte Blöcke. Was wir stattdessen haben, ist eine kleine randalierende Minderheit, die für ihr Dagegensein, das sich auch auf andere Merkmale der Gesellschaft erstreckt, ein Thema gefunden hat. Und wir haben das Gerede darüber. Impfbefürworter in politischen oder massenmedialen Sprecherrollen erklären, Impfzweifler oder -gegner seien die Verkörperung unvernünftiger Einstellungen schlechthin. Abgesehen von anderer Unvernunft, sind viele Impfgegner durchaus ein Beispiel dafür. Doch die Meinungsfreiheit schützt extreme Meinungen, und die Freiheit, über den eigenen Körper zu entscheiden, schließt bis auf Weiteres auch Impfgegnerschaft ein. Erlaubt ist, was nicht verboten wurde. Öffentlich dafür als unvernünftig bezeichnet zu werden, führt bei vielen Impfverweigerern zu einer umso starrsinnigeren Haltung. Man kann sie so ansprechen und den Dissens moralisieren, darf sich dann aber über eine Annäherung von Skeptikern und Querdenkern nicht wundern.

Dass Impfgegner zu einem Block zusammengeschweißt werden, wäre, so gesehen, nicht nur ein Effekt gemeinsamer Einstellungen, sondern auch der einer Politik, die zugleich moralisiert und von einer gesetzlichen Impfpflicht absieht.

Wenn der französische Präsident, der den Kampf gegen das Virus zuvor mit einem Krieg verglichen hatte, den Impfunwilligen sogar den Status als Bürger abspricht, ist zumindest das Vokabular der politischen Auseinandersetzung eines der Spaltung.

Es gibt viele Gründe dafür, dass sich die Diskussion um das Impfen derart erhitzt. Einer ist der sozial umfassende Charakter der Pandemie. Sie wirkt wie viele Seuchen in alle gesellschaftlichen Bereiche hinein, weil es überall zu den Kontakten kommt, die es zu unterbrechen gilt, um sie zu beherrschen. Die Ansteckung hängt an der Kommunikation, weil diese ihrerseits nicht ausschließlich, aber wesentlich an Kontakten unter Anwesenden hängt. Was immer in der Gesellschaft geschieht, ist an solche Kontakte zurückgebunden. Eine um der Gesundheit ihrer Mitglieder oder anderer Ziele willen interaktionsfreie Gesellschaft ist einstweilen schwer vorstellbar.[2] Die ansteckende Krankheit ähnelt so dem elektrischen Strom, der, wenn er ausfällt, fast alles in Mitleidenschaft zieht.

Umgekehrt heißt das: Man kann nicht temporär oder sektorspezifisch geimpft oder impfunwillig sein, so wie man nur zeitweise oder nur in einem bestimmten Kontext katholisch oder sozialdemokratisch, als Konsumentin, Mutter oder Beamtin auftreten kann. Vielmehr tritt man mit dieser Eigenschaft in allen sozialen Zusammenhängen auf, in denen es überhaupt zu physischer Nähe kommt. Und weil Ansteckung über physische Nähe erfolgt, kann man den Impfstatus anders als den Status, krank zu sein, nur schwer einklammern und in der Kontaktsituation völlig davon absehen. Inzwischen wissen wir, dass auch Geimpfte das Virus übertragen können, aber wir wissen zugleich, dass dies nur mit einer stark reduzierten Wahrscheinlichkeit erfolgt.

Insofern hat die weltweit auftretende Pandemie die Existenz der Gesellschaft gegenüber allen ihren Teilbereichen ins Bewusstsein gehoben. Der Umgang mit der Krankheit kann nicht als eine sektorspezifische oder nur lokal gültige Maßnahme interpretiert werden, dazu betrifft er zu viele und im Grunde alle Funktionssysteme, von der Wirtschaft und der Religion über den Tourismus und den Sport bis hin zur Bildung. Folgerichtig ziehen die Entscheidungen, die getroffen werden, um die Pandemie zu bekämpfen, auch ganz leicht Kritiker an, die ganz grundsätzlich etwas gegen die Art haben, wie in modernen Gesellschaften kollektiv verbindliche Entscheidungen herbeigeführt werden. Man kann nämlich nicht sagen: Das betrifft mich nur als Autofahrerin, als Student, Apothekerin oder Protestant. Die Pandemie bietet, weil sie selbst so gut wie alles betrifft, einen Anlass, ganz grundsätzlich zu werden und zugleich den eigenen Körper gegen politische Autorität aufzubieten.

Alles wird von ihr in Mitleidenschaft gezogen, aber nicht alles in gleichem Maße. Nach zwei Jahren der Pandemie blicken wir auf vielfältige und nicht abgeschlossene Debatten zurück, welche Rolle Konzerte, Reisen oder Restaurantbesuche bei der Verbreitung der Infektion spielen. Industriemessen, Gottesdienste, Karnevalsveranstaltungen und Schlachtbetriebe, Fußballspiele, Skiurlaube, Schulstunden und Partys gehörten zu den prominenten Fällen, aber es wurde ohne klare Ergebnisse diskutiert, von welchen der entsprechenden Orte und Verhaltensweisen besondere Gefahren ausgehen. Selbst für die Demonstrationen der Coronaleugner, die versuchen, sich den angeordneten Maßnahmen (Maskentragen, Mindestabstand) zu entziehen, liegen keine verlässlichen Zahlen vor, die zeigen würden, wie stark sie zum Infektionsgeschehen beigetragen haben.

Dafür haben wir erste Bilanzen, wer von der Epidemie und von den Eindämmungsmaßnahmen stärker betroffen ist als andere: Alte stärker als Junge, Angestellte weniger als Selbstständige, Migranten stärker als Einheimische, Wohlhabende in geringerem Umfang als Arme, Frauen mehr als Männer. Eine solche Situation der Betroffenheit aller bei Unklarheit im Einzelnen zieht naheliegenderweise das Plädoyer für Maßnahmen nach sich, die möglichst viele in Betracht kommende Fälle umfassen. Wenn wir, um ein harmloses Beispiel zu nehmen, nicht wissen, in welchem Maße Schauspielbesuche, der Weg dorthin oder der anschließende Gang ins Restaurant für Ansteckungen sorgen, erscheint es epidemiologisch je nach Gefahrenlage geboten, den ganzen Vorgang «Theaterabend» zu unterbinden. Damit gehen Unterstellungen einher, etwa über gewählte Anfahrtswege mittels öffentlicher Verkehrsmittel oder über die mangelnde Wirksamkeit der berühmten «Hygienekonzepte». Sie beruhen zwar nicht auf empirischen Untersuchungen, aber angesichts der Umstände und des Zeitdrucks scheint es nicht möglich, erst einmal herauszufinden, wie viele Theaterbesucher mit dem Fahrrad, dem eigenen Pkw oder dem Taxi zum Schauspielhaus fahren, bevor überhaupt Maßnahmen ergriffen werden. Inzwischen relativiert das Virus in seiner Omikron-Mutante ohnehin frühere Untersuchungen, denn ihr Ausbreitungsverhalten ist so viel rapider als das von Vorgängervarianten, dass als Antwort nur der gemeinsame Nenner bleibt: Überall dort, wo mehrere Menschen regelmäßig oder über einen längeren Zeitraum zusammenkommen, finden sehr schnell Übertragungen mit deutlich höherer Virenlast statt.

Kurz gesagt: Die Gesellschaft wurde von einer Pandemie überrascht, auf die ihre Gesundheitssysteme und generell die Verwaltung nur unzureichend vorbereitet waren, für die

Forschung zuallererst organisiert werden musste und auf die darum nur sehr pauschal, versuchsweise und wechselhaft reagiert wurde. Die sozialwissenschaftliche Forschung hielt überdies nicht mit der naturwissenschaftlichen Schritt.

In politische Entscheidungen umgesetzt, produzierte das eine lange Kette von falschen Erwartungen, Irrtümern, Korrekturen, die wiederum korrigiert werden mussten, zurückgenommenen Ankündigungen, Zeitverlusten durch Maßnahmen, die nicht vorausschauend waren, und entsprechenden Enttäuschungen. Anfänglich hieß es, Masken komme vor allem eine symbolische Bedeutung zu; dann stellte sich heraus, dass das Tragen von Masken ein entscheidendes Mittel gegen die Infektion ist. Darüber, ob Schulen Infektionstreiber seien, sind im Verlauf der zwei Jahre so gut wie alle Meinungen publiziert und die gegensätzlichsten Studien veröffentlicht worden. Mit dem Auftreten neuer Virusvarianten wurden Gewissheiten über den Impfschutz relativiert, und wer sich heute zutraut zu sagen, wie es im nächsten Herbst aussehen wird, ist sehr selbstsicher. Die Zeitspanne erheblicher Korrekturen bewegt sich derzeit in der Monatsfrist. Kurz nachdem manche Politiker unter dem Schlagwort «Freedom Day» die baldige Aufhebung vieler Maßnahmen in Aussicht stellten, sahen sie sich schon zur Zurücknahme der Ankündigung gezwungen. Kurz nachdem behauptet wurde, es bestünden erhebliche rechtliche Bedenken gegen die 2G-Strategie, erschien sie als eine der schwächeren Varianten der gebotenen Kontaktunterbrechung.

Das alles fand unter der Bedingung statt, dass eine Impfpflicht als unzumutbar ausgeschlossen wurde. Ein Jahr lang wurde diese von so gut wie allen Parteien einhellig abgelehnt, und es wurde sogar als eine «Impfpflicht durch die Hintertür» kritisiert, wenn Ungeimpften durch Regeln der

Kontaktunterbrechung Nachteile entstanden. Dann jedoch wurde binnen Wochenfrist die Impfpflicht zunächst für medizinisches und pflegerisches Personal eingeführt und für alle anderen zumindest als Gegenstand parlamentarischer Abstimmung angekündigt.

Anstatt frühzeitig eine Impfpflicht anzukündigen, wurde also für die unterschiedlichsten Formen der Kontaktunterbrechung plädiert, wobei man die entstehenden Ungleichheiten in Kauf nahm. Den willentlich Ungeimpften wurde der Zugang zu vielen sozialen Kontakten verweigert, den Geimpften wurde er erschwert, sofern sie noch nicht geboostert, sondern nur «vollständig», also unvollständig geimpft waren. Sollte es für die akute Vollständigkeit notwendig werden, sich ein viertes Mal impfen oder die Impfungen in regelmäßigen Abständen auffrischen zu lassen, wird es zu weiteren solchen Unterscheidungen kommen.

Dagegen brandet der Protest auf, die Gesellschaft werde in zwei Gruppen von Bürgern mit unterschiedlichen Möglichkeiten gespalten, Gebrauch von ihren Freiheiten zu machen. Die Impfzweifler pochen auf ein Recht zur Unvernunft oder zu eigenwilligen Deutungen der Infektionsmedizin und nennen es ein Freiheitsrecht, wenn sie es ablehnen, sich impfen zu lassen. Dieses Recht haben sie auch. Da fast zwei Jahre lang politisch die Sinnhaftigkeit einer Impfpflicht in Abrede gestellt worden ist, nehmen die Impfgegner die Politik beim Wort. Das Insistieren auf ihrer Freiheit kommt einer Minderheit von ihnen so bedeutend vor, dass sie ihre gesamte Einstellung zur Gesellschaft, in der sie leben, von der Durchsetzbarkeit dieser Freiheit abhängig zu machen scheinen. Fast hat man den Eindruck, die Frage, ob gesellschaftliche Spaltung drohe, werde mit der Frage gleichgesetzt, ob sie durch Maßnahmen zur Bekämpfung der Pandemie drohe.

Will man die verhärteten Positionen vieler Impfgegner begreifen oder wenigstens ihre rhetorischen Möglichkeiten, lauthals gegen die Maßnahmen zu protestieren, ist diese Schwankungsbreite der politischen Entscheidungen in der Pandemie einzubeziehen. Auf die Zögerlichkeit der Legislative und Exekutive antwortet das Beharren auf dem Zweifel, auf die ambivalenten Entscheidungen antwortet die Vermutung, die Politik sei ein Spielball widerstreitender Interessen oder bestenfalls ahnungslos. Wird es überdies öffentlich als manifeste Unvernunft bezeichnet, sich der Impfung zu entziehen, schließen sich die Reihen zwischen den Skeptikern und den fanatischen Impfgegnern. Denn die Politik kann nach zwei Jahren Pandemie ihrerseits nicht erwarten, als vernünftig wahrgenommen zu werden. Lässt sich denn vernünftigerweise gleichzeitig behaupten, die Pandemie sei eine gesellschaftsweite Katastrophe, aus der allenfalls durch Impfungen und Hygieneregeln herauszukommen sei, aber das Geimpftwerden sei zunächst ins Belieben der Einzelnen zu stellen, um es kurz darauf verpflichtend machen zu wollen? Dass auch in den Medien diejenigen in der Mehrheit sind, die es nachher besser gewusst haben, sei nur angemerkt.

Man kann die politischen Undurchdachtheiten und Mutlosigkeiten als Normalität des fehlerhaften Entscheidens samt den begleitenden Ausreden betrachten und konkret kritisieren. So ist demokratische, also mit Rücksichten auf Wähler operierende Politik eben, insbesondere wenn sie vor unvorhersehbare Probleme gestellt wird, die noch dazu die ganze Gesellschaft betreffen. So ist sie, und wenn dagegen noch so stark mit dem Fuß aufgestampft wird. So ist insbesondere eine Politik, die sich angewöhnt hat, auf angreifbare Entscheidungen soweit es geht zu verzichten, um lieber nach vielem Hin und Her und mit schlechtem Gewissen bei ihnen zu landen, als sie von vornherein als geboten zu erklären.

Für manche ist das zu viel verlangt. Es kommt zur Polarisierung der Meinungen, wenn an Idealen der Transparenz, Vernunft und Prinzipientreue festgehalten wird und gegen die Abweichung von solchen Idealen nur noch der maulheldenhafte Protest gegen eine angebliche Elitenverschwörung übrig bleibt. Damit wird der Elite womöglich zu viel Einsicht zugeschrieben. Man kritisiert nicht mehr, was im Einzelnen fehlerhaft scheint, sondern erkennt in den Fehlern ein Muster absichtsvoller Handlungen. Sie sind nicht töricht, heißt es dann, sie sind böswillig. Das Vorspiel zu solchen Deutungen war der Aufstieg populistischer Parteien, die beanspruchen, das Volk als solches gegen die «Systemparteien», die Leitmedien und gegen wirtschaftliche wie administrative Eliten zu verteidigen. Hierin lag schon die Skizze einer Aufteilung der politischen Kräfte in zwei Lager, von denen das eine durch Parteien bestimmt ist, die untereinander koalitionsfähig und kompromissbereit sind, das andere durch den Widerstand dagegen.

Der Zulauf, den die deutsche Variante dieses Populismus, die «Alternative für Deutschland» (AfD), erhalten hat, kam aus zwei Richtungen: dem Protest gegen die europäische Geld- und Finanzpolitik im Zuge der Fiskalkrisen, die zur Gründung der Partei im Jahr 2013 führten, und dem Protest gegen die Migrationspolitik seit dem September 2015, der seitdem zu erheblichen, zuletzt allerdings wieder ein wenig abflachenden Wahlerfolgen für die AfD führte. Die Einführung des Euro, die großzügige Aufnahme von Einwanderern wie die Maßnahmen der Pandemiebekämpfung hatten dabei jeweils große politische Mehrheiten hinter sich.

Das verschaffte der Minderheit, die jeweils ganz entschieden und ganz prinzipiell dagegen war, nicht nur das Aroma einer widerständigen Bewegung, was im Grunde dem Anspruch entgegensteht, sie repräsentiere «das Volk». Es verschaffte ihr zusätzlich das Interesse der Massenmedien, die sich nicht länger mit den Regierungen Merkel langweilen wollten und sich ganz gern in historische Vergleiche wie «Weimar», «1929» oder «Faschismus» hineinphantasierten. Anders formuliert: Je größer die Zone der politischen Kompromissbereitschaft ist, desto stärkere Aufmerksamkeit ziehen die Meinungen auf sich, die aus ihr ausscheren.

Das wiederum bestärkt die Träger dieser Meinungen, einen Kurs zunehmender Kompromisslosigkeit einzuschlagen und die Rolle der Systemfeinde aufzugreifen. Sie impliziert unter anderem, alles Missliebige, was einem begegnet, als Ausdruck eines absichtsvoll angelegten Systems zu interpretieren. Die entsprechenden Beschwerdelisten sind lang. Unter ganz anderen Vorzeichen, mit ganz anderen Wertungen und ganz anderen Folgen ist das 1968 schon einmal durchgespielt worden: die Spaltung der Gesellschaft in eine auf Revolution abzielende Minderheit und alle anderen. Es ist eine Spaltung, die bemerkenswerterweise vor allem in Texten und Verlautbarungen sowie in gesellschaftlich folgenlosen, mitunter fanatischen und blutigen, aber jedenfalls nicht umstürzenden Aktionen stattfindet. Zur Revolution kam es damals nicht, und die Erschießung von Kammergerichtspräsidenten leistete auch keinen Beitrag zur Befreiung von Vietnam. So kommt es auch heute nicht zu einem Systemwechsel. Dazu sind die Erwartungen der sich radikal gebärdenden Minderheit an durchsetzbare Veränderungen, die ohne Kompromisse herbeigeführt werden sollen, zu abstrakt und ihre internen Streitereien zu groß. Man kann auch sagen: Es besteht gar keine Absicht zu regieren, das Protestieren und Dagegensein genügt sich selbst.

8
HASS IM NETZ

Eine andere Spaltungsdiagnose betrifft die zunehmende Verrohung und den zunehmenden Rechtsradikalismus auf manchen Plattformen der Onlinekommunikation. Es kommt zu Beleidigungen erheblicher Stärke, zu Aufrufen, sich vom «System» und seinen Vertretern abzuwenden, zu Gewaltandrohungen gegen diese Vertreter. Der Tatbestand selbst ist unstrittig, zu diskutieren sind seine vermuteten Ursachen und Wirkungen.

Die schlimmen Wirkungen werden im Begriff der Radikalisierung zusammengefasst. Man fürchtet, dass es nur eine Frage der Zeit sein könnte, bis auf die schrecklichen Worte, die Mitteilung von Verachtung und die Androhung von Gewalt, die dazu passenden Taten folgen. Die Ursachen werden vor allem in der Unzufriedenheit mit politisch zugemuteten Leistungskürzungen gesehen, und zwar bevorzugt von Linken, die diese Politik als neoliberal ablehnen, eigene Alternativen dazu aber seit Jahrzehnten ohne politischen Erfolg anbieten, und darum dem klassischen Bestand an Argumenten zugunsten einer stärkeren Umverteilung von oben nach unten nun eine weitere Überlegung hinzufügen. Danach ist der Verzicht auf den weiteren Ausbau des Wohlfahrtsstaats nicht nur ungerecht, sondern gefährlich, da er dazu führe, dass sich zunächst das Reden und dann auch das Handeln der Betroffenen ins Rechtsradikale verschöben. Die Bedrohungen, die vom Kapitalismus und seinen Krisen sowie von der «Globalisierung» ausgehen, ließen, kurz gefasst, ein Bedürfnis nach Sicherheit aufkommen, das für autoritäre Politik empfänglich mache.[1]

Beiden Diagnosen liegt eine deutlich überintegrierte Sicht der sozialen Realität zugrunde. Beide verkennen das, was Niklas Luhmann einmal die Zusammenhanglosigkeit der politischen Rollen genannt hat. Machen wir uns dies zunächst am Beispiel der angenommenen Ursachen klar.

Natürlich ist es möglich, auf Enttäuschungen in der Rolle des Leistungsempfängers zu reagieren, indem man sich den Systemablehnern im Internet anschließt, und sicher wird man Leute finden, deren Protestbiographie diese Form hat. Aber die Rollen, um die es hier und dort geht, sind voneinander so verschieden, dass man den Rollenwechsel nicht als Normalfall erwarteten kann. So kann man das Grundsätzliche jener Ablehnung nicht gut damit begründen, dass einem die politisch beschlossenen Kürzungsprogramme nicht passen, denn dann läge es näher, sich auf den üblichen Wegen für ihre Änderung einzusetzen, als außerparlamentarisch gegen das Ganze zu opponieren. Überhaupt lässt sich radikale Ablehnung schlecht mit persönlichen Interessen begründen Der Ablehner muss vielmehr versichern, dass er Volk und Nation in unmittelbarer Gefahr wähnt, und genau so wird ja auch kommuniziert. Man kann schlecht sagen: Ich wurde arbeitslos und deshalb Anhänger der Rechten.

Die neue Rolle eignet sich also gar nicht, um Enttäuschungen in der alten zum Ausdruck zu bringen, und das wird die Bereitschaft mindern, sie als Anschlussrolle zu wählen. Und so wie es Enttäuschte genug gibt, die keinen Rollenwechsel vollziehen, so gibt es auch Nichtenttäuschte in großer Zahl, die trotzdem pöbeln. Die Forschungen zu populistischen Parteien von rechts halten mit unterschiedlichem Erstaunen fest, dass sich ihnen nicht nur Zurückgesetzte im Osten, sondern auch baden-württembergische Diplomingenieure anschließen. Der Zusammenhang zwischen den Zumutungen einer demokratisch legitimierten Politik und dem massenhaften Auftritt von Systemgegnern ist insofern nicht so eng, dass man diesen auf jene zurückführen könnte. Das würde schon im Blick auf ältere Wirtschaftskrisen, etwa der siebziger Jahre, nicht funktionieren. Die Wendung von Teilen des Publikums ins Radikale ist nicht einfach die Wirkung einer Ursache, die man zusammen mit dieser blockieren könnte. Sie ist vor allem nicht der unausweichliche Effekt einer Politik, die Opfer verlangt oder Härten zumutet.

Sozialismus oder Barbarei? Es wäre schön, wenn es so wäre, denn dann könnte man den politischen Konsens im Grundsätzlichen kaufen und würde dafür nur die Beweglichkeit im Bereich der Sozial- und Finanzpolitik verlieren. In Wahrheit blockiert die Differenzierung der Publikumsrollen die Ausbildung solcher tauschförmigen Zusammenhänge. Weder sind die Empfänger von Wohltaten zu politischer Dankbarkeit verpflichtet, noch kann sich das Opfer von Kürzungen sogleich rächen. Dem politischen System beschert das einerseits die Möglichkeit, auch unpopuläre Entscheidungen zu treffen, und das ist für eine Entscheidungsinstanz, die es nicht allen recht machen kann, essenziell. Andererseits verliert es die Möglichkeit, das eigene Bestandsinteresse als Entscheidungskriterium zu verwenden. Aus dem verständlichen Bedürfnis, die Zahl der Systemablehner möglichst kleinzuhalten, folgt wenig, solange man nicht wissen kann, woran es liegt, ob jemand auf eine politische Zumutung in der einen oder anderen Weise reagiert. Das politische Problem mit den Systemablehnern ist denn auch viel ernster, als eine Zurechnung auf den Neoliberalismus es wahrhaben will. Es liegt gerade darin, dass man die Bedingungen nicht in der Hand hat, von denen ihr Aufkommen abhängt.

Die Vorstellung, wenn wir den politisch Entfremdeten nur mehr Geld geben, dann gewinnen wir sie zurück, beruht auf der irrigen Verallgemeinerung von Interaktionserfahrungen. Im Falle einer aufgebrachten Menge, die konkrete Forderungen stellt, kann man sich Ruhe durch Entgegenkommen ertauschen. Aber hier ist ja auch die Situation selbst schon als Verhandlungssituation definiert. Auf der Ebene des politischen Systems gibt es dazu keine Entsprechung. Die politische Wahl ist zum Beispiel gerade nicht als Tausch von politischer Unterstützung gegen politische Wunscherfüllung gedacht.

Der Rolle des rechten Haters fehlt es nicht nur an festen, zwingend zu durchlaufenden Zubringererfahrungen in anderen Rollen, es fehlt auch an problemlos erreichbaren Anschlussrollen. Es gibt Stufen der Radikalisierung, aber es besteht kein Zwang, die höchste oder auch nur die nächste davon zu erreichen. In der Regel bleibt es bei der ersten Stufe. Das liegt daran, dass die Rolle des Systemablehners eigentlich aus zwei Rollen oder Rollengruppen besteht, die ihrerseits in zwei Hinsichten deutlich differenziert sind. Sie unterscheiden sich im Grad ihrer Vereinbarkeit mit anderen Rollen ihres Trägers, und sie unterscheiden sich eben deshalb auch voneinander, und zwar ungefähr so wie Reden und Handeln. Etwas überspitzt könnte man von Rollen für Maulhelden und für Märtyrer sprechen. Grad und Art dieser Rollendifferenzierung können erklären, warum der Wechsel aus der einen in die andere Rolle nicht nur selten ist, sondern erlaubtermaßen verweigert wird.

Die erste Rolle, die der «Maulhelden», kann auf Plattformen, die sich auf den Ausdruck politischer Entfremdung spezialisiert haben, nach kurzer Sozialisationszeit von jedem übernommen werden, der die entsprechenden Symbole für generalisiertes Misstrauen zu handhaben weiß. Sie verlangt nur den Gratismut dessen, der sich in öffentlicher, aber der direkten Begegnung entzogener Kommunikation damit befasst, angebliche Verschwörungen aufzudecken, Morddrohungen gegen ihre vermeintlichen Drahtzieher auszustoßen und Umsturzpläne unbestimmten Inhalts und unbestimmter Trägerschaft zu ventilieren. Sie ist durch Unverantwortlichkeit der Kommunikation ausgezeichnet und darum wie geschaffen fürs folgenlose Dampfablassen.

Machen wir uns das an der Besonderheit dieser Plattformkommunikation etwas klarer. An sich bedeutet Öffentlichkeit den Kollaps der Rollendifferenzierung, die Aufhebung der Trennung von Partnern und Publikumskreisen. Beliebige Dritte können die öffentliche Kommunikation mitverfolgen, und das beschränkt die Möglichkeiten, sich nur einer einzigen Gruppe zuzuwenden, also etwa nur zu den Glaubensbrüdern, den Geschlechtsgenossen, den politisch Gleichgesinnten und so weiter zu sprechen. In diesem Sinne wirkt der Zwang zur Öffentlichkeit als Zwang zur sozialen Generalisierung von Darstellungen. Man orientiert sich, und wenn es im Modus der Heuchelei wäre, an Wertgesichtspunkten, die gesellschaftsweit institutionalisiert sind und denen niemand die Unterstützung versagen kann. Das stärkt den Glauben an die allgemeine Verbreitung der jeweils vorherrschenden Ideologie, etwa zugunsten der von ihren Gegnern so genannten Political Correctness.

Andererseits ist man an solche gefälligen Darstellungen auch nur in der Öffentlichkeit gebunden. Wer, sagen wir, aus der Talkshow in das Wahlkampfteam seiner Partei übergeht, muss den Unterschied der Sprechsituationen berücksichtigen. Würde alles publiziert, was über den politischen Gegner und die eigenen Leute gesagt wird, könnte das leicht die politische Karriere kosten. Wenn man kontroversere Darstellungen ausprobieren möchte, empfiehlt sich die vertrauliche Kommunikation, und natürlich wird das Netz massenhaft auch in diesem Sinne genutzt, was dann wieder attraktive Ziele für Hackerangriffe schafft. Man kann sich leichter ins Ungefällige hineinwagen und sich schließlich auf extremen Positionen wiederfinden, aber nur unter Verzicht auf ein breites Publikum.

Ein dritter Fall liegt vor, wenn diese Art der Hinterbühnenkommunikation zugleich öffentlich einsehbar ist, aber die Anonymität der Beteiligten den Zwang zur Generalisierung beseitigt. Es werden dann extreme Meinungen vor einer prinzipiell unbegrenzten Leserschaft ausgetauscht, aber das große Publikum übt keine mäßigende Wirkung mehr aus; es soll vielmehr gerade provoziert und erschreckt werden – so wie die Zuschauer einer extremistischen Demonstration.

Die Publizität des Haters soll die Anonymität seiner Teilnahme rechtfertigen, etwa mit dem Argument, der Arbeitgeber könne lesen, was gepostet wurde, und dem Schmäh- und Hassredner dann irgendwelche Schwierigkeiten machen. In der Debatte über ein anonymes studentisches Internettagebuch zur Kritik von Vorlesungen eines Berliner Politologieprofessors – kein Fall von Hetze, sondern von Polemik – wurde in diesem Sinne argumentiert. Die Anonymität schütze die Studenten davor, Objekt strafender Maßnahmen zu werden, etwa schlechte Zensuren durch den Angegriffenen zu erhalten. Aber das ist nur die Ideologie der Namenlosigkeit. Ihre tatsächliche Funktion besteht darin, die Unverbindlichkeit der Kundgaben zu erhöhen. Die Anonymität schützt vor jeder Verantwortung, zu der Außenstehende einen ziehen könnten, und erleichtert es so, sich auf gewagte Positionen zu begeben. Aber sie führt auch dazu, dass die Beteiligten einander nicht erkennen würden, wenn sie es in anderen Rollenzusammenhängen miteinander zu tun bekämen, und dass es daher auch nicht bemerkt werden würde, wenn etwa der Ausländerfeind aus dem Netz zu seinen türkischstämmigen Nachbarn die besten Beziehungen unterhält. Es fehlt also nicht nur die externe Kritik an der abweichenden Meinung, sondern auch die interne daran, dass sie nicht konsequent genug vertreten wird. Beides mag, indem es ihr die Folgenlosigkeit sichert, die verbale Radikalisierung erleichtern. Nur zum Vergleich: Die Kommunikation auf Dating-Seiten ist demgegenüber sehr viel weniger von der Person getrennt, weil sie späteren Tests in der Interaktion standhalten muss.

Die Unverantwortlichkeit, die der Hetzer kraft Anonymität genießt, ähnelt der Unverantwortlichkeit, die das Wahlgeheimnis dem Wähler sichert, und diese Ähnlichkeit reicht bis in Deutungsalternativen hinein. Hier wie dort findet man Beobachter, die aus der Unverantwortlichkeit auf Authentizität schließen (weil es keinen Gruppendruck gibt), und hier wie dort gibt es die soziologische Deutung, die aus der eigentümlichen Folgenlosigkeit des Verhaltens für die anderen Rollen des Handelnden den Schluss zieht, dass es sich um einen Extremfall von Rollentrennung handelt, der die sozial bekannte Person des Handelnden als Regulativ des Verhaltens ausschaltet und also auch nicht deren authentischer Ausdruck sein kann.

Die zweite Rollengruppe für Systemablehner, die der «Märtyrer», sieht dagegen die eigene Beteiligung an der Vorbereitung und Durchführung derjenigen Aktionen vor, über die zuvor nur schwadroniert wurde, und ist mit unabsehbaren Risiken verbunden. Der Hater kann in den Untergrund gehen, um von dort aus Anschläge oder Entführungen zu planen, und er kann einflussreiche Systemrollen nur dem Anschein nach übernehmen und sie insgeheim zur Systemunterwanderung nutzen: Beides ist als illegales Handeln permanent von Aufdeckung bedroht. Das exponiert den Kämpfer durch ernsthafte Gefährdung und zieht nicht selten auch seine Familie in Mitleidenschaft.

Solche Aussichten würden auf die erste Rolle zurückwirken, wenn irgendeine Verpflichtung zum Konsequentsein in sie eingebaut wäre. Es gäbe dann, vereinfachend formuliert, nicht viel mehr Hater als Untergrundkämpfer oder als Verschwörer, die sich auf der rechten Marschroute durch die Institutionen von Polizei, Justiz und Armee bewegen. Das ist jedoch nicht der Fall, da die Anonymität der Hasskommunikation ihr die Eigenschaft nimmt, Selbstdarstellung zu sein und den Darsteller zur Fortsetzung zu verpflichten. Die Bereitschaft zum Martyrium kann auch in der Gruppe der Ablehner nicht als Normalfall gelten, weil das die Zahl ihrer Mitglieder zu stark reduzieren würde, und gerade deshalb mag es die besondere Achtung der Szene eintragen, wenn doch einmal einer sich dazu entschließt. Die erste Rolle des Ablehners ist daher auch mit der Fortsetzung eines ganz normalen und unauffälligen Lebens diesseits von Untergrundarbeit und Konspiration voll kompatibel. Sie kann jederzeit von Dampfplauderern und Sonntagsnazis übernommen werden.

Man darf also nicht unterstellen, dass man es in den Systemablehnern mit politischen Aussteigern zu tun hat, die allenfalls vor Bewaffnung zurückschrecken. Anzunehmen, dass der Ablehner keinesfalls zur Wahl einer erträglichen Partei bereit sein könnte, würde ihm schon zu viel Konsequenz zubilligen. Alles sähe dann so aus, als könnte die Entscheidung für oder gegen normale Mitwirkung am politischen System nur mit Verbindlichkeit für ganze Personen getroffen werden. Aber das ist ja gerade die Frage, und dass eine positive Antwort sich nicht von selbst versteht, zeigte immer schon der Protestwähler, der die Parteien am rechten oder linken Rande unterstützt, aber nicht aus Überzeugung, sondern nur aus Unzufriedenheit mit den etablierten Parteien der Mitte, an denen er eigentlich hängt, sowie als Denkzettel und Signal an diese, mehr Alternativen zu schaffen.

Wer als Protestwähler radikale Parteien unterstützt, muss das nicht tun, weil er ihre Regierungsbeteiligung begrüßen würde. Gerade der Umstand, dass damit nicht zu rechnen ist, mag ihm die Wahlentscheidung zugunsten der Radikalen erleichtern. Umgekehrt wäre es für ihn kein Widerspruch, sich von der gewählten Partei abzuwenden, sollte sie wider Erwarten doch einmal in die Lage kommen, demnächst die Regierung stellen zu können. Wahlen in Frankreich folgen oft diesem Muster, indem nämlich Extremisten vor allem vor der Stichwahl, aber sehr viel weniger in der Stichwahl unterstützt werden, und ganz ähnlich gibt es in Deutschland ein Gefälle zwischen der landes- und der bundespolitischen Unterstützung für rechte Parteien, das erst seit den auch bundespolitischen Erfolgen der AfD abnimmt.

Die Frage, ob einer das System zugleich ablehnen und es in den sinngebenden Prämissen für eigenes Handeln anerkennen kann, erscheint nur so lange absurd, wie man das längst schon erreichte Maß an Zusammenhanglosigkeit politischer Rollen nicht sieht. Wer einen Begriff wie «Eskalationskontinuum» ins Spiel bringt, um die Übergänge von Vorurteilen und Ressentiments zu parteipolitischen und schließlich kriminellen Organisationsformen der Systemfeindlichkeit zu beschreiben, bleibt die Antwort schuldig, wie sich denn die stark abnehmenden Gruppengrößen zwischen den Eskalationsstufen erklären lassen.[2] Ein anderes Beispiel für die durchaus nicht kontinuierlich aus Einstellungen folgenden Taten wären übrigens die raschen Wählerwanderungen von den etablierten zu den extremen Parteien und wieder zurück.

Die Rollen für Ablehner hängen also zusammen, weil die erste Rolle zu großen Teilen darin besteht, die Symbolik der zweiten zu konsumieren und dies zu genießen, aber sie sehen so Ungleiches und so ungleich folgenreiches Verhalten vor, dass ein Wechsel nur selten vorkommt. Er setzt offensichtlich soziale Anleitung voraus, und selbst die scheint vor allem bei isolierten und gestörten Personen zu fruchten. Es hängt dann von Unterschieden in der psychischen Verfassung der Beteiligten, also von einem gesellschaftspolitischen Zufall ab, wer diesen Schritt wagt. Die übliche Meldung, der Attentäter sei der Polizei als möglicher Gefährder bekannt gewesen, zeigt die Schwierigkeiten der Prognose, die sich daraus ergeben.

Was bedeutet diese Unterscheidung von redender und handelnder Systemablehnung aus der Sicht des abgelehnten Systems, sei es der politischen Ordnung, sei es der gesellschaftlichen? Es gibt einen hochselektiven Filter, der dafür sorgt, dass die Ablehnung normalerweise in expressivem Handeln stecken bleibt und Steigerungsmöglichkeiten nur innerhalb dieser Grenzen hat. Statt zu sprechen, kann man schreien, statt zu schimpfen, kann man fluchen, Beleidigungen gegen Politiker können durch Todeswünsche gegen

Politiker ersetzt werden. Die Rollendifferenzierung ist zugleich eine Schwellendifferenzierung. Es gibt nicht eine einzige Schwelle, die den politisch Unauffälligen vom gewaltbereiten Fanatiker trennt, sondern es sind mindestens zwei Schwellen, von denen die erste extrem niedrig liegt und die zweite extrem hoch. Vielleicht kann man sagen, dass die niedrige Schwelle für Neugierige und Novizen den öffentlichen Ausdruck politischer Entfremdung so sehr erleichtert, dass man nicht fürchten muss, die Verbreitung solcher Einstellungen könnte unterschätzt werden. Eher schon könnte das Gegenteil zutreffen, und zwar vor allem dort, wo man die Funktion der Schwellendifferenzierung selber verkennt. Die «Anzahl ihrer wirklich treu ergebenen Unterstützerinnen und Unterstützer ist vernachlässigbar klein», heißt es in einer Studie zu extremistischen Bewegungen und ihrem Einsatz digitaler Technologien, die zugleich von «politischer Massenmobilisierung» spricht.[3]

Man wird einwenden wollen, dass der Hater radikale Parteien unterstützen kann. Das ist richtig. In diesen Parteien können sich dann Personen sammeln, die sich auf die radikale Position ansprechen lassen und verantwortlich für sie einstehen, und da die Unterstützung solcher Parteien ebenfalls durch unverbindliches Handeln erfolgt, gilt derselbe Zusammenhang von Anonymität und Enthemmung, von Rollenisolierung und Unwirksamwerden der sozialen Kontrollen auch hier. Es fällt leicht, rechte Parteien zu unterstützen, wenn man das für sich behalten kann, und das Wahlgeheimnis deckt auch diese Unverantwortlichkeit. Aber an den Empfängern der Unterstützung wiederholen sich die Probleme der Systemablehnung. Häufig handelt es sich um koalitionsunfähige Kleinparteien mit Pariastatus im Parlament. Auch ihr Handeln besteht dann im Wesentlichen aus

Reden. Oder die Unterstützung gilt großen und regierungsfähigen Parteien, die dann sehr wohl auch handeln können, aber eben nicht so, wie geredet wurde.

9
WECHSELWÄHLER: REGER VERKEHR
ÜBER POLITISCHE GRÄBEN

Die Diskussion über eine polarisierte Gesellschaft hat sich an den Vereinigten Staaten entzündet. Es wird diagnostiziert, das Land habe sich im Verlauf der vergangenen fünfzig Jahre zunehmend in zwei unversöhnliche politische Lager gespalten. 1957 meinte der Politikwissenschaftler Anthony Downs in seiner berühmten Abhandlung «Ökonomische Theorie der Demokratie» noch, die beiden großen Parteien, Demokraten und Republikaner, bewegten sich aufeinander zu, um bei sicherem Hinterland an Wählern dem Konkurrenten die Mitte des Wählerspektrums mit einem sehr ähnlichen Angebot an Positionen zu bestreiten.[1] Um 1980 herum traten sie jedoch in einen immer stärkeren, immer giftigeren Gegensatz zueinander. Die Anhänglichkeit an eine der beiden großen Parteien ergibt sich seitdem nicht nur über deren Programme, sondern vor allem durch «negative Parteienbindung». Man fühlt sich durch die politischen Gegner mehr abgestoßen als durch die gewählte Partei angezogen; man wählt nicht in erster Linie für eine bestimmte Politik, man wählt in erster Linie gegen die andere Partei und gegen die Angst, die anderen könnten gewinnen. Der politische Gegner wird zunehmend als Bedrohung für das Land empfunden, und es wird der Eindruck erweckt, auf der anderen Seite baue sich eine Bedrohung von umfassender Größe auf.[2]

Ende der fünfziger Jahre schien für Downs die zunehmende programmatische Profillosigkeit der amerikanischen Parteien das Problem. Ob das angesichts der Wahlkämpfe zwischen Kennedy und Nixon 1960 und dann 1964 zwischen Johnson und Goldwater eine zutreffende Analyse war, kann dahingestellt bleiben. Heute jedenfalls herrscht auf der politischen Bühne weitgehend Feindseligkeit. Die Ablehnung und Bejahung von Einwanderung, Abtreibung, staatlicher Gesundheitsfürsorge, Klimapolitik hat an Intensität zugenommen. Es existiert eine hohe Bereitschaft, in allem, was die Gegenseite vorschlägt, den Ausdruck einer zutiefst verwerflichen Haltung zu erkennen. Das überwölbt sogar sachliche Gemeinsamkeiten. Die berühmten Versuche Barack Obamas, eine andere, stärker staatliche Krankenversicherung für die Amerikaner durchzusetzen, ähnelten sehr dem, was zuvor der republikanische Gouverneur Mitt Romney auf bundesstaatlicher Ebene in Massachusetts etabliert hatte. Dennoch wurden sie als Projekt Obamas im Wahlkampf von den Republikanern verteufelt, wie umgekehrt die Demokraten die Ähnlichkeit ihrer Vorhaben mit republikanischen in Abrede stellten.

Das war auch auf anderen politischen Feldern das Muster. Die Auseinandersetzung der Parteien miteinander hält sich an die Punkte starker Abweichung – die Mauer an der Grenze zu Mexiko beispielsweise, die Umweltpolitik, die Förderung der Wissenschaft etc. – und übertreibt den Dissens, weil das die Integration der eigenen Seite erhöht. Der Wahlkampf, in dem scharfe Entgegensetzungen als rhetorische Praxis üblich sind, schien zumindest während der Jahre unter Donald Trump gar nicht mehr aufzuhören. Es wird suggeriert, die Differenzen zwischen den Parteien seien unüberbrückbar, weshalb sie auch keinerlei Zusammenarbeit praktizierten.

Die Transformation von Konkurrenz in Feindseligkeit geht mit dem Verzicht auf Kompromisse einher. Parteien, so eine Studie, würden von ihren Anhängern inzwischen wie Sportteams wahrgenommen, von denen nur eines den Sieg verdient, ganz unabhängig davon, wie er erzielt wird und wozu er führt.[3]

So weit, so amerikanisch. Zwei-Parteien-Systemen mag eine solche Tendenz zur Polarisierung besonders inhärent sein. Zu ihr gehört die Unterstellung, man könne nur dem einen oder dem anderen Lager angehören, Übergänge seien praktisch ausgeschlossen. Tatsächlich wird für die zurückliegenden Präsidentschaftswahlen 2020 berichtet, ein knappes Drittel der Wähler sei lange unentschlossen gewesen. Nach amerikanischen Maßstäben heißt das: ein Jahr vor der Wahl noch unentschlossen zu sein.[4] Ein Viertel dieser noch nicht ganz Entschlossenen hatte 2016 gar nicht gewählt, die Hälfte davon beschrieb sich als eventuell zugänglich für beide Präsidentschaftskandidaten, die andere Hälfte zögerte zwischen ihrer feststehenden Wahl für eine Seite und einer Enthaltung. Daran, dass sogar diese Unentschlossenen und nicht nur die tatsächlich Wechselbereiten von der amerikanischen Politikwissenschaft als «Swing Voters» behandelt werden, erkennt man die besondere Situation. Unentschlossen im engeren Sinne des Wortes waren ein Jahr vor den letzten Präsidentschaftswahlen nur 8 Prozent der amerikanischen Wählerschaft. Allerdings war es, wie in den Wahlen, die Barack Obama und Donald Trump als Sieger sahen, eine ausschlaggebende Minderheit. Entsprechend groß war der Aufwand, durch «Microtargeting», Wahlforschung und Wahlkampagnen den Durchgriff auf die eigenen wie die unsicheren Wähler zu erlangen.

Ein Indikator, der gegen eine politische Spaltung spricht, ist also die Möglichkeit wie die Zahl von Wechselwählern.[5] Denn zu einer Spaltung der politischen Bürgerschaft kann es erst kommen, wenn die Lager nicht nur bei den politischen Funktionären getrennt sind, sondern auch bei den Anhängern und Wählern. In ihrem Buch über die politische Polarisierung der Vereinigten Staaten hat Lilliana Mason die Wähler polarisierter Parteien ebenfalls mit Sportfans verglichen, die kein anderes Erfolgskriterium des Wettbewerbs kennen als den Sieg des eigenen Teams. Für sie ist die Demokratie nur intakt, sofern die Mehrheit bei ihnen liegt. Man wählt keine Partei, sondern ein «Wir». Im Grunde wählt man sich selbst. Entsprechend gibt es bei den Anhängern der beiden Parteien immer weniger Mischformen wie «konservative Demokraten» und «liberale Republikaner».[6]

Diese Logik der unbedingten Loyalität zu Teams wird von Wechselwählern durchkreuzt. Wechselwähler können sich vorstellen, die einen oder die anderen zu wählen. Je mehr es von ihnen gibt, desto unsicherer wird es umgekehrt für Parteien, auf einfache Unterscheidungen und eine klare «Identität» setzen zu können. Ob die Wähler tatsächlich anders abstimmen als beim letzten Mal, ist dabei weniger wichtig als die Möglichkeit, es zu tun. Hauptsache, die Parteien sind unsicher, was geschehen wird; Hauptsache, die Wähler bleiben unberechenbar. Es kommt demnach mehr auf den möglichen Präferenzwechsel an als auf die Quote an wirklichem Meinungswandel und mehr auf strukturell gesicherte Mobilität als auf das Ausmaß an wirklichen Bewegungsvorgängen.

1980 noch wurde in Deutschland von den Wechselwählern als einer ausschlaggebenden Minderheit gesprochen, inzwischen scheint Deutschland ein Land der Wechselwähler zu sein.[7] Ihr Anteil wird derzeit auf deutlich mehr als 30

Prozent der Wählerschaft geschätzt, in der Bundestagswahl 2021 konnten die Parteien sogar nur 59 Prozent ihrer vorigen Wähler halten. Der Befund der Wahlforscher lautet: Es gibt nach wie vor politische Lager, doch aus den Lagern heraus wie in sie hinein wird stärker als je zuvor gewechselt. Zum Teil zu anderen Parteien, zum Teil in die Nichtwählerschaft. Drei Viertel der Befragten einer Studie der Konrad-Adenauer-Stiftung vom Juni 2021 können sich vorstellen, mehr als eine Partei zu wählen. Sieht man von der AfD ab, liegt der Anteil der Wähler, die eine Partei «eher ablehnen» oder «strikt ablehnen», jeweils unter 50 Prozent.[8]

Das aber ist ein Sachverhalt, der nicht nur durch Meinungsumfragen ermittelt werden kann. Den abgefragten Meinungen entsprechen tatsächliche Wählerwanderungen in erheblichem Umfang. Bei der vergangenen Bundestagswahl wanderten fast zwei Millionen Wähler von der CDU/CSU zur SPD ab, umgekehrt 460 000 Stimmen von der SPD zur CDU, aber auch 420 000 von der AfD zur SPD, gut eine Million von der Union zu den Grünen, 1,3 Millionen von der CDU/CSU zur FDP und umgekehrt 830 000 Stimmen von der FDP zurück an die Union. Es flossen sogar 110 000 Stimmen von der Linken zur CDU und 160 000 von der Linken zur FDP.[9] Gerade solche Wählerwanderungen zwischen programmatisch sehr unterschiedlichen Parteien sprechen für eine nur schwach polarisierte Wählerschaft. Mag der Wechsel zwischen zwei Wahlen von der SPD zu den Grünen nicht erstaunlich erscheinen, so sind Wechsel von der Union zu den Grünen oder von der AfD zur SPD bemerkenswert.

Ein Großteil der Wähler ist sich also nicht völlig sicher, was die richtige politische Entscheidung ist, und macht die seine von zeitgebundenen Umständen abhängig. Die Wahlforschung berichtet davon, dass Entscheidungen, die erst in der letzten, «heißen» Phase der Wahlkämpfe fallen, häufiger geworden sind.[10] Waren es 1965 in Deutschland nicht einmal 5 Prozent der Wähler, die ganz spät zu einer Festlegung fanden, sind es inzwischen mehr als 30 Prozent. Zugleich steigt der Anteil derjenigen, die ohne ein stabiles Muster Wechselwähler sind, die also nicht zwischen zwei Parteien pendeln, über große Teile des Parteienspektrums hinweg. Zwischen 1972 und 1987 wird insgesamt von 14 Prozent «echten», das heißt tatsächlichen und nicht nur eine Zeit lang unentschlossenen Wechselwählern berichtet, bis 2009 ist dieser Anteil auf 35 Prozent gestiegen.[11] Zuletzt lag er bei 41 Prozent.

Was die Gründe dieser zunehmenden Beweglichkeit betrifft, so ist sich die Wahlforschung nicht einig. Über die Wechselwähler sind ganz gegenteilige Ansichten verbreitet. Zunächst liegt auf der Hand, dass politische Wahlen überhaupt nur sinnvoll sind, wenn es Wechselwähler gibt. Andernfalls würden in jeder Wahl nur die Ergebnisse der vorigen Wahl übertragen, und der Wahlkampf wendete sich lediglich an Erstwähler und vormalige Nichtwähler. So sehen Wahlkämpfe aber nicht aus, und so werden sie auch nicht gewonnen. Für die Parteien sind die Stimmen der Wechselwähler, die ihnen zufließen, jedenfalls insofern ein Geschenk, als sie gleichzeitig von anderen Parteien abfließen. Wechselwähler zu gewinnen und Wechselwähler zu vermeiden, ist also eine zentrale Aufgabe von Parteien und Kandidaten.

Dabei wird das Phänomen der Wechselwähler allerdings ganz unterschiedlich eingeschätzt.[12] Den einen erscheinen sie als Inbegriff des nachdenklichen Wählers, der nicht blind einer Fahne hinterherläuft, sondern Argumente prüft und je nach politischen Umständen und seinen im Wandel befindlichen Interessen entscheidet. Es werden strategische Motive vermutet: Wähler merken, dass nach den Wahlen Koalitionen regieren werden, und geben darum Parteien «Leihstimmen», die für die Koalitionsbildung den Ausschlag geben sollen.[13] Andere sind im Blick auf Umfragewerte besorgt, ihre Stimme auf Parteien zu verschwenden, die es gar nicht ins Parlament oder in die Regierung schaffen werden, und wechseln darum. Wieder andere belohnten die berühmte Strategie der «asymmetrischen Demobilisierung», indem sie zu Merkels CDU wechselten, weil sie dort auf einmal sozialdemokratische und grüne Positionen (Ausstieg aus der Kernenergie, Einwanderungspolitik) in Kombination mit Regierungsfähigkeit geliefert bekamen. Schließlich fallen auch die viel diskutierten Protestwähler, die entweder den Regierungsparteien oder dem ganzen Parteienspektrum einen Denkzettel verpassen wollen, unter diesen Begriff der strategischen Wechselwahl.

Die anderen befürchten oder erhoffen im Gegenteil, dass Wechselwähler nur Schilf im Wind sind und sich je nach wahlkämpferischer Bearbeitung mal in diese, mal in die andere Richtung neigen. Demoskopen mögen keine Wechselwähler. Sie werden als Beute fadenscheiniger Versprechungen betrachtet, etwa in der Literatur zur politischen Ökonomie von Wahlkämpfen, die stark auf finanzielle Erwartungen (Steuersenkungen, wohlfahrtsstaatliche Gaben, Subventionen) abstellt, die in Wahlkämpfen geweckt und danach enttäuscht werden. Die Beweglichkeit der Wähler wird überdies mit Umfragen und massenmedial erzeugten Stimmungsschwankungen in Verbindung gebracht sowie mit dem dortigen Erscheinungsbild des politischen Personals. Merkels «Sie kennen mich» dürfte selbst unter Wählern Bindungseffekte gehabt haben, die sich die CDU konservativer wünschten. Laschets Lachen wiederum konnte nur in einer Welt wirksam werden, in der es sich über YouTube, Instagram, Twitter und Facebook millionenfach verbreitet hat.

Wo die einen also bei steigendem Anteil an nicht parteigebundenen Wählern mehr Offenheit und Reife des politischen Systems feststellen, machen sich andere Sorgen über seine abnehmende Stabilität und zunehmende Abhängigkeit von Oberflächenreizen. Im Vergleich unterscheiden sich hier die Wechselwählerschaften in politischen Systemen, aber auch die Wechselwähler, die zwischen potenziellen Regierungsparteien wechseln, von denen, die innerhalb einer Koalition wechseln.[14] Hinzu kommt, dass der Wechsel sowohl auf einer Enttäuschung durch die zuvor gewählte Partei beruhen kann wie auf Interesse an der neu gewählten.

Da es sehr viele Motive gibt, bei einer Partei zu bleiben oder zwischen Parteien zu wechseln, führt die Bilanz solcher Motive nicht weiter. Grundsätzlich sind die Wähler von jeder möglichen Politik und von jeder sie tragenden Partei komplex betroffen, nämlich immer sowohl positiv als auch negativ und immer in mehreren Rollenbereichen und mehreren unvergleichbaren Wertrichtungen. Der einzelne Wähler kann seine Entscheidung deshalb nicht interessenbezogen treffen, auch wenn es immer wieder Wähler gibt, die das tapfer versuchen. Wer seine Stimme den Grünen gibt, bekommt vielleicht die gewünschte Umweltpolitik, aber deshalb nicht auch schon die gewünschte Schulpolitik. Man könnte die Interessen in eine Rangliste bringen, doch wenn die Umweltpolitik um kommender Generationen willen erfolgt, tut es die Schulpolitik nicht minder. Der Wähler braucht folglich nichtrationale Entscheidungshilfen. Eine davon liegt darin, sich in der Wahl der politischen Einstellung an der eigenen Familie, dem Freundeskreis, den Arbeitskollegen zu orientieren. Wie ländervergleichende Untersuchungen zur politischen Kultur gezeigt haben, ist diese Anpassung an das Urteil der Nahestehenden in Amerika stärker verbreitet als etwa in Deutschland, wo andere Entscheidungshilfen einspringen mögen, darunter die der «selbsteingeredeten Rationalität» (Niklas Luhmann).

Politische Meinungen bekommen damit eine expressive Nebenfunktion. Sie werden zu Symbolen für die Solidarität kleiner Gruppen, und das pflegt den Meinungswechsel wie den Meinungsstreit zu erschweren. Man wählt dann immer wieder, sagen wir: sozialdemokratisch, aber man tut es nicht als politischer Interessent, der Vorteile gegen Nachteile abwägt, sondern als Tochter, als Freund, als Kollege unter Kollegen. Die Stabilität der unpolitischen Gruppen garantiert stabile Muster der politischen Unterstützung. Die Treue der Stammwähler löst sich von den politischen Leistungsbilanzen, und die Partei gewinnt die entsprechenden Bewegungsfreiheiten hinzu. Sie muss nicht fürchten, dass jede zugemutete Mehrbelastung ihre Anhänger in die Arme des politischen Gegners treibt.

Wohl aber könnte eine solche Abwanderung dadurch ausgelöst werden, dass immer mehr Anhänger dieses Gegners auch unter den Freunden oder den Arbeitskollegen auftauchen oder dass sich Wähler einer Partei an einem neuen Wohnort oder auf einem neuen Arbeitsplatz von politisch Andersdenkenden umgeben finden. Bisher hatten wir nämlich stillschweigend unterstellt, dass Familie und Freunde, Nachbarschaft und Kollegenkreis politisch am selben Strang ziehen. Aber das muss nicht so sein. Der Industriearbeiter, der aus ländlichen Verhältnissen in die Großstadt kommt, wird durch seine Herkunft zu den Konservativen, durch die

Gewerkschaftsmitglieder unter seinen Arbeitskollegen zu den Progressiven gelockt. Ein anderes Beispiel der amerikanischen Wahlforschung ist der irische Einwanderer, der als Unternehmer wohlhabend geworden ist. Er wird als Katholik den Demokraten, als Geschäftsmann den Republikanern nahestehen.

Aus dieser Art von Rollenkonflikt gibt es verschiedene Auswege. Die Strategie des Nichtwählers ist eine von ihnen. Sie hat den Vorzug, keine der für ihn wichtigen Bezugsgruppen gegen ihn einzunehmen. Zum Ausgleich muss er darauf verzichten, sich an der politischen Übereinstimmung mit anderen zu stärken. Diesen Nachteil umgeht der Wechselwähler, indem er die dauerhafte Festlegung auf eine Partei ebenso vermeidet wie den anhaltenden Gegensatz zu einem Teil der ihm Nahestehenden. Er stärkt sich gleichsam abwechselnd. Die Mobilität seiner Einstellung macht ihn zum attraktiven Gesprächspartner für Leute, die politischen Einfluss suchen. Er wird von beiden Seiten umworben, ist aber aus sozialen Gründen gehalten, seiner Zustimmung zeitliche und sachliche Grenzen zu ziehen. Nach dieser Theorie setzt die Mobilität der Politik den Wechselwähler und dieser eine politisch differenzierte Nahumwelt voraus.

Die Formulierung der sozialwissenschaftlichen Wahlforscher lautet: Auflösung der hergebrachten Wählermilieus. Dass Arbeiter verlässlich SPD wählen, katholische Landbewohner stets CDU, trifft schon lange nicht mehr zu. Unter den abhängig Beschäftigten sind immer weniger gewerkschaftlich organisiert, die Kirchenmitgliedschaft ist seit den siebziger Jahren in stetigem Rückgang. Einer 2017 publizierten Studie zufolge befinden sich unter den SPD-Anhängern nur noch 17 Prozent Arbeiter; im Jahr 2000 sollen es noch

44 Prozent gewesen sein. Sie sind durch Angestellte im öffentlichen Dienst ersetzt worden.[15] Fast möchte man sagen, dass die SPD eine Partei geworden ist, die mittlerweile mehr die Beschäftigten im Wohlfahrtsstaat zu ihrer potenziellen Klientel zählt.

Doch das geht nicht nur auf den schwindenden Anteil der Arbeiterschaft an den Wahlberechtigten zurück, sondern auch auf die erkennbare Bereitschaft von Arbeitern, die CDU, die Linke oder die AfD zu wählen. Diese Wähler beziehen sich hierzulande in ihrer Wahlentscheidung also immer weniger auf ihre «Klassenlage» und die Vermutung, sie würden am besten von einer Partei vertreten, die sich dieser Lage oder ihres sozial-moralischen Milieus annimmt. Sie wählen vielmehr deutlich seltener eine Partei nur deshalb, weil sie in ihrer sozialen Umgebung ebenfalls gewählt wird. Pfarrer verzichten inzwischen auf direkte Wahlempfehlungen; die Vorstellung, Gott liebe die Union mehr als die Grünen, leuchtet nicht mehr überall ein. Ob sich die Sozialdemokratie stärker den Industriearbeitern, den Arbeitslosen oder dem Betreuungspersonal für Benachteiligte verpflichtet fühlt, ist eine offene Frage. Eindeutige Zuordnungen von Interessen, Milieus und Parteien sind immer weniger möglich. Wahlen sind keine Volkszählungen. Sie fassen nicht einfach zusammen, welche Eigenschaften die Bevölkerung hat.

Zudem löst das höhere Bildungsniveau im Zusammenspiel mit einem erheblich vervielfältigten politischen Informationsangebot die strikte Bindung vieler Wähler an eine einzige Partei auf. Die Wahlentscheidung wird weniger auf Zugehörigkeit zu einer und nur einer Großgruppe gegründet. Ständig strömen überdies Berichte über Aspekte und Nebenfolgen politischer Festlegungen zu, die nicht mehr über ein Zwei-Programme-Fernsehen und eine Handvoll Tageszeitungen kanalisiert sind. Zusätzlich wirkt die gewachsene Zahl an sozialen Bewegungen, die zu einzelnen Themen von den Parteien abweichende Einstellungen propagieren, in diese Richtung einer Aufsplitterung der politischen Informationsverarbeitung.[16]

Der für das Thema der gesellschaftlichen Spaltung wichtigste Schluss aus dem Befund zunehmender Wechselwählerschaft in Deutschland liegt darin, dass das genaue Gegenteil einer Versteinerung des Wahlverhaltens zu beobachten ist. Von einer politischen Spaltung ist das Land seit Jahrzehnten weit entfernt. Der Übergang von einem System mit drei Fraktionen im Bundestag (1961 bis 1983) über das mit vier (bis 1990 und 2013 bis 2017) und fünf (bis 2013) zum heutigen Bundestag mit sechs Fraktionen hat eine solche Spaltung ebenfalls erschwert. Zieht man die Bundesländer mit heran, so gibt es dort derzeit[17] an Koalitionen: Schwarz-Grün (Nordrhein-Westfalen, Hessen, Schleswig-Holstein), Rot-Rot (Mecklenburg-Vorpommern), Rot-Grün-Rot und Rot-Rot-Grün (Berlin, Bremen, Thüringen), Rot-Schwarz-Grün (Brandenburg), Schwarz-Grün-Rot (Sachsen), Rot-Grün (Hamburg), Rot-Grün-Gelb (Rheinland-Pfalz), Schwarz-Rot-Gelb (Sachsen-Anhalt), Schwarz-Orange (Bayern) und Grün-Schwarz (Baden-Württemberg).

Das Mehrparteiensystem mit abschmelzenden Stimmanteilen der ehemals großen Parteien zwingt zu solchen Koalitionen oder legt sie in einem Land, das auf Bundesebene noch nie eine Minderheitsregierung kannte, zumindest nahe. Die Koalitionen gewöhnen die meisten Wähler sukzessive an viele Parteien und die Parteien an die begrenzten Möglichkeiten, zusammen mit anderen zu regieren. Die Parteien bemühen sich ihrerseits um alle oder jedenfalls um die meisten Wähler und pflegen nicht nur ihre bestehende Anhängerschaft. Dieses Ausgreifen in alle Richtungen führt innerparteilich seit jeher zu Flügelbildungen und Diskussionen, etwa zwischen «Fundis» und «Realos», Arbeitnehmervertretern und Konservativen, Sozialisten und Seeheimer Kreisen. Aber es führt zumeist nicht zu Spaltungen. Die letzte solche Spaltung war der 2004 erfolgte Exodus von SPD-Mitgliedern zur WASG (Wahlalternative Arbeit und soziale Gerechtigkeit) samt anschließender Fusion dieser Partei mit der Linkspartei PDS. Der 2018 getroffene Parteitagsbeschluss der Union wiederum, Koalitionen und ähnliche Formen der Zusammenarbeit sowohl mit der Linken wie der AfD abzulehnen, hatte keine Auswirkungen auf ihre Zusammenarbeit mit Parteien, die selbst durchaus zu Koalitionen mit der Linken bereit waren, der SPD und den Grünen. Selbst dort also, wo es zu Unvereinbarkeitserklärungen kommt, werden sie nicht rigoros im Sinne einer segmentären Konfliktlogik des «Bist du der Freund meines Feindes, bist du auch mein Feind» interpretiert.

Auf der Seite der Wähler verhält es sich ähnlich. Zunehmende Anteile von ihnen wählen im Wortsinne: Sie wählen aus, anstatt nur feststehende starke Gegnerschaften oder gar Feindschaften zu bestätigen. Für ein striktes Spiel nach dem Motto «Die einen gegen die anderen» sind offenbar derzeit nur Wähler der AfD zu haben, und dieses Spiel wird umgekehrt nur in Bezug auf die AfD gespielt. Das führt naheliegenderweise zu einer Prominenz dieses Spiels in den Massenmedien, ohne dass aber das Gros der Wählerschaft von solchen Spaltungen beeindruckt wäre. Behauptungen der Art, es gebe in Deutschland eine Klassengesellschaft, ein Gefälle zwischen Ost und West, einen Generationenkonflikt, einen Streit um Einwanderung oder eine Spaltung zwischen Weißen und Personen mit Migrationshintergrund, können darum jede für sich geprüft werden. Doch keine dieser vermeintlichen Spaltungen hat sich bisher entlang von Parteilinien und Wählervoten politisch organisieren lassen. Den vielen behaupteten Spaltungslinien lassen sich keine Parteien zuordnen, nicht einmal beim Thema der Covid-Impfung. Die Partei, die den Klassenkampf für eine sinnvolle Vorstellung hält, kommt derzeit kaum auf 5 Prozent der Wähler; die Partei, die in der Unterscheidung von Einheimischen und Fremden, Elite und Volk den politischen Schlüssel zu besitzen glaubt, brachte es zuletzt auf 10,3 Prozent der Stimmen des Volkes und hat dabei an alle anderen größeren Parteien netto Stimmen abgegeben.

Das sind natürlich Momentaufnahmen, niemand kennt die politische Zukunft. Hingegen kennen wir Nationalstaaten, in denen härtere, unversöhnlichere Konflikte das parteipolitische Geschehen bestimmen. Gesellschaftliche Spaltungen lassen sich nicht ausschließen. Doch sie müssen nachgewiesen und nicht nur behauptet werden, und der Unterschied zwischen den Behauptungen gesellschaftlicher Zerrissenheit hierzulande und dem, was sich im Wahlverhalten der Bürger zeigt, ist auffällig. Den Wählern scheint einstweilen eine Übersetzung der angeblich gesellschaftsspaltenden Streitgegenstände in politische Polarisierungen nicht einzuleuchten.

Der beeindruckende Trend ist nicht die Polarisierung, sondern die immer breiter gestreute und immer volatilere Verteilung der Wähler- und Wechselwählerstimmen. Das Verhalten der Wähler scheint unberechenbarer denn je, weil es nicht aus anderen Rollen hergeleitet werden kann. Weder Religion, Einkommen und Landsmannschaft noch Bildung oder Beruf eignen sich für Prognosen. Genauso wenig scheint die vorherige Wahlentscheidung ein sicheres Indiz dafür zu sein, was aktuell gewählt wird. Das diszipliniert Parteien, weil es sie verunsichert. Noch nie zuvor konnte in der Bundesrepublik die Kanzlerschaft von einer Partei beansprucht werden, die kaum mehr als ein Viertel der Wähler erreicht hat. Nie zuvor konnte sich mithin Regierungshandeln so wenig auf einen eindeutigen Wählerzuspruch berufen. Oder anders formuliert: Noch nie zuvor galt Kooperation so stark als die Technik der Entscheidungsfindung. Ein größerer Gegensatz zum Bild der gespaltenen Vereinigten Staaten lässt sich derzeit kaum denken.

10

DIE MITTELSCHICHT IN DER KLASSEN- UND NICHTKLASSENGESELLSCHAFT

Diagnosen der gesellschaftlichen Spaltung und Polarisierung stellen sich zumeist zwei Teile vor, in welche die Gesellschaft zerfällt: Republikaner und Demokraten in den Vereinigten Staaten, Katholiken und Protestanten in Nordirland, Proletarier und Kapitalisten weltweit. Auf beiden Seiten häufen sich dann entweder gegensätzliche Merkmale oder die gleichen nur etwa mit unterschiedlichen konfessionellen Vorzeichen. In letzterem Fall würde man von Versäulung sprechen, im ersteren von Polarisierung.

Kritisch, so die Vorstellung, wird es vor allem dann, wenn die Spaltung mit ungleich verteilten Ressourcen einhergeht. Wenn sich also beispielsweise die Gesellschaft in eine stabile Ober- und eine stabile Unterschicht spaltet. Dabei geht es nicht nur um den Gegensatz von Reich und Arm, die Höhe und Art von Einkommen. Die Reichen, oder sagen wir: die Reicheren haben auch die höhere Lebenserwartung, die besseren Ärzte, die besseren Kontakte in die Politik und mehr Nachhilfelehrer. Sie sind nicht nur einfach reicher, sie haben mehr Handlungsmöglichkeiten. Das kann so weit gehen, dass sie nicht nur die besseren Anwälte haben, sondern das Recht selbst für sie gemacht scheint. Der berühmte Sarkasmus von Anatole France, die Armen hätten dasselbe Recht wie die Reichen, unter Brücken zu nächtigen, spricht diese Vermutung von Klassenjustiz aus.

Mithin stehen sich zuletzt, so das Bild, zwei klar abgrenzbare Gruppen unterschiedlicher Entscheidungsmacht an der sozialen Spaltungslinie gegenüber. Dieses Modell läuft in vielen seiner Varianten auf einen Konflikt, auf einen Kampf um jene Zugänge und Ressourcen hinaus, an dessen Ende nur noch eine der beiden Gruppen existiert. Das bekannteste Beispiel dafür ist die im 19. Jahrhundert entwickelte Klassentheorie von Karl Marx, der zufolge zunächst die Industrialisierung alle Zwischengruppen (Handwerker, kleiner Einzelhandel etc.) und dann die Arbeiterschaft die antagonistische Gruppe der Kapitalbesitzer zum Verschwinden bringt und entweder (im Modell) durch sich oder (in der historischen Wirklichkeit) durch eine Funktionärsschicht und Ein-Parteien-Regierung ersetzt, die von den Arbeitern als ihre Vertretung anzuerkennen ist.

Dem widerspricht eine Gesellschaftsbeschreibung, die unterschiedliche Güterverteilungen und Klassen oder Schichten zugesteht, aber mehr als zwei davon kennt. Im einfachsten Fall drei: zwischen den Reichen (der Oberschicht) und den Benachteiligten (der Unterschicht) die Mittelschicht.[1] In ihr wird eine Zone gesellschaftlichen Ausgleichs und Übergangs erkannt. Man kann in die Mittelschicht von unten aufsteigen oder in sie von oben absteigen. Und man kann aus der Mittelschicht absteigen oder aus ihr aufsteigen. Auf einmal haben sich also die Möglichkeiten sozialer Mobilität verdoppelt. Entsprechend prägen nicht Spaltung und Konflikt, sondern Mobilität, Ambitionen und Nachahmung das soziale Handeln.

Diese Mittelschicht hat seit dem 19. Jahrhundert, anders als es die Prognosen von Karl Marx vermuteten, zugenommen. Je nach Messung – man mag dazu beispielsweise all diejenigen zählen, die zwischen 60 und 200 Prozent des

Ein einheitlicher Begriff der Mittelschicht ließe sich nur durch den Nachweis gewinnen, dass wirtschaftliche Vorteile kontinuierlich in politische, gesundheitliche, rechtliche oder erzieherische Vorteile umgetauscht werden können, weshalb dann der Schlagersänger mit der Staatssekretärin tatsächlich in derselben Vorteilsgemeinschaft lebte und beide nicht nur ähnliche Auszahlungen erhielten. Aber würden wir wirklich die Richterin am Landgericht oder den Polizisten im höheren Dienst der Oberschicht nur deshalb zurechnen, weil sie 7500 Euro brutto verdienen?

Der Mittelschicht können sich also gerade darum so viele Personen zuordnen, weil sich hier die unterschiedlichsten Merkmale einfinden, nur zusammengehalten durch den Unterschied zu Armut und Reichtum. Im Kern meint «Mittelschicht» darum, dass es Beamte, leitende und weniger leitende Angestellte gibt, Angehörige der Professionen und Einzelhändler, die sich weder an der gesellschaftlichen Spitze noch in der Unterschicht sehen. Buchhändlerinnen, Lokomotivführer, Realschullehrer sind weder Angehörige der Oberschicht noch des Proletariats. Und sie sind nicht selten, es gibt viele von denen, die mittlere Positionen einnehmen.

Der Soziologe Helmut Schelsky sprach von der Bundesrepublik der Nachkriegszeit als einer «nivellierten Mittelstandsgesellschaft»[4], in der Begriffe wie «Klasse» und «Schicht» nur noch eine sehr relative Bedeutung haben. Das sollte nicht heißen, es gebe keine Kapitalisten und Arbeiter mehr. Aber die Konkurrenten der Arbeiter seien nicht mehr die Firmenbesitzer, sondern die Arbeiter in anderen Betrieben; heute würde man sagen: die Beschäftigten in Billiglohnländern. Im politischen Kampf liegen dann die Interessen der Arbeitnehmer in der Kohleförderung näher bei denen ihrer Arbeitgeber als bei denen der Arbeitnehmer in der Windkraftindustrie. Solche Tatbestände lösen die Vorstellung auf, die Proletarier aller Länder hätten einheitliche Ziele, die sich denen der Kapitalbesitzer entgegenstellen und auf einen letzten Konflikt zuführen ließen. Kommen der Wohlfahrtsstaat, die Freizeitorientierung und die Weiterbildung der Arbeiter hinzu, fallen zusätzlich Grundlagen für den Klassenkampf hinweg. In den meisten europäischen Gesellschaften hat er denn auch seit mehr als einhundert Jahren nicht stattgefunden.

Dem entspricht auch das sogenannte Klassenbewusstsein. Umfragen zufolge ordnen sich Arbeiter selbst schnell der Mittelschicht zu, sobald sie Immobilienbesitz haben. Gut 40 Prozent der Arbeiter sowie einfacher und mittlerer Angestellter gehören zur Gruppe der Wohneigentümer.[5] Ob man diese Mittelschicht darum schon als «Komfortbereich»[6] der Gesellschaft bezeichnen muss, steht dahin. Jedes Leben hat seine Beschwernisse, und die Sprünge, die sich mit den 4000 Euro brutto machen lassen, die 60 Prozent über dem mittleren Einkommen liegen, sind je nach Lebensmittelpunkt und Familiensituation auch nicht immer riesig. Besser ist schon die Definition, wer der Mittelschicht angehöre, sei weder von Armut betroffen, noch lebe er von den Renditen eines breit gestreuten Reichtums.[7]

Schelskys Punkt, den er durch Ausrufung einer allgemeinen Nivellierung und der Suggestion, es gebe nur noch eine Schicht, verunklarte, war die Krise des Konzepts «Klassengesellschaft». Ihm blieb er insofern noch verhaftet, als er die sozialistische Hoffnung, am Ende werde nur eine einzige Klasse übrig bleiben, mit der Diagnose einer verhältnismäßig einheitlichen Mittelschicht beantwortete, der man überall begegne. Das auf alle übergreifende mittelständische

Bewusstsein sollte garantieren, dass die sozialen Konflikte der Zukunft jedenfalls keine Klassenkonflikte mehr sein würden.

Zwei Weltkriege hatten in Deutschland eine erhebliche soziale Abwärts- und Aufwärtsmobilität ausgelöst. Die Umverteilungswirkungen von Sozialpolitik und Steuergesetzgebung machten es nötig, den Begriff absoluter Armut durch den der relativen Armut zu ersetzen. Das Vordringen bürokratischer Großorganisationen in Staat und Wirtschaft führte zu einer Dominanz organisierter Interessen über das Klassen- und Ständebewusstsein. Der Massenkonsum und seine Komfortideale bildeten das Zentrum eines allgemeinen, unterschiedlich verwirklichten, aber schichtübergreifend akzeptierten Lebensstils.

Aus Proletariern aller Länder waren zumeist Tarifpartner oder Schutzbefohlene des Wohlfahrtsstaates und der Mindestlohngesetzgebung geworden. Der Kapitalismus wurde von Managern mindestens so geprägt wie von Fabrikbesitzern. Und die Manager, das irritierte auch Marxisten, schienen gleichzeitig zwei Klassen anzugehören: als Gehaltsempfänger der Arbeiterschaft, als Befehlsgeber dem Kapital. Weder das Beamtentum noch gar die Angestellten ließen sich restlos in das alte Konzept vom dritten Stand oder der Bourgeoisie eingliedern. Bei den Angehörigen der Professionen, der «freien Berufe», die seit jeher genannt werden, wenn das Bürgertum als Klasse angesprochen wird, zeichnete sich der Trend ihrer immer stärkeren Abhängigkeit von Organisationen (Krankenhäuser, Krankenkassen, Firmen, Großkanzleien etc.) ab. Von der wichtigsten Instanz der Schleifung von Schichtungsgrenzen, dem Bildungssektor, war bei Schelsky noch nicht einmal die Rede. Die Hochschulexpansion kam erst später.

Die entscheidende Frage, wenn gesellschaftliche Spaltung erörtert wird, ist also nicht, welche Gehälter in der Mittelschicht erzielt werden und wie sie sich gerade verändern. Die entscheidende Frage ist vielmehr, welche Auswirkungen die Existenz einer großen Zone zwischen den Erniedrigten und Beleidigten und den «happy few» auf die Konflikthaftigkeit einer Gesellschaft hat. Strebt sie auf einen großen Kampf, die große Spaltung zu, oder verdampfen die Einkommensunterschiede als statistische Befunde ohne soziale Klassenbildung?

Soziologisch gesehen, verwandelt sich mit dem Hinzutreten einer dritten Schicht die Umweltlage der beiden anderen, und zwar deshalb, weil nun auch ihre innergesellschaftliche Umwelt differenziert aufgefasst werden kann. Jede Schicht blickt nun auf zwei andere und die Mittelschicht sogar auf zwei benachbarte. Jedes Teilsystem hat dann zwei spezifisch soziale Umwelten, die es unterschiedlich behandeln und aus deren Differenz es Gewinn ziehen kann. Solche Thesen über die Folgen der Dreiheit kann man abstrakt formulieren, aber natürlich gibt es hier Unterschiede je nach Differenzierungsform der Gesellschaft. In einer Gesellschaft, die aus Stämmen besteht, hat das Hinzutreten eines dritten Stammes zur Folge, dass Konflikte zwischen je zwei Stämmen nun aus der Sicht eines dritten objektiviert werden können. Der dritte Stamm befindet sich in der nach Georg Simmel für Konfliktdämpfung förderlichen Position, beiden Streitenden gleich nahestehen zu können, und das ist ein gewisses Äquivalent zur Streitentscheidung durch Fremde.

Soll es innerhalb einer Gesellschaft zu solchen Drittinstanzen kommen, beispielsweise Gerichtsverfahren, die über Streit entscheiden, ist ein entsprechend höherer Grad an politischer Organisation vorausgesetzt, der erst in Hochkulturen erreicht wird. Diese Instanzen machen es möglich, mangelnde Einigung durch Zweierkoalition zu überspielen und dadurch gewisse Vorteile in Außenbeziehungen zu gewinnen. Aber diese Chancen fallen dann einmal diesem, dann jenem Teilsystem zu. Die Mitte zu bilden oder ein integratives Verbindungssystem zu sein, ist keine feste Position. Es gibt vielmehr eine wandernde Mitte.

Das wird in Schichtungsgesellschaften, etwa in der europäischen Gesellschaft bis ins 18. Jahrhundert, anders. Die Mittelschicht ist hier ein Grenzsystem zwischen Unter- und Oberschicht mit Kontaktchancen und Mobilitätschancen zu beiden Seiten hin und einer darauf eingestellten Binnenmoral. Bei Aufstiegsmöglichkeiten kann die Oberschicht zur Bezugsgruppe werden, mindestens für die obere Mittelschicht. Das zeigt sich in der Adaption von aristokratischen Konsumstilen durch das Großbürgertum wie in den politischen Karrieren, die ohne Zugehörigkeit zum Adel möglich werden. Es gibt nun eine feste Mitte, deren Merkmale exklusiv von einer Schicht realisiert werden.

Wer in der Mitte einer Schichtungsgesellschaft lebt, ist zugleich unter- wie übergeordnet. Georg Simmel hat dazu festgehalten, dass durch die dritte, mittlere Schicht die sozialen Verhältnisse variantenreicher werden. So kann die untere Schicht, wenn sie von der mittleren drangsaliert wird, an die obere appellieren. Diese wiederum hat ein Interesse an solcher Solidarisierung mit den Unterschichten über die Mittelschicht hinweg, weil ihr die unteren Schichten weniger bedrohlich sind als die mittleren.[8]

Inzwischen mehren sich die Behauptungen, die Mittelschicht schrumpfe, weswegen wieder mit Spaltungen zu rechnen sei. Es wird von einer «Krise der Mitte» gesprochen, von einer «schleichenden Erosion» der Sicherheiten, in denen sich die Mittelschicht lange Zeit gewiegt habe. Dabei stehen erneut wachsende Einkommens- und Vermögensungleichheiten im Zentrum, nicht aber der Habitus und das Selbstverständnis der Mittelschicht. Wenn es heißt, die Besserverdienenden hätten sich von der Mittelschicht abgesetzt, meint das nicht einen Wandel ihrer Einstellungen. Der Übergang von der Hausfrauenehe zum Doppelverdienertum vergrößert die Einkommensabstände, insbesondere wenn die Kinderzahlen rückläufig sind. «Wenn Gutverdiener und Geringverdiener unter sich bleiben, öffnet sich die Ungleichheitsschere»[9] – dies aber erneut, ohne dass sich eine neue Klassenbildung abzeichnen würde. Während der Jahre, in denen die Einkommensungleichheit stark wuchs, war beispielsweise kein Wahlverhalten zugunsten linker oder auch nur sozialdemokratischer Parteien zu beobachten. Zwischen 2008 und 2020 ging die Zahl der Gewerkschaftsmitglieder in Deutschland um 500 000 Personen zurück. Die Linke hat es soeben nur ganz knapp in den Bundestag geschafft. Soziologen, die ständig von der Klassengesellschaft reden, in der wir leben, müssten deshalb anhand der marxistischen Unterscheidung von einer «Klasse an sich» und einer «Klasse für sich» eigentlich die Frage beantworten, weshalb sie ständig statistisch Klassen an sich feststellen, ohne dass sich in der gesellschaftlichen Wirklichkeit Klassen für sich melden. Anders gefragt: Kann es eine Klassengesellschaft ohne Klassenkampf und ohne Klassenbewusstsein geben?

Selbst also wenn die mal so, mal anders vermessene Mittelschicht in ihrer Größe ständig Schwankungen unterliegt, scheint das nicht auf eine Spaltung der Gesellschaft in zwei konfliktfähige, konfliktbewusste und konfliktwillige Schichten zuzulaufen. Vielmehr ist sie noch stets groß genug, um eine Vermittlungszone zwischen extremen Ungleichverteilungen zu bilden. Im Dreierschema kommt ihr die Vermittlungsposition zu, weil nur sie zwei schichtmäßig deutlich differenzierte Umwelten hat, die sich voneinander sehr viel mehr unterscheiden als jede einzelne von ihr selbst, die einen Teil ihrer Mitglieder aus beiden Umwelten aufnimmt und an beide abgibt. Als Einheit kann sie weder durch Abgrenzung von der einen noch von der anderen Umweltschicht ganz und gar bestimmt werden.

Bei anderen Schichten kann solch eine Differenzierung ihrer Umwelt nur erreicht werden, indem man die Hierarchie über die Gesellschaft hinaus verlängert. Dann wird die Unterschicht von oben im Unterschied zum Tierreich bestimmt, während sich die Oberschichten, der Klerus zumal, eine besondere Nähe zu den Göttern bescheinigt. «Post deum» steht auf dem Wappen der florentinischen Frescobaldi, das heute Weinflaschen ziert. Die Mittelschicht zeichnet sich vor diesen extremen Lösungen dadurch aus, dass sie eine zugleich differenzierte wie soziale Umwelt hat, womit sie repräsentativ für eine Gesellschaft ist, in der sich auch die Unter- und Oberschichten stark differenziert haben. Verfassungsrichterinnen, Fußballspieler, Unternehmensvorstände, Opernsänger, Waldbesitzer und Schönheitschirurgen, die ihres Einkommens halber alle zur Oberschicht zählen können, haben deswegen noch nicht viel mehr als den Steuersatz gemein und erleben sich jedenfalls, anders als die ältere Aristokratie, nicht als ihresgleichen.

Helmut Schelsky sah darum die unteren und oberen Schichten zur Peripherie einer Gesellschaft werden, die ihr objektives Zentrum in den Mittelschichten hat. Von Niklas Luhmann her betrachtet, könnte man die Sonderstellung der Mittelschicht wiederum darin erkennen, dass ihre Mitglieder mehr als andere von der funktionalen Differenzierung der Gesellschaft abhängig sind. Den Unterschichten bringt sie wenig, die Oberschichten hatten lange Zeit Alternativen zu Karrieren in den modernen Organisationen.

Luhmann definiert Klassen durch Statuskongruenz. Die Bildung der Angehörigen einer Klasse passt zu ihrem Einkommen, zu der Art, wie sie ihre Haushalte organisieren und was sie konsumieren. Zugleich jedoch lebt eine sehr große Gruppe von Menschen heute mit einer im historischen Vergleich relativ hohen Statusinkongruenz, und zwar sowohl in der Dimension des Zusammenhangs eigener, über verschiedene Dimensionen sich erstreckender «Güter» wie auch im Blick auf das Schicksal der eigenen Kinder. Nobelpreisträger, so Luhmanns Formulierung, putzen sich die Schuhe selbst, manche Reiche sind spektakulär ungebildet, manche Kriminelle haben höchsten Einfluss.[10]

Und weshalb? Weil der Status in einem System (Wirtschaft, Wissenschaft, Politik, Recht) sich nicht vollständig in den Status innerhalb eines anderen übersetzen lässt. Ärzte dürfen auch Mitgliedern der Oberschicht diagnostizieren, dass sie zu viel trinken, und wenn der Präsident der Republik die Warnung seiner Buchhalter ignoriert, er gebe zu viel für den Wahlkampf aus, begeht er, mittelfristig betrachtet und vor allem dann, wenn er den Wahlkampf verliert, einen Fehler. Umgekehrt sind die Erwartungen der Unterschicht auf gesellschaftlichen Ausgleich ebenfalls auf den Weg über die Mittelschicht in Gestalt der Bürokratien und Parteien des Wohlfahrtsstaats verwiesen worden. Die Ansprüche, die an die Zugehörigkeit zu einer Schicht gebunden sind, kommen also leicht in Konflikt mit denen der funktional differenzierten Gesellschaft und müssen von ihr neutralisiert werden.

Den Widerspruch zwischen statuskongruent und statusinkongruent lebenden Personen kann man auflösen, wenn man den Klassenbegriff selber noch einmal in eine Rangordnung bringt. Klasse meint Abweichung von funktionaler Differenzierung durch Übertragung der Vorteile beziehungsweise der Nachteile aus einem Funktionssystem in das andere. Nicht nur im Niveau der Lebensführung, sondern auch im Maße dieser Abweichung, kann man eine Variable sehen, die von Klasse zu Klasse unterschiedliche Werte annimmt. Es gäbe dann nicht nur Klassen, die stark abweichen, sondern auch solche, die ungefähr so leben, wie es den Trennregeln in einer Gesellschaft mit funktionaler Differenzierung entspricht. Es gäbe Leute, die Geldvermögen in bessere Chancen vor Gericht umtauschen können, etwa weil das Geldvermögen derart exorbitant ist, dass Prozessverschleppungen oder außergerichtliche Einigungen leichter zu bewirken sind. Und es gäbe Leute, die trotz starker Einkommensvorteile nicht «ihr Recht» gegen Kläger aus niederen Schichten durchsetzen können, weil es keine Klassenjustiz gibt und selbst Richter, die der statistischen Oberschicht angehören, also Verfassungsrichter, keine Oberschichtsurteile sprechen. Zwischen den konsistent Schlechten und den konsistent Guten gäbe es dann nicht etwa die konsistent Mittelmäßigen, sondern Lagen, die so inkonsistent und gemischt sind, wie es der funktionalen Differenzierung entspricht.

Es gibt verschiedene Möglichkeiten, diese These zu prüfen. Eine von ihnen besteht darin, sich die Diskussion über Klassengesellschaft noch einmal vor Augen zu führen. Nach manchen Anzeichen verhält es sich so, dass diejenigen Beobachter, die ein Ende der Klassengesellschaft konstatieren, dabei die Lage der normalerweise so genannten Mittelschichten vor Augen haben, die häufig auch ihre eigene ist. Sie können dies aber nicht reflektieren, während diejenigen, die ihnen widersprechen, in erster Linie an die Lage der Oberschicht wie der Unterschicht denken, aber auch dies ohne Reflexion der Besonderheit dieser Schichten. Das Argument gegen Autoren, die sich mit Problemen der Mittelschicht befassen, diese verallgemeinerten ihre eigenen mittelschichtigen Erfahrungen, ist den Anhängern der Klassentheorie durchaus geläufig. Aber sie schenken sich die Frage, was es für ihre eigene Theorie zu bedeuten hat, dass es mindestens eine soziale Gruppe gibt, in der man Texte wie die von Helmut Schelsky, Ulrich Beck oder Andreas Reckwitz mit Aussicht auf soziale Resonanz kommunizieren kann.

Würde man dieser Frage nachgehen, dann müsste man sagen, dass die Gesamtpopulation der Gesellschaft derzeit in Klassen und in Nichtklassen differenziert ist. Die Gesellschaft müsste also gerade dann, wenn man nur den Klassenbegriff voraussetzt und auf funktionale Differenzierung gar nicht eingeht, zugleich als Klassengesellschaft und als Nichtklassengesellschaft beschrieben werden. Dieses «zugleich» macht ihre Spaltung unwahrscheinlich.

11

ALTE WEISSE MÄNNER ODER SPALTET IDENTITÄTSPOLITIK?

Zum Arsenal der Spaltungsbehauptungen gehört die Formation von gesellschaftlichen Gruppen, die angeblich miteinander in einem erheblichen Konflikt liegen.[1] Für solche Konflikte mobilisieren zu können, setzt voraus, dass es überhaupt derartige Gruppen ähnlicher Gesinnung und Interessenlagen gibt. Eine derzeit viel verwendete Formel für eine solche Gruppe ist die von den «alten weißen Männern». Es ist dabei eine rhetorische Frage, ob es alte weiße Männer (AWMs) gibt. Jede von uns kennt Beispiele dafür, ist selber einer oder hat mindestens von ihnen gehört. AWMs sind ein Stereotyp mit Sitz im Leben. Dort, wo in unseren Breiten über irgendetwas entschieden wird, finden sich wenige Frauen, wenige Junge, wenige Leute nichtweißer Hautfarbe. Fotografien von Staatssekretären im Innenministerium, von Aufsichtsräten und Vorständen deutscher DAX-Unternehmen, von Herausgebern, Intendanten oder Vereinspräsidenten geben Indizien.

Also werden die entsprechenden Eigenschaften in einem Bild zusammengezogen, um «Ungleichheit in der Zusammensetzung einflussreicher Positionen» und «Blindheit der Machtausüber für diese Ungleichheit» anzusprechen. Die Frage ist dann, ob diese Merkmale geeignet sind, gesellschaftliche Spaltungslinien zwischen Frauen und Männern, Jungen und Alten, Weißen und Andersfarbigen zu bezeichnen.

Die Zusammenfassung der Ungleichheiten zum Stereotyp ist allerdings selbst ein rhetorischer Akt. Denn die Gründe für ungleiche Verteilungen in den Dimensionen Alter, Herkunft und Geschlecht sind sehr unterschiedlich. Dass Vorstandsmitglieder oft älter sind als leitende Angestellte, hängt beispielsweise mit den Bewährungsaufstiegen in Organisationen zusammen. Sie werden als «Senioritätsentlohnung» entweder auf zunehmendes Erfahrungswissen oder auf Leistungsanreize zurückgeführt. Ältere bevorzugt zu behandeln, lautet das Argument, ist in ihren nachweisbaren Eigenschaften begründet oder in dem Versuch, jüngeren Beschäftigten die Karotte der höheren Altersentlohnung hinzuhalten.[2]

Frauen sind demselben Muster unterworfen, nur dass es eben weniger von ihnen in den Chefetagen gibt. Gelingt ihnen dieser Aufstieg, sind sie zumeist auch nicht mehr jung. Zugleich ist das Muster branchenabhängig. Man muss nur an die Selbstständigen denken, die in der Internetökonomie nach oben gekommen sind. Sie sind jung nach oben gekommen. Allerdings sind auch sie meistens Männer.

Diese geschlechtliche Ungleichverteilung im Bereich der Spitzenpositionen wiederum hat, folgt man der umfangreichen Forschung, die es dazu gibt, historische, disziplinäre und organisatorische Gründe.

Historisch: Die Frauen holen einen bis in die sechziger Jahre des 20. Jahrhunderts reichenden epochalen Missstand auf – aber eben nicht sofort, sondern in Wellen. 1966 wurde von Ralf Dahrendorf noch die katholische Arbeitertochter vom Land als prototypisches Opfer von Bildungsungleichheit an Gymnasien ausgemacht. Das Mädchen heirate ohnehin, lautete damals die gängige Begründung für die Auffassung, höhere Bildung sei für Frauen entbehrlich.[3] Allerdings konnte die sozialgeschichtliche Forschung das disprivilegierte katholische Arbeitermädchen aus kleinen Gemeinden nachträglich nicht finden. Die einzelnen Merkmale der Benachteiligung, die es in den sechziger Jahren gab, multiplizierten sich nicht; die Konfession hatte keinen selbstständigen Einfluss auf den Bildungserfolg, das Geschlecht keinen eindeutigen in allen Bundesländern.[4]

Zehn Jahre später hatte sich die bildungspolitische Mängelrüge schon auf den Hochschulsektor verschoben. Es gebe zu wenige Studentinnen. Als sich dann auch hier allmählich die Zugangszahlen annäherten, wechselte das Augenmerk auf die Berufstätigkeit der Frauen. Inzwischen sind drei von vier Frauen in der Bundesrepublik berufstätig. Aber viel mehr in Teilzeit und viel mehr auf weniger gut bezahlten Stellen als im Fall der Männer. Nur jede dritte Führungskraft ist eine Frau.

Das führt zum disziplinären Aspekt. Der Anteil der Frauen in Branchen, in denen es, was das Einkommen oder die Machtausübung angeht, viel zu holen gibt, ist überschaubar. Unter anderem geht das auf die Studienfachwahl zurück, den notorischen Mangel an Frauen in den mathematisch-naturwissenschaftlich-technischen Fächern. Vorurteile über Frauen aus einer untergehenden Welt kommen hinzu und schieben deren Untergang noch ein wenig hinaus.

Schließlich gibt es die organisatorischen Gründe für Geschlechterungleichheit. Gerade in Branchen und auf Stellen, wo hohe Einkommen erzielt werden können, steigt sowohl die Arbeitszeit wie das Gehalt pro Arbeitsstunde steil an. Sofern Paare beabsichtigen, eine Familie zu gründen, ist es nach wie vor in vielen Fällen die Frau, die den beruflichen Preis dafür zahlt, indem sie ihre Arbeitszeit reduziert. Das liegt an den Entscheidungsmustern, denen die Paare folgen, und es liegt an fehlenden familienfreundlichen Voraussetzungen in vielen Organisationen. Die amerikanische Ökonomin Claudia Goldin aus Harvard hat in vielen Studien nachgewiesen, dass die eklatanten Einkommens- und Karriereunterschiede zwischen Frauen und Männern stark branchenspezifisch sind und von dem Zeitaufwand abhängen, der für die volle Ausübung eines Berufs definiert wird.[5] Zwei Drittel der geschlechtsabhängigen Unterschiede in der Entlohnung gehen auf Faktoren innerhalb der Berufsfelder zurück.

Ein Parallelfall der Ungleichheit zwischen den Geschlechtern ist die ungleiche Verteilung von Abgeordnetenmandaten. Der Anteil der Frauen im Bundestag war bei der Wahl von 2017 seit langem erstmals wieder rückläufig und stieg 2021 auf knapp 35 Prozent erneut leicht an. Das wird als unzureichend beklagt, auch wenn unklar bleibt, ob auch 45 oder 49 Prozent noch unbefriedigend wären und einer gesetzlich verordneten Gleichstellung bedürften. In gut einem Viertel der Wahlkreise hat zuletzt eine Frau das Direktmandat gewonnen, kandidiert hatten 30 Prozent weibliche Politiker.

Das weicht deutlich von Idealen ab, die so umschrieben werden: «In einer idealen Welt bräuchte es kein Paritätsgesetz. Kandidaten würden nach politischen Motiven und ihren politischen Fähigkeiten ausgewählt, Parlamente würden im Großen und Ganzen die Bevölkerung widerspiegeln, und das Geschlecht wäre kaum einer Erwähnung wert.»[6] Der Schluss von einer Orientierung der Wähler an politischen Fähigkeiten der Kandidaten auf eine Widerspiegelung demographischer Merkmale in Parlamenten ist aber schwer nachzuvollziehen. Denn weshalb sollte gerade ein geschlechtsblinder Wahlvorgang zu paritätischen Besetzungen führen? Auch in anderen Dimensionen, etwa der beruflichen Herkunft der Abgeordneten, existieren Ungleichgewichte, die weder die Berufsverteilung in der Bevölkerung wiedergeben noch durch größere politische Fähigkeiten etwa von Juristen oder Schullehrern begründet werden können. 26 Prozent der Bevölkerung und 14 Prozent der Wähler haben einen Migrationshintergrund, aber nur 11 Prozent der Abgeordneten. Die Wahlgesetze abstrahieren von solchen Ungleichheiten, sie knüpfen nur an die Staatsbürgerrolle an und überlassen es bislang den Parteien, in welchem Umfang Frauen auf Listenplätze kommen.

Was hat es nun in diesem Zusammenhang mit der Formel «alter weißer Mann» auf sich? Ein AWM ist nicht einfach jemand, der die entsprechenden Merkmale aufweist, sondern eine Person, an der sich die symbolische Bedeutung ihrer Kombination zeigen lässt. Es geht um einen unterstellten Habitus, eine unterstellte Sicht auf die eigene Karriere oder einen Mangel an Reflexion darüber, und es geht um Einstellungen zu gesellschaftlichen Macht- beziehungsweise Einflussverteilungen. Wer AWMs kritisiert, meint darum einerseits ein strukturelles Merkmal der Gesellschaft und andererseits ein unaufgeklärtes Verhältnis von Personen dazu, dass sie von ihren leistungsunabhängigen Merkmalen profitiert haben.

Damit treten zugleich Schwierigkeiten des Konzepts AWM hervor. Sie zeigen sich zunächst, wenn etwa gesagt wird, Boris Johnson sei ein AWM, Winfried Kretschmann vielleicht gerade dabei, einer zu werden, Bernie Sanders jedoch sei keiner. Sozialisten können also gar nicht alt oder weiß sein. Sebastian Kurz wiederum sei vielleicht der jüngste bekannte AWM, und Boris Palmer sei wahrscheinlich schon während seiner Schulzeit ein AWM gewesen. So die Publizistin Sophie Passmann in einem Interview.[7] Das Paradox «junger alter weißer Mann» ist witzig, aber es steckt darin genauso wie in der Unterscheidung von Sanders und Kretschmann ein Problem. Denn vielleicht ist Kretschmann ja nur ein Sanders, der ins Regierungsamt gewählt wurde und darum die Sache mit dem Sozialismus etwas distanzierter sieht.

Sollte AWM lediglich eine Person meinen, die konservative Einstellungen vertritt, sich für die Geschlechterungleichheit nicht interessiert, vorurteilsanfällig ist und einem auch sonst auf die Nerven geht, dann erweitert sich der Personenkreis der AWMs einerseits erheblich. Andererseits wird die Zuordnung zu dieser Gruppe willkürlich. Im Extremfall könnte auch eine schwarze alte Frau von Einfluss, sofern sie nur konservativ genug ist, ein AWM sein. Man mag diesen Fall – trotz Condoleezza Rice – für unwahrscheinlich halten, doch will man ihn ausschließen? Der Richter am amerikanischen Supreme Court Clarence Thomas ist jedenfalls genauso ein ASM, wie es Außenminister Colin Powell war. Mit anderen Worten: Es gibt keine Garantie, dass aus so allgemeinen Eigenschaften wie Alter, Hautfarbe, Herkunft oder Geschlecht irgendetwas Verdammenswertes abgeleitet werden kann. Vor die Wahl zwischen einem AWM und einer JSF gestellt, müsste mithin immer noch eine Prüfung ihrer spezifischen Eigenschaften erfolgen.

Solch eine Situation aufzurufen, dient nicht der Ablenkung vom Thema, sondern der Frage, ob es strategisch sinnvoll ist, strukturelle Eigenschaften der Gesellschaft an Personenmerkmalen zu exemplifizieren. In einer Rezension ihres Buches über AWMs ist Sophie Passmann als privilegierte junge Frau bezeichnet worden.[8] Weiß ist sie eh. Droht ihr also selbst bald das Schicksal, von nachstrebenden jungen Migrantinnen den AWMs zugeordnet zu werden, weil sie nicht genug reflektiere, wie sehr ihr Weißsein, ihr Frausein und ihr Jungsein sowie ihre sozioökonomische Herkunft ihre Karriere befördert haben?

Wenn behauptet wird, es gebe AWMs, dann lohnt es sich also zu fragen, was «es gibt» in diesem Zusammenhang bedeutet. Denn AWMs gibt es nicht so, wie man beispielsweise sagen würde: «Es gibt Brokkoli.» Brokkoli ist ein Ding, weswegen man ihn von anderen Dingen ähnlicher Art unterscheiden würde: von fleischlichen Nahrungsmitteln, dann von Obst und von anderen Gemüsen, taxonomisch zuletzt von Blumenkohl oder Raps.

Ein AWM wird hingegen nicht von anderen ähnlichen Objekten, sondern von seinem Gegenteil unterschieden. AWM ist, so verstanden, als ein Begriff gemeint und nicht als Name für eine Menge von Dingen mit verlässlich an ihnen auftretenden Eigenschaften. Genauer aber: Über AWMs wird mal so gesprochen, als handele es sich um einen soziologischen Durchschnittsbefund, mal so, als gehe es um den Hinweis auf Individuen, und dann wiederum so, als sei das Individuum ein Beleg für eine fragwürdige, bald zu ändernde Gesellschaftsstruktur.

Die einzelnen Merkmale des Begriffs – alt, weiß, männlich – gehen dabei mit verschiedener Gewichtung in ihn ein. Die alten Männer waren einmal jung. Der Vorwurf, der dem Altsein gemacht werden kann, verkennt insofern, dass es auch für Frauen und ethnische Minderheiten biographischer Zeit bedürfte, um in jene Positionen zu kommen, deren einseitige Besetzung mit AWMs beanstandet wird. Karriere dauert, wir haben auf den Bewährungsaufstieg schon hingewiesen. Deswegen genügt es mitunter, eine Frau zu sein, um AWMs als problematisch empfinden zu dürfen, auch wenn die Frau selbst weiß und nicht mehr ganz jung ist und sogar Karriere gemacht hat. Frauen sind ebenfalls durchschnittlich älter als vierzig, bevor sie EZB-Präsidentin, Kanzlerin, Intendantin, Nobelpreisträgerin für Medizin oder Hauptsprecherin der Fernsehnachrichten werden.

Als Frauen, so kann man erwidern, haben sie diese Karriere gegen die statistische Wahrscheinlichkeit gemacht. Das trifft oft zu, ist aber je nach Land, je nach Gebiet inzwischen unterschiedlich ausgeprägt. In Industrieunternehmen haben Frauen es schwerer als an Amtsgerichten, in kleinen Apotheken schwerer als in Pharmazieketten, und als Schauspielerinnen oder Fernsehmoderatorinnen haben sie es unfairerweise gerade dann schwerer, wenn sie älter werden. Letzteres liegt oft gar nicht an dem, was sie tun, sondern daran, für wen sie es tun: am Publikum also oder vielmehr an dem, was sich die Entscheider als Publikum vorstellen.

Der Protest der Jungen dagegen, dass überall Ältere das Sagen haben, ist also erwartbar, aber weniger plausibel als die Klage über ungleiche Behandlung von Frauen. Zur ungleichen Behandlung kommen die ungleichen Effekte biographischer Entscheidungen wie Studienfachwahl, Berufswahl und innerfamiliärer Arbeitsteilung hinzu. Interessant ist zudem das Zurücktreten von Altsein und Mannsein gegenüber der Zugehörigkeit zu ethnischen Minderheiten. Die Wahrscheinlichkeit, polemisch als «alter Mann» angesprochen zu werden, sinkt, wenn die ethnische Herkunft nicht die Zuschreibung «weiß» erlaubt. Cornel West gilt trotz prominenter Position so wenig als ein AWM wie Cem Özdemir, Ai Weiwei und Barack Obama kommen als AWM ebenfalls nicht infrage. Oder formulieren wir vorsichtiger: einstweilen nicht.

Hier ist das Problem eher, dass die ethnische Ungleichverteilung der Machtpositionen nur in manchen Ländern statistisch signifikant ist. Der Protest gegen zu wenige nichtweiße Migranten auf Lehrstühlen, in Parlamenten oder in Vorständen hierzulande verkennt die Zahlenverhältnisse in der Grundgesamtheit. Das heißt nicht, dass Vorurteile keine Rolle spielen. Sie tun es, das ist tausendfach belegt. Aber selbst wenn es sich anders verhielte, wäre es angesichts der Verteilung von Bildungszertifikaten und der dahinterliegenden sozioökonomischen Ungleichheit statistisch verwegen, an Universitäten, in der Politik und in Firmen dramatisch weniger AWMs und AWFs in einflussreicher Position zu erwarten. Den berühmten «Migrationshintergrund» hat in Deutschland – europäische Herkünfte mit eingerechnet – knapp mehr als ein Viertel der Bevölkerung, 20 Prozent davon haben Abitur.

Das führt zuletzt auf die AWMs zugeschriebene Eigenschaft, blind gegenüber der Tatsache zu sein, dass sie ihre Position eventuell auch ihrer Zugehörigkeit zur Merkmalsgruppe verdanken. Auch – denn so gut wie überall müssen bei Karrieren noch andere Gesichtspunkte herangezogen werden als das Geschlecht, das Alter und die Hautfarbe. Es gibt einfach zu viele Bewerber mit den entsprechenden Merkmalen. Zusätzlich gilt die Einsicht der Attributionsforschung, dass Personen Erfolge gerne sich selbst, Misserfolge hingegen den Umständen zurechnen. Beides kann zutreffen, denn fast jedes Fortkommen ist eine Mischung von beidem. Und jedes Zurückbleiben ebenfalls. Über Einzelfälle sagen die gesellschaftlichen Durchschnitte wenig aus. Einen Obdachlosen als alten weißen Mann anzusprechen, wäre deshalb oft so zutreffend wie widersinnig.

Die Formel, alte weiße Männer hätten die Gesellschaft im Griff, stößt insofern selbst dann an die Grenzen ihrer sinnvollen Anwendung, wenn es genug Fotografien von Vorstandssitzungen gibt, auf denen keine Jungen, keine Frauen, keine Migrantenkinder aus dem Süden zu sehen sind. Es sind die Grenzen der meritokratischen Erwartung. Wir glauben gern, jede Einstellung und jede Zuweisung von Stellen, mithin jeder Verlauf einer Karriere müsse aufgrund von Leistung erfolgen. Wir glauben an Zeugnisse und hoffen, dass sie Leistungen abbilden. Das führt dazu, dass alle, die eine Stelle erlangt haben, dem Glauben anhängen, das beruhe vor allem auf ihren nachgewiesenen Fähigkeiten. Niemand stellt den Zufall in Rechnung, niemand möchte sich vorstellen, dass Vorurteile oder schwer artikulierbare Sympathien eine Rolle spielten. Das gilt allerdings nicht nur für alte weiße Männer. Würde eine arabischstämmige junge Frau, die aufgrund ihrer sozioökonomischen Herkunft und ihrer Bildung gegenüber einem männlichen Arbeitslosen ohne Hauptschulabschluss privilegiert war, ihre beruflichen Erfolge ausschließlich ihrer eigenen Leistung zuschreiben und Misserfolge ausschließlich der Tatsache, dass es AWMs gibt, die sie von höheren Stellen fernhielten, wäre sie selbst kurz davor, ein AWM zu sein.

Eine Spaltung der Gesellschaft entlang der Kriterien für beruflichen Erfolg ist darum nicht zu erwarten. Dazu sind diese Kriterien zu uneindeutig: Jugend wie Alter, Zugehörigkeit wie Fremdheit können gleichermaßen erwünschte Merkmale sein; wer nur einen dieser Aspekte ins Feld führt, gerät also schnell in Widersprüche. Die Eigenschaft wiederum, männlichen oder weiblichen Geschlechts zu sein, gibt inhaltlich zu wenig her, als dass sich damit viel verbinden ließe. Jahrhundertelang wurde das anders gesehen, wurden die Frauen als solche diskriminiert. Doch aus dieser niederträchtigen Sichtweise lässt sich keine Begründung für eine kompensatorische Diskriminierung gewinnen. Mehr als die

Beruhigung eines schlechten Gewissens ist auf diesem Weg der Wiedergutmachung nicht zu erlangen. Die von Katarina Barley (SPD) einmal geäußerte Vorstellung, ein Bundestag, in dem nur Frauen säßen, würde ganz problemlos eine frauenfreundliche Politik verwirklichen, ist angesichts der Tatsache verwegen, dass auch Alice Weidel, Beatrix von Storch und Marine Le Pen Frauen sind.

Außerdem müssen Frauen und Männer, Junge und Alte, Andersfarbige und Weiße in vielen Situationen miteinander zurechtkommen, die wenig hergeben für Konfliktentscheidungen entlang dieser Differenzen. Die Mitglieder der Jugendbewegungen werden älter, in den Familien sind die Geschlechter und die Altersstufen miteinander verbunden, die Hautfarbe erschließt keine bestimmten Einstellungen zu Sachfragen, nicht einmal beim Thema «sozioökonomische Bedeutung der Hautfarbe». Die Spaltung der Gesellschaft nach solchen Gruppen bleibt deshalb eine literarische Phantasie.

Weil der Mobilisierungsbedarf von sozialen Bewegungen die Möglichkeiten der Gesellschaft übersteigt, kommen beispielsweise Generationenbegriffe auf («68er», «Die letzte Generation»), die sich aber jeweils nur winzige Minderheiten der betreffenden Alterskohorten zu eigen machen. An der Abschlussdemonstration des Berliner Vietnam-Kongresses von 1968 nahmen 15 000 Personen teil. Das war die damalige Größenordnung der Studierenden an der Freien Universität. Westberlin hatte 3,2 Millionen Einwohner, allein der Jahrgang 1950 umfasste in der gesamten Bundesrepublik 1,1 Millionen Personen. Das Bild der massenhaft gegen ihre Eltern, Amerika und die repressiven Verhältnisse demonstrierenden Jugend überzeichnet mithin die empirischen Ausmaße des Protests. Ähnlich verhält es sich mit dem Feminismus, der sich nicht als Versuch verstehen konnte, die meisten Frauen gegen die meisten Männer zu organisieren. Und nicht einmal in den Vereinigten Staaten ist eine politische Parteienbildung entlang der Unterscheidung von Weißen und Andersfarbigen und der damit einhergehenden Erfahrung von Diskriminierung gelungen.

Das historische Muster der Berücksichtigung solcher Erfahrungen ist vielmehr, dass sie allmählich in die politische Reformsprache schon etablierter Akteure eingehen. Es werden Diskussionen über Quoten geführt, Unterstützungsprogramme wie «affirmative action» eingeführt, die Texte von Stellenausschreibungen geändert.[9] Zuletzt ist ein ganzes Beauftragtenwesen entstanden, das sich der verschiedenen Ungleichheiten annehmen soll. Durch Einrichtung von Anlaufstellen, das Ansetzen von Sitzungen und das Ausfertigen von Schriftsätzen verschafft sich der Wohlfahrtsstaat das gute Gewissen, etwas getan zu haben.

Daran schließen gesellschaftsweite Versuche an, immer neue Benachteiligungen und einen entsprechenden Korrekturbedarf festzustellen. Wer ist inzwischen nicht alles ein Opfer? Die Kriterien dafür sind stark ausgeweitet worden.[10] Viele Anzeigen erfolgen dabei unter dem Titel «Verletzung», womit sie dem Bereich des Diskutierbaren entzogen werden, weil Verletztsein nicht bestritten werden kann oder es sich jedenfalls fast niemand traut, ein tatsächliches Verletztsein der Klageführenden, etwa durch «Mikroaggressionen» (falsche Bezeichnungen, Bismarck-Denkmäler, Seminarthemen, Faschingskleidung, Leselisten, Straßennamen), zu bestreiten. Auch die wichtigsten Ausgleiche erfolgen, wie der fortwährende Streit über Sprachregelungen zeigt, symbolisch und unter Einsatz der akademischen Behauptung, die Sprache ändere die Wirklichkeit, durch ihre Korrektur würden also Missstände korrigiert. Eine durch Glottisschlag bei Personenbezeichnungen herbeigeführte Schließung des Gender-Pay-Gaps oder eine weniger gewalttätige Behandlung von Frauen in Familienkonflikten innerhalb von Gesellschaften, die das generische Maskulinum nicht kennen, hat sich bislang aber nicht nachweisen lassen. Mitunter entsteht der Eindruck, die symbolischen Kämpfe würden umso unnachgiebiger geführt, je erfolgloser oder mindestens zäher sich die nichtsymbolischen Kämpfe erweisen.

Die Suggestion, die in der Verwendung von Bezeichnungen wie «weiß» und «schwarz», «alt» und «jung», «männlich» und «weiblich» liegt, besteht darin, von gesellschaftlichen Durchschnitten auf Einzelfälle schließen zu können. Wenn wir wissen, dass in einem Konflikt eine Frau oder ein Mann, ein Migrant oder ein Einheimischer beteiligt war, wissen wir angeblich schon fast alles darüber. Weil es Migranten im Durchschnitt schwerer haben, auf eine bestimmte Berufsposition zu gelangen, soll die einzelne nichtmigrantische Person ihr Privileg reflektieren, das darin besteht, weißer Hautfarbe zu sein. «Alter weißer Mann» soll der Appell an eine solche Reflexion sein.[11] Ob der betreffenden Person dieses Privileg im Vorstellungsgespräch wenig nützte, weil sie aus einer Arbeiterfamilie oder aus dem Osten Deutschlands kommt, einen ausgeprägten Dialekt spricht oder schüchtern ist, fällt so wenig ins Gewicht wie alle anderen Vorurteile, die in Bewerbungsgesprächen eine Rolle spielen können. Aus den Durchschnittszahlen wird ein starrer Blick auf Hautfarbe, Herkunft und Geschlecht abgeleitet.

Soziologen wie Hans Geser rechnen der Identitätspolitik eine falsche, weil viel zu einfach gebaute Gesellschaftstheorie vor.[12] Die Mandanten dieser Protestbewegungen würden nicht als soziale Kategorie, sondern als wirkliche Gruppe aufgefasst, die durch gemeinsam erfahrene Unterdrückung und durch einen gemeinsamen Gegner zusammengeschweißt werde, der dann zugleich als Adressat für beanspruchte Reparationen und Kompensationen firmiert: die Schwarzen gegen die Weißen, die Frauen gegen die Männer, die Nachfahren der unterworfenen Völkerschaften gegen diejenigen der Kolonialherren und so weiter.

Im Großen und Ganzen ist dieser Einwand berechtigt: Der Protest macht aus seinen Mandanten kein soziales System. Aber natürlich ist er selbst eines, und wenn man ihn unter diesem Aspekt beschreibt, dann fällt zweierlei auf. Zum einen rekrutiert er vielleicht seine Sprecher, aber sicherlich nicht seine Anhänger und Sympathisanten ausschließlich aus dem Kreis seiner Mandanten. Es sind also immer auch Leute aus der Gegengruppe dabei, und immer gibt es unter den Mandanten irgendwelche «Verräter». Die Protestbewegung mag im Namen einer Merkmalsgruppe agieren, aber sie besteht nicht aus deren Mitgliedern, sondern aus ihren eigenen, und diese werden nach vorschriftsgemäßer Gesinnung rekrutiert. Folglich können auch Leute aus der Mandantengruppe ausgeschlossen werden, wenn sie sich anders verhalten, als die Bewegungsideologie es ihnen zumutet. Und umgekehrt können Mitstreiter auch aus der Gegengruppe rekrutiert werden, teils um die Universalität des Anliegens zu beglaubigen und die Peinlichkeit zu beenden, Vorteile immer nur für sich selbst zu beanspruchen, teils weil man aus einer Position der Schwäche heraus argumentiert – man hat zum Beispiel kein Recht auf die geforderte Rekrutierungspolitik – und daher auf Kooperation der Starken angewiesen ist.

Der Konflikt, den Protestbewegungen in andere soziale Systeme hineintragen, deckt sich also nicht ganz mit vorbestehenden Differenzierungen, und entsprechend dient seine Moral nicht dazu, die reine Zugehörigkeit zu sozialen Kategorien mit moralischer Positivität zu verschmelzen. Die Moral wird vielmehr auch hier zur Ordnung freien Handelns eingesetzt. Nur so gewinnt sie die nötige Distanz zur bestehenden Gesellschaftsstruktur, und nur so kann sie dann auch die Interaktion mit bewegungsfremden Personen steuern. Wenn diese sich durch Achtung ködern und im Sinne der Bewegungsziele mobilisieren lassen, ist alles in Ordnung. Nur das Desinteresse an der angebotenen Achtung qualifiziert den, der es zeigt, zum Aggressionsobjekt.

Aus der Angewiesenheit auf Moral ergibt sich das Interesse an Interaktion, weil es unter Anwesenden schwerfällt zu zeigen, dass man an der Achtung anderer nicht interessiert ist. Die allbeliebte Forderung nach Partizipation hat immer auch die latente Funktion, den Gegner in die Interaktion zu zwingen, wo man ihm mit Moral kommen kann. Gegen diese Zumutungen kann man dann wieder Schutz in Rechtspositionen und in formalem Organisationsrang suchen. Die Moral der Bewegung hat schon darum rechtsfeindliche und antiformale Züge, weil Recht und Organisation die Konfliktfähigkeit der anderen Seite stützen.

Der Protest unterscheidet sich von der politischen Opposition dadurch, dass er nicht beabsichtigt, die Regierung abzulösen und sich selbst an ihre Stelle zu setzen. Das aber bedeutet, dass seine eigene Praxis nur darin bestehen kann, sich mit Appellen an andere zu wenden, die seine Forderungen umsetzen sollen. Nun sind diese anderen nicht selten mit denen identisch, gegen die man protestiert, und darin liegt ein Mechanismus der Selbstbegrenzung des Protests. Einen Gegner, den man auch in der Rolle des Erfüllungsgehilfen benötigt, sollte man nicht allzu hart anfassen.

Ein Protest, der auf eine Änderung der Rechtslage zielt, kann nicht gut anarchistisch sein, und wenn Studenten in Hochschulangelegenheiten protestieren, dann müssen sie die Professorenschaft, gegen die sich das richten kann, doch auch als Agenten für die Durchführung des Gewünschten intakt lassen. Damit scheiden manche Kampfmittel sogleich aus. Wenn Niklas Luhmann gelegentlich notiert, der Protest sei nur die eine Seite seiner eigenen «Form», dann meint er genau dieses Ineinander von offenem Konfliktverhalten und latentem Kooperationsbedarf.

Eine Protestbewegung kann nicht darauf verzichten, sich um das Entgegenkommen ihrer Gegner im Establishment zu bemühen, ohne eben damit einzugestehen, gar nichts Konkretes erreichen zu wollen und den Konflikt nur um seiner selbst willen zu suchen. Das gilt auch für den Sonderfall, dass Protestbewegungen sich um verbesserte Aufstiegsmöglichkeiten ihrer Mandantengruppe bemühen. Der Umstand, dass die attraktiven Stellen mit Personen eines anderen Typs besetzt sind, ist dann beides zugleich: ein immer erneut zu bekämpfendes Ärgernis und ein Hinweis auf Bundesgenossen, ohne deren Mitwirkung eine Änderung der Rekrutierungstypik nicht zu erreichen wäre. Die Gruppe, gegen die man konkurriert, ist partiell identisch mit denen, die über den Ausgang der Konkurrenz zu entscheiden haben. Man ist auf die Kooperation derjenigen angewiesen, mit denen man konkurriert.

Oftmals geht es darum, Mobilitätsbarrieren für Junge, für Frauen und für Nichtweiße zu schleifen. Organisationen sollen dazu erzogen werden, Erleichterungen für die Träger dieser Merkmale bereitzuhalten und sich mit einer dementsprechend zusammengesetzten Systemleitung zu schmücken. Das Ziel der Unternehmung ist hier wie auch sonst die sei es «freiwillig» angestrebte, sei es die politisch zugemutete Quote. Wenn es wirklich die alten weißen Männer sind, die in den Organisationen obenauf sind, dann können sie nicht nur als Konkurrenten behandelt werden. Denn nur sie könnten die Jungen, die Frauen, die Nichtweißen auf Kosten von ihresgleichen bevorzugen. Sie sind also nicht einfach nur der abzulösende Personentypus, sie sind zugleich die umworbenen Dritten, die man als Vollzugsorgan dieser Ablösung braucht.

Ein konsequentes Feindbild kann daher nicht durchgehalten werden. Es dient eigentlich nur dazu, den alten weißen Mann moralisch einzufangen: Wenn er tapfer versichert, sein Lebenserfolg sei ebenso unverdient wie das Zurückbleiben der anderen, denen er den Platz an der Sonne blockiert, dann ist er das Odium los, als einer von gestern zu gelten, und im Austausch dafür findet er sich an askriptive, nicht auf Leistung beruhende Kriterien der Personalauswahl gebunden.

Die Großgruppenzugehörigkeit stellt so alle anderen Merkmale der betroffenen Personen in den Schatten. Man ist in erster Linie weiß oder schwarz, Mann oder Frau, jung oder alt. Die Wenigsten könnten das in ihrer eigenen Biographie nachvollziehen. Jemand erhält beispielsweise faire Schulnoten. Kann das zweifelhaft erscheinen, nur weil andere unfaire bekommen haben? Diejenigen, die fair beurteilt wurden, haben sich dadurch nichts erschwindelt. Die unfaire Behandlung von Personen aufgrund arbiträrer Gesichtspunkte wie Hautfarbe und Geschlecht ist erbärmlich und zu bekämpfen. Weshalb sie auf Seiten derjenigen, die diese Ungerechtigkeit nicht erfahren haben, zu einer Art generalisierter Büßerhaltung und schlechtem Gewissen führen sollten, ist aber nicht einzusehen. Niemand ist nur schon deshalb ein

Rassist oder ein illegitimer Profiteur von Rassismus, weil es in Schulen oder Bewerbungsgesprächen im Durchschnitt unsinnige Vorbehalte gegen andere Hautfarben gibt, denen die begünstigte Person nicht unterlag.

Die Konfusion der Durchschnitte mit einzelnen Fällen führt zu Vorwürfen, die sich die meisten Angeklagten nicht zu eigen machen können. Um das dennoch zu erzwingen, wird ein abstrakter und heftiger moralisierender Kampf geführt. Ein jüngeres Beispiel dafür: Mercedes Lackey, erfolgreiche Autorin von Fantasy-Romanen, wurde im Mai 2022 von der «Nebula Conference», einer Jahrestagung amerikanischer Science-Fiction-Autoren, ausgeschlossen, nachdem sie in einem dortigen Diskussionsbeitrag den Autor Samuel R. «Chip» Delany als «colored», also farbig bezeichnet hatte, um ihn von einem Namensvetter zu unterscheiden. Das wurde als unerträglich rassistische Bemerkung gedeutet, auch wenn eine der größten amerikanischen Bürgerrechtsorganisationen «National Association for the Advancement of Colored People» heißt. Man muss nach Auffassung der Sprachwächter sagen, dass eine Person zu den «People of Color» gehört, ohne dass dafür ein Adjektiv verfügbar ist.

Die Wut über «colored» wurde dabei nicht durch eine verächtliche Haltung ausgelöst. Dass Lackey keinerlei Absicht hatte, Delany herabzusetzen, ging schon aus dem Kontext ihrer Äußerung hervor, einem Lob Delanys dafür, in seinen Romanen früh positive homosexuelle Charaktere eingeführt zu haben. Das hat ihr nichts genützt, denn es wurden, wie in vielen anderen Fällen, weder die Absicht noch der Kontext geprüft. Es wurde nicht einmal die unmittelbare Betroffenheit geprüft. Samuel R. Delany nämlich meldete sich zu Wort und teilte mit, auch seine Tanten hätten sich einst als «colored ladies» bezeichnet, es gebe keine schlechten Worte, sondern nur einen historisch sich ändernden Sprachgebrauch. Mercedes Lackey habe seine Erlaubnis, ihn so zu bezeichnen, das Wort führe weder für ihn noch für irgendein Mitglied seiner Familie negative Konnotationen mit sich.[13]

Das ficht die Ankläger nicht an. Wer durch «colored» verletzt worden ist, sind für sie die «People of Color» an sich, nicht Delany, auf den die Bezeichnung gemünzt war. Folgerichtig wird Samuel Delany das Recht abgesprochen, die Bezeichnung, er sei ein Farbiger, zu akzeptieren. Ohne sich bewusst zu sein, dass er einer abstrakt definierten Klasse angehörte, war er aus der Perspektive der sensitiven Kämpfer durch sein Bekenntnis, nicht verletzt zu sein, unsolidarisch. Personen werden mithin aufgefordert, sich als Funktionäre ihrer Merkmalsgruppe zu verstehen, deren Interessen von selbsternannten Sprechern definiert werden. Denn natürlich hat die Merkmalsgruppe nie darüber abgestimmt, wer für sie wie sprechen soll.

Genau so war es im Fall der Malerin Dana Schutz, die sich 2016 herausgenommen hatte, in einem Bild das Motiv des 1955 von amerikanischen Rassisten gelynchten, aufgebahrten Schwarzen Emmett Till aufzunehmen – obwohl sie selbst Weiße ist. Das Bild, wurde von anderen, schwarzen wie weißen Künstlern gefordert, dürfe nicht ausgestellt, ja es müsse vernichtet werden. Weiße könnten nämlich niemals das Leid der Schwarzen und die Geste des geöffneten Sarges – «Die Leute sollen sehen, was sie meinem Jungen angetan haben», rechtfertigte seine Mutter die Aufbahrung des malträtierten Körpers – verstehen. Scharfsinnige Diskussionen darüber, wie gut das Bild ist, ob es hätte gemalt werden müssen oder ob es die historische Gewalt symbolisch fortsetzt[14], greifen darum am Problem vorbei. Denn das Argument macht sich nicht am Bild fest, sondern an der Hautfarbe der Malerin. Es wird nicht gesagt, solch ein Bild solle es nicht geben, sondern eine weiße Malerin dürfe es nicht malen. Aus der Hautfarbe wird eine «Identität» abgeleitet und aus der Identität ein Verbot in einem imaginierten, mittels Kunstwerken und Sprachregeln geführten politischen Kampf zwischen unversöhnlichen politischen Gruppen.

Das ist die Behauptung einer maximalen Spaltung: Die einen können die anderen nicht einmal mehr verstehen. Ihren stärksten Ausdruck hat diese Sicht in Frank B. Wildersons «Afropessimismus» gefunden, dem zufolge die Schwarzen für alle anderen nicht eine unterdrückte Minderheit sind, sondern «the foil of humanity», eine Kontrastfigur zur Menschheit.[15] Hier wird die Maximierung des Verletztseins praktiziert. Das Leid der Schwarzen, heißt es, sei von prinzipiell anderer Art als das Leid aller anderen Unterdrückten.[16] Wer so argumentiert, für den gibt es keine «People of Color», sondern nur die Schwarzen und alle anderen. Wilderson kann für Erniedrigungen zahllose Beispiele aufrufen. Das diskriminierende amerikanische Wahl- und Strafrecht, die Darstellung der Schwarzen in vielen Filmen Hollywoods, die geringe Solidarität anderer «People of Color» mit den Schwarzen, die fortdauernde Assoziation von schwarzer Hautfarbe und Sklaverei – die Liste des schwer Erträglichen ist lang. Dass längst der Zugang zu den Universitäten, auch den Spitzenuniversitäten geöffnet ist, es schwarze Sportstars und Filmstars gibt, schwarze Richter, Polizisten und Militärs, mithin schwarze Karrieren, kühlt nicht die alltäglich neu geschlagenen Wunden. Aber es passt auch nicht zur Gleichsetzung von Schwarzen mit Sklaven. Die Gründe dafür, dass es schwer ist, aus dem Ghetto der über ihre Hautfarbe bestimmten städtischen Unterschicht auszubrechen, sind vielfältig. Doch weder sind alle Schwarzen als «prison-slaves-in-waiting»[17] Insassen solcher Ghettos, noch wird aus dem Rassismus des Ku-Klux-Klan, der ja ebenfalls eine prinzipielle Unterscheidbarkeit von Weißen und Schwarzen behauptet, schon dadurch eine Theorie dieser krassen Ungleichheiten zwischen Schwarzen und Weißen in den Vereinigten Staaten, dass man die Gründe für solche Ungleichheiten nicht mehr in der Natur, sondern in der Gesellschaft findet.

Die Steigerung von Merkmalsunterschieden zu Identitäten, die ein kohärentes und geschlossenes Gebilde abgeben, geht an der sozialen Wirklichkeit vorbei. Wo diese Steigerung unter religiösen oder nationalistischen Vorzeichen erfolgt, kann sie sicher sein, als fanatisch oder atavistisch kritisiert zu werden. Behauptungen wie die, es gebe ein Wesen des Islam oder der Deutschen, treffen zu Recht unmittelbar auf Hinweise, wie vielfältig die Erscheinungen sind, die solchen Begriffen zugeordnet werden können. Was ist nicht alles islamisch oder deutsch! Die Bildung von Gruppen anhand körpernäherer Gesichtspunkte wie des Geschlechts, der Hautfarbe oder des Alters ereilt dieser Einwand, sehr Unterschiedliches pauschal unter einen Begriff zu bringen, jedoch weniger schnell. Es wird oft nicht einmal gesehen, dass «weiß» eine genauso pauschale Kategorie ist wie «schwarz». An Personenmerkmale Einstellungen zu knüpfen, ist waghalsig. Vermutlich trägt es zur Attraktivität von Behauptungen, etwas sei typisch männlich, alt, einheimisch und etwas anderes umgekehrt typisch weiblich, jung, migrantisch, bei, dass es meistens nicht schwer ist wahrzunehmen, welchen Geschlechts, welcher Hautfarbe und welchen Alters jemand ist. Das begünstigt es, die Identität der Person mit solchen von außen leicht feststellbaren Merkmalen zu verbinden und aus ihnen alles Mögliche abzuleiten. Die Ebene der Vorurteile wird dadurch aber nicht verlassen.

Man kann also gegebenenfalls schlecht bestreiten, eines bestimmten Alters und Geschlechts zu sein und eine bestimmte Hautfarbe zu haben, aber was daraus folgen soll, ist eine unbeantwortete Frage. Ob es eine Identität ist, darf bezweifelt werden. Ein Blick auf die ethnischen Qualifikationen, die Personen für sich selbst vornehmen, zeigt erhebliche Unsicherheiten: Ist das Kind eines Italieners und einer Polin ein Italo-Pole? Und was wäre das, was wäre es vor allem in der nächsten Generation, wenn die Italo-Polin einen Türken ehelicht und mit ihm Kinder hat? Weshalb wird in der Bevölkerungsstatistik der Vereinigten Staaten eine Einwanderin aus Italien als «kaukasisch», eine Einwanderin aus Chile hingegen als «hispanic» geführt? Es werden Diskussionen darüber geführt, ob man statt «Afroamerikaner» nicht besser «People of African descent», Leute afrikanischer Abstammung, sagen sollte – was aber nicht nur die Frage aufwirft, welche Menschen denn nicht afrikanischer Abstammung sind, sondern auch, was alles unter «Abstammung» gefasst werden soll. Ist das Kind eines Iren und einer Afroamerikanerin afrikanischer Abstammung? Verstehen sich Italo-Polen als italienisch, polnisch oder amerikanisch? Als Schwarze galten lange Zeit gemäß den Gesetzen, die Eheverbote zwischen Schwarzen und Weißen errichteten, schon alle Amerikaner, die einen schwarzen Urgroßvater hatten, in manchen Staaten genügte schon ein schwarzer Ururgroßvater.[18] Aber auch nachdem solche rassistischen Gesetzte gefallen sind, seit 1967, werden in Volksbefragungen die Bürger ersucht, ihre ethnische Herkunft anzugeben. Die möglichen Zuordnungen schwanken im historischen Wandel. Erst seit 1970 gibt es «Hispanics», seit 1990 «Asian/Pacific Islanders», eine Kategorie, die beispielsweise Chinesen, Inder und Indonesier umfasst, die sich untereinander wohl schwerlich auf eine gemeinsame Identität verständigen könnten. Empirisch wird die Frage nach der Herkunft dann so beantwortet, dass in 30 bis 60 Prozent aller Fälle von Kindern mit unterschiedlichen Herkünften ihrer Eltern diese Eltern eine der beiden Herkünfte oder beide bei der Klassifikation ihrer Kinder in demographischen Umfragen weglassen.[19]

Solche Befunde verleihen dem ausgiebigen Gebrauch des Begriffs «Identität» in Versuchen, die Konfliktlagen der Gegenwart zu beschreiben, einen ausgesprochen willkürlichen Charakter. Diese Willkür wird nicht geringer dadurch, dass mitunter davon gesprochen wird, ein jeder und eine jede hätten «multiple Identitäten», oder dass die sozialen Konstruktionsleistungen betont werden, die in Identitätsbehauptungen eingehen. Wenn ein Begriff nichts taugt, wird er nicht tauglicher dadurch, dass man ihn aufweicht und gegen seinen Sinn verwendet, etwas Bestimmtes zu bezeichnen. Umso weniger, wenn die politische und moralische Verwendung selbst, um im Bild zu bleiben, durchaus hart und essenzialistisch erfolgt. Wenn beispielsweise im Fall von «Rasse» deutlich ist, dass es sich um eine historisch wirksame Ideologie handelt, wie kann der Begriff dann noch zur Unterstützung von gesellschaftlichen Minderheiten oder zur Behauptung verwendet werden, die Gesellschaft spalte sich entlang der Hautfarben ihrer Menschen? Was es gibt, sind nicht Identitäten, sondern Identitäts-Redensarten, um nicht zu sagen: Identitäts-Gerede. Es ist insofern schwer möglich, Kategorien wie Geschlecht, Ethnie/Rasse oder Alter zu «dekonstruieren» und sie zugleich zum Ausgangspunkt wissenschaftlicher Analysen wie moralischer Forderungen zu machen.[20]

In jedem Fall muss der Protest, analysiert man ihn in der Sprache von Georg Simmel, die beiden Sozialformen des Konflikts und der Kooperation verbinden, und zwar mit Bezug auf dieselben Interaktionspartner. Dies einfach dem Wechsel der Situation zu überlassen, also erst mit Eiern zu werfen und dann mit Unterlagen und Dokumenten zu kommen, ist nicht erfolgversprechend, vor allem, wenn es dieselben Personen sind, die hier interagieren. Setzt man dagegen Organisation ein, um zusammen mit der Situationsdefinition auch das Personal auswechseln zu können, belastet dies die Bewegung mit einer sekundären Differenzierung. Es entsteht der interne Konflikt zwischen Intransigenten und Verhandlungsbereiten, zwischen den reinen Innenseitern und denen, die über gute Außenkontakte zum Gegner verfügen. Fundamentalisten und Realisten wenden sich gegeneinander, und eine der Lösungsformen dieses Konflikts besteht in der Spaltung der Bewegung selbst. Als Spaltprodukt mag es dann auch kleine und politisch chancenlose Gruppen von Intransigenten geben, die alle Kooperationen mit dem Gegner als sinnlos verweigern, zum Beispiel Afropessimisten, und deren eigene Protestform eigentlich nur in öffentlichem Leiden bestehen kann.

12

**DIE GESPALTENE GESELLSCHAFT
UND IHRE OFFENEN BRIEFE**

Zuletzt wurde ein «offener Brief» in der Frage der Verteidigungspolitik angeblich an die Regierung gerichtet, um sie zu bitten, der Ukraine keine schweren Waffen zu liefern. Tatsächlich zielte er aber wie jeder solche Text, dem eine Unterschriftenliste beigefügt ist, auf ein Medienecho ab. Denn wann hätte je schon einmal eine Regierung auf einen offenen Brief geantwortet? Stattdessen antwortete ein entgegengesetzter offener Brief, und anschließend wurden die Zahlen derjenigen verglichen, die jeweils zu unterschreiben bereit waren. Es folgten Zeitungsbeiträge und Interviews, in denen Unterzeichner erläuterten, was sie unterzeichnet hatten, sowie Einladungen in Talkshows. Viele Medien lieben solche Mahnreden und stellen gerne das Podium, von dem herab sie gehalten werden.

Wir sind im Laufe der Diskussion immer wieder darauf gestoßen, dass die Spaltung der Gesellschaft mehr behauptet als nachgewiesen wird. Sie scheint oft eher eine Redensart zu sein als eine Tatsache. Selbstverständlich sind auch Redensarten Tatsachen, nur sind es Tatsachen eigener Art. Der Verwechslung der behaupteten mit einer tatsächlichen Spaltung kommt es entgegen, dass Demokratie zunehmend heißt: ständige Kommunikation über Politik. Kein Auftritt, kein Nichtauftritt und kein Verhalten der Politiker, das nicht kommentiert und selbst für politisch relevant gehalten wird, weil es die Wählermeinung beeinflusst. Jegliche Mitteilung eines Funktionsträgers kann dabei auf die Goldwaage gelegt werden. Für den Ausgang der vergangenen Bundestagswahl waren ein deplatziertes Lachen im Hintergrund einer Präsidentenansprache und die Kommunikation darüber von Gewicht. Hochgradig ungeschicktes Auftreten einer anderen Kandidatin führte aufgrund angeblicher Zweifel an ihrem Charakter zum Absturz ihrer Zustimmungswerte, die, kaum war sie im Amt, wieder in die Höhe schossen. Das öffentliche Auftreten der Politiker ist ein fortlaufender unverbindlicher Persönlichkeitstest. Fernsehduellen werden dabei informative Qualitäten zugeschrieben. Zwischen den Wahlen übernehmen die Medien, die Talkshows und die Demoskopie das Bewerten der politischen Akteure. Schon kurz nach einem Wahlsonntag wird gefragt, was die Leute wählen würden, wenn am kommenden Sonntag Wahlen wären.

Das ist, historisch betrachtet, eine neue Situation. Vor dem 17. Jahrhundert standen politische Diskussionen unter der Norm der Geheimhaltung. Politik sollte stabil und ohne Alternativen erscheinen, was am besten durch Schweigen oder zeremonielle Mitteilungen ausgedrückt werden konnte. Öffentlich wurde Politik nicht durch Kontroversen, sondern nur in Erlassen. Dem englischen Parlament war zwar nolens volens das Privileg freier Rede zugestanden worden, und in der Protesterklärung von 1621 wurde es ausdrücklich auch für außenpolitische Themen bekräftigt, es galt aber nur bei geschlossenen Türen. An der politischen Entscheidungsfindung hatten ansonsten nur der Hof und die Administration Anteil.

Wer über nicht über die entsprechenden Kontakte verfügte, war damals für seine Belange auf die Mitteilungsform der Petition angewiesen.[1] Sie sah vor, auf unterwürfige Weise

Wünsche und Beschwerden vorzutragen. Verlangt wurde dabei, ganz bei den individuellen Umständen des Bittstellers zu bleiben. Der Herrscher durfte nicht durch Anrufung von Prinzipien oder einen etwaigen Willen des Volkes über den Einzelfall hinaus gebunden werden. Waren lokale Interessen berührt, so hatten die entsprechenden Gruppen als Vermittler der Beschwerde mitaufzutreten, um den Eindruck von Parteienstreit zu vermeiden. Schließlich war den Petitionären auch insofern Zurückhaltung verordnet, als sie den Autoritäten keine konkrete Lösung des vorgetragenen Falls nahelegen durften. Die Anrufung der politischen Entscheider glich einem Gebet. In nichts ähnele die weltliche Macht Gott mehr, so ein Gesuch von 1649, als in ihrer Bereitschaft, jede demütig vorgebrachte Klage zu hören und jede Eingabe zu prüfen.

Im Vorfeld des Englischen Bürgerkriegs änderte sich dieser unpolitische Stil der Kommunikation mit höheren Mächten. Nicht nur nahm die Zahl der Petitionen ständig zu, mit der Verwendung der Druckerpresse wandelte sich auch ihr Inhalt. Galt bis dahin auch für Eingaben eine Schweigepflicht, wurden sie nun in Kirchen und Schenken verlesen. Aus geschlossenen wurden offene Briefe. Dass man sie drucken konnte, erlaubte es, sie zu verbreiten. Auf einmal gab es Blankopetitionen, es wurden Unterschriften für sie gesammelt, und die Petitionen wurden in Prozessionen zum Parlament getragen. Die Veröffentlichung der Eingaben steigerte dabei nicht nur ihre Bekanntheit. Der Nachdruck, der auf den Petitionen lag, wurde durch die Zustimmung möglichst vieler erhöht. Zeitgenossen registrierten, die Gesuche sprächen zuweilen für «irgendwelche 15 000 Londoner».

Heute heißt ein analoges Phänomen «shitstorm»: Eine lautstarke Minderheit vermag den Eindruck zu erwecken, erheblich zu sein. Einige schimpfen, andere berichten darüber, dass geschimpft wird, und schnell hat es den Anschein, als liege alles im Argen. Möglichst viele Irgendwelche kann man nämlich am besten durch Generalisierung der Beschwerden erreichen. Aus konkreten Problemen mit einem Bischof oder einem Viehzüchter wurden deshalb schon im 17. Jahrhundert allmählich Beschwerden über das verderbliche Wirken der Bischöfe an sich oder über die Unmoral der Landwirte. Wer sich an alle wendet, muss Probleme aufbringen, die alle interessieren können. Die Druckerpresse weitete also das Gefühl, sich grundsätzlich beschweren zu müssen, stark aus. Man begann, sich Sorgen nicht über konkrete Fälle, sondern über «Tendenzen», falsche Grundsätze, ein nicht funktionierendes System zu machen. Die Erweiterung des Verbreitungsgebiets von Beschwerden brachte so die Neigung zu Ideologisierungen hervor. Abstrakt und doch real, fiktiv und doch wirksam: Die «öffentliche Meinung» war geboren.

Als im 19. Jahrhundert die Massenpresse aufkam, führte das Bedürfnis, möglichst hohe Auflagenzahlen zu erreichen, um für die Anzeigenkunden attraktiv zu sein und kostengünstig produzieren zu können, zu einer politischen Zähmung der Zeitungen. Wenn sie für möglichst viele Leser und am besten für alle interessant sein sollten, konnten sie sich nicht in den Dienst besonderer politischer Interessen stellen. Anfänglich sahen die Massenblätter gar keinen besonderen Anlass zu politischer Berichterstattung. Die «Penny Papers» banden sich nicht mehr an feste Gruppen, sondern schon aus ökonomischen Gründen an eine entsäulte Gesellschaft.[2] Mit den Zeitungen kam folgerichtig der Typus des Intellektuellen auf, der keiner Partei angehört, und als sich viele Intellektuelle später stark politisierten, indem sie Geschmack an Kommunismus oder Faschismus fanden, konnte ihnen das als Verrat an ihrer Berufsrolle vorgehalten werden. Die Intellektuellen hätten das Ganze im Blick zu behalten und sich nicht für einen Teil des Ganzen zu engagieren.[3]

Heute ziehen Konflikte die Aufmerksamkeit der Medien nicht nur deshalb auf sich, weil sie zur Parteinahme auffordern und das Publikum dadurch energetisieren. Sie faszinieren auch durch ihren ungewissen Verlauf: Wie geht der Streit aus? Welche der beiden Seiten setzt sich durch? Lässt sich ein Dissens zu Konflikten steigern, in denen das Ganze als bedroht erscheint, so wirft er eine besondere Rechtfertigung der Medien selbst ab. Denn dann bedarf ihre Beschäftigung gerade mit einem solchen Konflikt keiner weiteren Begründung. Der Einwand, andere Konflikte seien wichtiger, greift ins Leere, wenn der zur Debatte stehende Konflikt spalterische Qualitäten hat. In dem, wovon die Talkshow oder das Pro und Kontra dann handeln – die Aufnahme von Flüchtlingen, die zunehmende Armut oder die Coronaimpfung –, steht alles auf dem Spiel. Wer könnte da abschalten?

Allerdings wird die Frage, ob sich die Gesellschaft spaltet oder nicht, einer empirischen Überprüfung entzogen. Sie gilt schon als gespalten, wenn in wichtigen Fragen die Meinungen stark auseinandergehen. 45 Prozent der befragten Deutschen finden im Frühjahr 2022 beispielsweise, schweres militärisches Gerät solle an die Ukraine geliefert werden, andere 45 Prozent aber sind ganz dagegen. Wie schön, dass es genau zwei gleich große Lager sind! So entsteht das Bild einer zerstrittenen Familie, einer Gemeinschaft, die sich teilt und nicht mehr zueinanderfindet. Wie aber soll die Politik entscheiden, wenn sie in jedem Fall nur die Hälfte der Befragten hinter sich hat? Das Dafür- und Dagegensein in den Umfragen ist leicht, weil folgenlos. Der demoskopische

Volksentscheid erfolgt unverbindlich. Man muss nicht einmal begründen, wofür man sich erklärt. Wie tief die angebliche Spaltung, wie tief auch nur der Dissens ist, der sich in den Antworten ausdrückt, kann gar nicht ermittelt werden, weil die Meinungsverteilung nur durch das Ankreuzen auf einem Fragebogen oder eine Telefonantwort entstanden ist, ohne dass irgendeine weitere Handlung daran hinge. Anders als bei den berühmten Schweizer Volksentscheiden, die sie nur nachahmen, geht den Meinungsbekundungen keine monatelange Diskussion voraus, und sie müssen auch kein Quorum erfüllen. Die Erhebung der Meinungen gibt sich als eine Art Messung dessen, was durchschnittlich gedacht wird, auch wenn offenbleibt, ob überhaupt gedacht wurde.

Der Befund, das Land sei in dieser oder jener Frage geteilt, geht beispielsweise darüber hinweg, welches Gewicht die Frage für diejenigen hat, die sie meinten beantworten zu können. Zusatzfragen, die in jeder Diskussion gestellt würden – «Wie kommen Sie zu dieser Ansicht?», «Was sagen Sie zum Argument der Gegenseite?», «Wie schwerwiegend fänden Sie es und was würden Sie tun, wenn die Regierung Ihrer Ansicht nicht folgt?» –, werden nicht gestellt. Das gilt ganz generell für Umfragen, auch für solche, die sich mit der Abfrage von Fremdenfeindlichkeit oder der Sympathiewerte von Politikern befassen. Die Umfrage liebt den zweiten Gedanken, die Einschränkung, die Differenzierung zumeist nicht. So wurde Ende 2007 durch Umfragen belegt, dass Franz Müntefering einer der beliebtesten Politiker sei, auch wenn er zu dieser Zeit bereits von allen Ämtern zurückgetreten war, um seine kranke Frau zu pflegen. Aus Forschungen zur Demoskopie ist bekannt, dass Befragte auch zu frei erfundenen Gesetzesvorhaben ihre Meinung abgeben oder Politiker beurteilen, die es gar nicht gibt.[4] Umfragen halten es für eine Erhebung von Tatsachen, wenn Leute ankreuzen, für wie erfreulich auf einer Skala von null bis zehn sie es fänden, einen Muslim oder eine Jüdin in der Verwandtschaft zu haben. Dass hier nicht die Antwort, sondern die Frage ein rassistisches Aroma hat, weil sie die Erwiderung «Kann ich die betreffende Person einmal sehen, bevor ich urteile?» nicht vorsieht, entgeht dem Bedürfnis, kontrastreiche Ergebnisse zu erzielen.

Es ist weithin bekannt, wie stark kleine Variationen in der Formulierung von Fragen die Antworten beeinflussen, die auf sie gegeben werden.[5] In der politischen Wirklichkeit gibt es zwischen «Wir liefern schwere Waffen» und «Wir liefern keine schweren Waffen» etliche Zwischenpositionen und Deutungsspielräume. Es kann lange darüber diskutiert werden, was in diesem Zusammenhang «Wir», was «liefern» und was «schwere Waffen» heißt. Auf dem Umfragezettel gibt es diese Deutungsspielräume nicht. Ein demoskopisches Ergebnis, das die Vielfalt der möglichen Einstellungen in der Sache nachzeichnete, wäre medial unergiebig, wäre zu kompliziert.

Diesem Bedürfnis nach einfachen Festlegungen folgt der politische Diskurs in vielen Medien. So werden manche Gäste der Talkshows ausschließlich nach ihrer Bereitschaft ausgewählt, Randpositionen im «symbolischen Melodrama»[6] zu repräsentieren. Sahra Wagenknecht beispielsweise gehört hierzulande zu dieser Meinungsprominenz, die vor allem für ihre verlässlich erwartbare Einnahme abweichender Haltungen eingeladen wird, nicht hingegen, weil sie irgendein politisches Amt, einen politischen Einfluss oder besondere Kenntnisse in der Sache (Impfung, Ukraine) hätte. Wenn der Eindruck nicht täuscht, zieht diese Nachfrage nach wenig reflektiertem, dafür aber stark profiliertem Dafür- und Dagegensein ein entsprechendes Angebot heran.

Politische Themen sind immer umstrittene Themen. Worüber die einen diskutieren möchten, darüber möchten die anderen nicht diskutieren. Die einen fordern eine Aussprache über «Ausländerkriminalität», die anderen wollen über «Diversität» reden. Um ein Abgleiten der Diskussion in nicht kontroverse Themen zu verhindern, gibt es die Institution der öffentlichen Meinung. Sie bringt es fertig, ihre jeweiligen Themen als unausweichlich erscheinen zu lassen und so auch die jeweiligen Gegner ins Gespräch zu zwingen. Widerstand gegen das Thema kann dann nur noch in Form von Beiträgen zum Thema artikuliert werden. Dass sie das Thema auf diese Weise aufwerten, einfach indem sie es anerkennen, und dass sie damit dem politischen Gegner in die Hände arbeiten, auch wenn sie ihm inhaltlich opponieren, fällt als Erstes ihren politischen Freunden auf. In diesem Sinne machen heute die liberal eingestellten Kritiker den liberal eingestellten Redaktionen der Talkshows den Vorwurf, durch das immer erneute Aufgreifen von Themen wie «Migration und Kriminalität» oder «Islamismus und Terrorismus» nur die Agenda der AfD bedient zu haben. Andererseits würde eine Vermeidung solcher Reizthemen schnell zum Vorwurf führen, die Medien seien abgehoben.

Oft wird an Talkshows das Diskussionsideal des klassischen Parlamentarismus herangetragen.[7] Danach werden die Abgeordneten nicht als Gruppenvertreter, sondern als vorurteilslose Individuen in die parlamentarischen Beratungen geschickt. Von den Interessen ihrer Freunde, ihrer Standesgenossen, selbst ihrer politischen Unterstützer sollen sie absehen können, ohne den Vorwurf des Verrats fürchten zu müssen. Auch galt es keineswegs als Zeugnis von Charakterschwäche, sich von einer bisher vertretenen Meinung zu lösen. Beide Entlastungen zusammengenommen, die vom Gruppendruck und die von der eigenen Darstellungsgeschichte, sollten eine ergebnisoffene Diskussion ermöglichen.

Dass es solche Diskussionen in den heutigen Parlamenten nicht gibt, weiß der Kritiker, und er kennt auch die dafür bestehenden Gründe. Der politische Gegner muss und kann zumeist nicht umgestimmt werden. Folglich dient die «Diskussion» mit ihm nur der Darstellung des Konfliktes, nur der Aufforderung zur Parteinahme. Sind darum Talkshows der geeignete Ort für echte Diskussionen unter Individuen? Stattdessen geschieht das genaue Gegenteil. Entweder lädt man Parteienvertreter und Funktionäre ein, die über «ihre» Meinung gar nicht frei verfügen können, oder es handelt sich um Schriftsteller und Journalisten, die sich bereits auf entgegengesetzte Positionen festgelegt hatten und daran zu Beginn der Sendung, gleich bei der Vorstellung noch einmal erinnert werden. So werden die einen Gäste über Gruppendruck immobilisiert und die anderen über Bindungen an ihre vergangenen Äußerungen. Zu den politischen Konflikten gewinnt die Talkshow daher keine Distanz. Auch sie kann den Konflikt nur darstellen, nicht aber seine Fronten auflösen

Die amerikanische Politikwissenschaftlerin Diana C. Mutz hat ein Buch über Folgen dieser Freude an absehbar konfrontativen und emotionserregenden Auseinandersetzungen geschrieben. Wie sie zeigt, ignorieren die Formen des Streits im Fernsehen, was in alltäglichen Gesprächen von einer Diskussion erwartet wird. Das Ausmaß an Unterbrechungen des Gegenübers ist größer, die Lautstärke höher, die Diskutanten übertreiben ihre Differenzen, sie täuschen vor, in der Sache zu diskutieren, aber in Wahrheit spielen sie Melodien ab und streiten, um das Publikum auf ihre Seite zu ziehen.[8] Zugleich sind diese Aufführungen über das Fernsehen sehr körpernah geworden, das Publikum nimmt die Akteure in geringer Distanz wahr, was die emotionale Mitgenommenheit zusätzlich steigert. Mutz glaubt nachweisen zu können, dass dies vor allem für die moralische Missachtung politisch Andersdenkender gilt. Man denke schlechter von einem Gegner, wenn man ihn nicht nur gelesen, sondern auch noch gesehen hat.[9]

In den Talkshows wird der Eindruck erweckt, Politik sei in erster Linie Wahlkampf; die Talkshows selbst sind ein Teil desselben. Attacken auf die Gegner und Berichte über die Mängel der Kandidaten haben dabei nicht nur in den amerikanischen Präsidentschaftswahlkämpfen gegenüber der Darstellung der politischen Positionen zugenommen.[10] Der Vorwurf, der jeweilige Gegner gefährde die Nation, den Zusammenhalt oder den Wohlstand, wird hier gern als rhetorisches Mittel eingesetzt. Politik verwandelt sich vor Kameras in einen erbitterten Streit, und Wahlkampf tendiert zu dramatischen Entweder-oder-Formeln wie dem berühmten «Freiheit statt Sozialismus». Dieser CDU-Slogan las sich 1976 wie eine konservative Riposte auf das «Socialisme ou barbarie» marxistischer Intellektueller aus Frankreich und hatte zahlreiche Nachfolger, von «Den Sozialismus stoppen» über «Statt Krieg der Sterne Frieden auf Erden» bis hin zu «Gegen den sozialen Kahlschlag». Interessant ist, dass dann weder das sozialdemokratische Regieren nach der Wahlniederlage der CDU 1976 den Sozialismus verwirklicht hat noch die ausbleibende Verwirklichung des Sozialismus im strikten Sinne zur Barbarei führte. Wie sollten solche Formeln denn auch Informationen über die gesellschaftliche Wirklichkeit enthalten, liegt ihr projektiver Charakter doch auf der Hand, der den (wahlweise konservativen, neoliberalen, in den Sozialstaat oder in Vorschriften verliebten, grün-utopischen) Gegner als Quelle aller möglichen Krisen anspricht. Man sagt zwar nicht, der Gegner zwinge der Gesellschaft einen Bürgerkrieg auf oder es gebe keine gemeinsame Zukunft mit dem politischen Gegner, aber über eine gesellschaftliche Spaltung, die seine Politik befördere, macht man sich schon händeringend Sorgen.

Für die Rede von einer solchen Spaltung werden die Sprecher auch vom Moderationspersonal der Talkrunden nicht zur Rechenschaft gezogen. Warum etwa wird nicht gefragt, was denn darunter über den Dissens hinaus verstanden werden soll? Es wird wohl auch deshalb nicht gefragt, weil Aufteilungen der Gesellschaft in die einen und die anderen und der Riss zwischen ihnen ein gut fassliches Erzählmuster sind. Wer beispielsweise eine Spaltung in Gewinner und Verlierer der wirtschaftlichen Entwicklung und eine Zweiteilung der Erwerbstätigen behauptet, enthebt sich der Mühe, die vielen Einzelfaktoren zu bestimmen, von denen solches Gewinnen und Verlieren abhängt: Herkunft, Bildung, Geographie der Wertschöpfungsketten, Familienstand und Kinderzahl, Technologieabhängigkeit des Berufs, Demographie des Arbeitsmarktes, Gesundheitsverhalten und so weiter.[11] Wer soll das argumentativ alles auseinanderhalten und in seinen vielfältigen Kombinationen berücksichtigen? Das Fernsehen ist hier einerseits auf Fallgeschichten angewiesen, deren Opfer als Zeugen zu den Talkshowverhandlungen eingeladen werden. Andererseits wird das Bild einer Gesellschaft gemalt, in der alle nur noch die Träger weniger Merkmale sind, Repräsentanten von Gruppen, die im Gegensatz zu anderen Gruppen stehen.

Scharfe Kontroversen sind hilfreich für die demokratische Auseinandersetzung, solange alle beteiligten Seiten der anderen unterstellen, nachvollziehbare Gründe für ihre Positionen zu haben. Denn Demokratie setzt nicht nur die Anerkennung eines bestimmten Verfahrens der kollektiven Entscheidungsfindung voraus, sondern auch das Vertrauen darauf, dass ein solches Verfahren zu erträglichen Ergebnissen führt. Der gespielte Wahlkampf hingegen suggeriert im Extremfall die Illegitimität der anderen Seite oder jedenfalls, dass sie über keinerlei gute, moralisch vertretbare Gründe für ihre Programme verfügt. Die verstärkende Wirkung, die solche Kampagnen auf die negativen Gefühle des politischen Publikums haben, wird von der Forschung unterstrichen. Die Polarisierung sei weniger ideologisch als affektiv.[12]

Der Wahlkampf wird also durch Medien und Demoskopie über seine eigentlichen Termine hinaus verlängert. Er hört dort im Grunde nie auf. Damit bleiben die Medien unter ihren Möglichkeiten. Es wäre lohnend, sich zu überlegen, wie eine politische Berichterstattung aussähe, die sich dem Wahlkampftheater so weit wie nur möglich entzöge.

Zugleich wird seit längerem behauptet, alles sei politisch. Dadurch wird der Begriff der Politik von ihrer Funktion abgelöst, Mehrheiten für kollektiv verbindliche Entscheidungen zu organisieren und in die Form verwaltungsmäßigen Handelns zu bringen. Wenn alles politisch ist, dann fällt noch der unüberlegtesten Mitteilung in den sozialen Medien und dem nichts als Mediengeräusche erzeugenden offenen Brief die Prämie zu, eine politische Handlung zu sein. Alle leben dann im Gefühl, etwas getan und Widerstand geleistet, Protest formuliert, Solidarität ausgeübt zu haben. So twittert der Möchtegernkämpfer, der seine Solidarität zeigen will, dann ein Foto von sich neben einem Denkmal für Teilnehmer des spanischen Bürgerkriegs, schreibt «Non pasarán!» darunter und ist fast schon ein Held. Ein lächerlicher allerdings und, recht besehen, einer, der die vergangenen Kämpfe verhöhnt. Es war noch nie so leicht, durch Nichtstun politische Aktivität zu behaupten.

Das ist die andere Seite der Spaltungsbehauptungen. Sie sind eine Art händeringende Kommunikation. Indem die Gesellschaft angesprochen wird, vermeidet man die Benennung von Adressen. Die Gesellschaft selbst kann nämlich nicht handeln, dazu bedürfte es Organisationen. Zu sagen, die Gesellschaft sei von Spaltung bedroht, umgeht die Angabe, wer oder was nachweislich für diese Spaltung verantwortlich ist. Einst sagte ein Bundespräsident und ließ es danach auch noch plakatieren, durch Deutschland müsse ein Ruck gehen. Besorgtes Nicken allerseits. Die Spaltungsphrase in den Medien ist vom selben wohlfeilen Schlage.

13

GIBT ES PARALLELGESELLSCHAFTEN?

Einen besonders prominenten Fall gesellschaftlicher Spaltung bezeichnet der Begriff «Parallelgesellschaft». Behauptet wird damit seit einiger Zeit, dass Teile der Bevölkerung innerhalb eines Staates eine separierte Existenz führen, indem sie nahezu vollständig auf soziale Ressourcen zurückgreifen, die nur von ihnen, nicht aber vom Rest der Bevölkerung verwendet werden. Es geht meistens um Zuwanderer aus einer bestimmten Region oder einem Sprachgebiet, die sich in bestimmten Wohnvierteln von Großstädten konzentrieren. Aber auch die Lebensform mancher religiöser Gemeinschaften wie der Amischen oder das von jüdischen Ultraorthodoxen bewohnte Stadtviertel Mea Schearim in Jerusalem stehen für diese Form der Separation.

Sind solche Gemeinschaften groß genug, so die These, erlaubt das den Aufbau vielfältiger Einrichtungen, die es den Bewohnern der Parallelgesellschaft ermöglichen, ein soziales Leben weitgehend ohne Kontakt zur restlichen Bevölkerung zu führen. Die Parallelgesellschaft hat eigene Banken, Kirchen, Medien, Ärzte, Anwälte, Sportvereine, Einzelhandelsgeschäfte und Reiseunternehmen, die auf die ethnischen Eigenschaften ihrer Klientel besondere Rücksicht nehmen. Zuweilen wird sogar behauptet, die Konfliktregulierung in solchen Vierteln erfolge unter den Prämissen der Herkunftskulturen ihrer Bewohner: Straftaten und abweichendes Verhalten würden vorpolizeilich und außerjuristisch sanktioniert, wobei im Extremfall sogar «Ehrenmorde» als Strafe für Verstöße gegen den Moral- und Geschlechterkodex geduldet seien. Dass so etwas vorkommt, ist unbestreitbar; wie sehr es die Normalität dieser Viertel bestimmt, darüber wird gestritten.

Die Ausbildung einer solchen «Gesellschaft in der Gesellschaft» oder «Stadt in der Stadt» wird hierzulande vor allem türkischen und türkischstämmigen Einwanderern sowie Migranten aus dem Nahen Osten zugeschrieben. Man spricht von «ethnischen Kolonien», die wie fremde Länder studiert werden können.

Im Unterschied zur «Versäulung» bildet die Parallelgesellschaft nur eine «Säule», die dem nichtversäulten Rest der Gesellschaft gegenübersteht. Beide Teile sind räumlich getrennt, die vermutete Spaltung erfolgt entlang von Quartiersgrenzen. Sie geht also über die gängige ungleiche Verteilung der Bevölkerung in Städten nach Merkmalen wie Einkommen, Alter oder Berufstätigkeit hinaus.

Ihre Entstehung verläuft idealtypisch so: Es gibt Zuwanderer einer bestimmten nationalen Zugehörigkeit, die Arbeitsmigranten oder Flüchtlinge sein können. Sie ziehen vorzugsweise in Metropolen und dort in Quartiere mit erschwinglichem, oft nicht hochwertigem Wohnraum. Anschließend kommt es einerseits zu Familiennachzug, andererseits werden die Viertel zu Magneten für weitere Zuwanderer derselben ethnischen Herkunft. Über den Vorteil des vergleichsweise günstigen Wohnraums hinaus bieten sie eine stärkere Unterstützung durch «Landsleute» als in Wohngegenden mit überwiegend einheimischen Bewohnern.

Die einsetzende soziale Entmischung wird überdies durch den allmählichen Wegzug wirtschaftlich und beruflich bessergestellter Bewohner vorangetrieben, und zwar unabhängig davon, ob diese Familien selbst inländischer oder ausländischer Herkunft sind. Aufwärtsmobilität führt aus solchen Quartieren heraus, ärmere Migranten und ärmere Einheimische füllen den freiwerdenden Wohnraum. Dieser Prozess ist selbstverstärkend; die soziale Zusammensetzung dieser Quartiere neigt dazu, Problemfälle des Wohlfahrtsstaats anzuziehen. Es gibt dort mehr Arbeitslose, mehr Sozialhilfeempfänger, mehr schwach qualifizierte Arbeitnehmer und mehr Kriminalität als andernorts. Nicht die Separation als solche, sondern ihre Kombination mit Armut und prekärer Existenz erscheint mithin als das Problem.

Die Ökonomie wiederum, die sich ausbildet, ist stark durch Familienbetriebe geprägt, die von der Selbstausbeutung durch gering bezahlte Mitarbeit leben. Legendär und ein beliebtes Motiv von Spielfilmen sind die chinesischen «sweatshops», in denen Zuwanderer von ihresgleichen ausgebeutet werden. Gerade wenn es Erfahrungen mit Vorurteilen einheimischer Arbeitgeber sowie Bildungsrückstände gibt, ist die Berufsarbeit in der ethnisch geprägten Ökonomie attraktiv, weil dort diese diskriminierenden Vorurteile und Anforderungen wegfallen und das ethnische Netzwerk leichtere Zugänge verschafft. Innerethnische Karrieren werden, um es paradox zu formulieren, selbst dann vorgezogen, wenn es zunächst gar keine Karrieren sind, sondern nur auf Arbeitsplätzen im Mindestlohnbereich verharrt wird.[1]

Besonders in Metropolen wie Berlin und Köln, aber auch in kleineren Städten, ist so eine eigene türkisch-migrantische Welt entstanden. In der Soziologie ist früh von «institutional completeness» als Voraussetzung solcher ethnischen Kolonienbildung gesprochen worden.[2] Denn je vollständiger die Ressourcenausstattung eines Quartiers ist, desto stärker verwandelt sich die Mitgliedschaft in einer ethnischen Minderheit von einer Erschwernis des sozialen Lebens in eine Erleichterung. Zugehörigkeit schafft Zugänge.

Es soll darum schon hier notiert werden, dass die behauptete türkische Parallelgesellschaft insofern institutionell unvollständig ist, als sie kein eigenes Recht hat, sondern allenfalls Einflüsse auf die Familiengerichtsbarkeit beobachtet werden können. Sie verfügt auch über keine eigene Verwaltung, hat kaum eigene Schulen, keine eigene Währung und keine eigenen politischen Parteien. Die Bewohner der vermeintlichen Parallelgesellschaft sind folglich durchaus in vielen Hinsichten auf Verbindungen zur Außenwelt angewiesen.

Wo also liegt das Problem? Die Liste der Klagen über solche Parallelgesellschaften oder «Ausländerviertel» ist lang. Ganz oben steht die These, ethnische Kolonien behinderten die Integration von Zuwanderern in die aufnehmende Gesellschaft. Sie verstärkten die Angewiesenheit ihrer Mitglieder auf das Wohnquartier und seine Einrichtungen. Sie brächten aufgrund von Bildungsrückständen weitere Bildungsrückstände hervor, nicht zuletzt weil sie keine Anreize setzen, mangelnde Sprachfähigkeit im Deutschen zu bekämpfen. Der Ehrgeiz, sich an die Mehrheitsgesellschaft anzupassen, die Ambition, sozial und räumlich mobil zu sein, schwinde, weil der Wohlfahrtsstaat und eine ethnisch geprägte Ökonomie beides nicht nötig machen.

Parallelgesellschaften sind eine alte soziale Erscheinung. Unter dem Namen «Ghetto» kennt die Weltgeschichte eine Form davon seit langem: als eine früheuropäische Einrichtung, um die jüdische Bevölkerung von der christlichen zu separieren. Die Motive dazu waren gemischt: christlicher Judenhass, ökonomisch begründete Berufs- und Kontaktverbote bei gleichzeitigem Wunsch, sich der Juden zu bedienen, sie also nicht zu vertreiben, sondern wie in einem urbanen Käfig zu halten. Die von 1462 bis 1796 existierende Judengasse in Frankfurt ist ein früher Fall: Wohnzwang und Regulation des Zuzugs, nächtliche Abschließung des Ghettos, Kleidervorschriften für Juden, Ausgehverbote an Sonn- und christlichen Feiertagen sowie während der Kaiserwahl. Unter dem Zwang, ein bestimmtes Areal der Stadt nicht zu verlassen, haben die so Ausgeschlossenen im Inneren dieser Bezirke gewissermaßen nachgebaut, was sie andernfalls aus dem Austausch mit der Mehrheitsgesellschaft bezogen hätten.

Es gehört zu den unglücklichen Fällen soziologischer Begriffsbildung, dass der Begriff «Ghetto» von der Chicagoer Schule der Stadtsoziologie zu Beginn des 20. Jahrhunderts aufgegriffen wurde, um die durch Einwanderungsschübe entstandenen ethnischen Quartiere der amerikanischen Großstadt zu bezeichnen.[3] Häufig handelte es sich dabei um Wohnviertel, die vorzugsweise von ehemaligen Angehörigen einer fremden Nation bewohnt wurden: Chinatown, Little Italy, kubanische, polnische oder russische Nachbarschaften.

Auffällig an dieser Begriffsverwendung ist zunächst, dass sie keine Viertel ausschließlich weißer, protestantischer oder wohlhabender Einwohner einschloss. Das Westend, die Elbchaussee und der Grunewald wurden bislang so wenig als Ghettos oder Parallelgesellschaften bezeichnet wie Georgetown in Washington, West Loop in Chicago, das sechzehnte Arrondissement in Paris oder Greenwich Village in New York. Das liegt an der Freiwilligkeit der Wohnortwahl und am fehlenden Stigma. Kein Ghetto nämlich ohne Stigma. In einem Ghetto zu leben, meint, lieber woanders wohnen zu wollen, das aber nicht zu dürfen. Das Ghetto entsteht zur Kontaktvermeidung, sei es aus religiösen Gründen wie im Fall der Judenghettos in europäischen Städten, sei es aus rassistischen Motiven wie im Fall der urbanen Schwarzensiedlungen der Vereinigten Staaten am Ende des 19. Jahrhunderts, etwa Bronzeville im Süden Chicagos. Es gab vergleichbare Restriktionen, die beispielsweise den Chinesen auferlegt wurden, die im Zuge der kalifornischen Goldfunde nach Nordamerika einwanderten und dort in ethnisch homogenen Arbeitslagern lebten, um sich nach dem Ende des Gold Rush in den wirtschaftlichen Krisen der späten 1870er Jahre erheblichen Anfeindungen der weißen Arbeiterschaft ausgesetzt zu sehen. Speziell auf Chinesen gerichtete Gesetze stoppten die Einwanderung und sogar die Rückkehr schon Eingewanderter nach Auslandsaufenthalten. Es kam zu Gewalttätigkeiten gegen Chinesen, die daraufhin von Kalifornien an die Ostküste wanderten und dort «Chinatowns» bildeten.[4]

Aber die Chinatowns, die Italienerviertel oder die Wohnquartiere der Kubaner in Miami sind trotz der Motive des Selbstschutzes, die zu ihrer Gründung führten, keine Ghettos, die auf einem strikten Ansiedlungszwang beruhen. Vielmehr handelt es sich um ökonomische Nischen im räumlichen Sinne, die einen eigenen ethnischen Arbeitsmarkt ausbilden und dabei spezifische Merkmale der Anwohner berücksichtigen; im Fall der Chinesen etwa die demographische Eigenheit, dass es überwiegend im Wäschereinigungsgewerbe arbeitende, allein lebende Männer waren (um 1900 in New York viertausend Männer und sechsunddreißig Frauen, im Jahr 1940 sechshundert Männer und einhundert Frauen), was die Voraussetzung für jene Teehäuser, Cafés und kleinen Restaurants bildete, die später auch von Touristen frequentiert wurden.[5] Viele dieser angeblichen Ghettos, die tatsächlich nur räumliche Verdichtungen ethnischer Netzwerke waren, verhinderten nicht den ökonomischen Aufstieg und die allmähliche Integration in die amerikanische Mehrheitsgesellschaft über den Zugang zu höherer Bildung und Karrieren der nächsten Generationen.

Ein anderer Unterschied zwischen Ghettos und den meisten ethnisch wahrgenommenen Quartieren betrifft ihre ethnische Binnenpluralität. In den nordamerikanischen Ghettos leben ganz überwiegend Afroamerikaner und Bürger lateinamerikanischer Herkunft. Mehr als 90 Prozent der Bewohner in der South Side Chicagos sind Schwarze – in der New Yorker Chinatown rund um die Canal Street stellen die Chinesen hingegen nicht einmal ein Fünftel der Bewohner, in den Banlieues am Rand französischer Großstädte finden sich unter den Einwohnern zwanzig bis sechzig verschiedene ethnische Herkünfte, in Berlin-Neukölln leben derzeit Bürger aus hundertsechzig Nationen, die Hälfte der Bewohner sind Deutsche ohne Migrationshintergrund, die andere Hälfte teilt sich in Deutsche mit Migrationshintergrund und Ausländer.

Hinzu kommt, dass die «institutional completeness» des Ghettos eine Reaktion auf die Ansiedlungszwänge ist, denen seine Bewohner unterliegen. Die «Black Metropolis» entsteht, weil die «weißen» Institutionen für die schwarzen Industriearbeiter und ihre Familien nicht geöffnet waren und weil es Aversionen gegenüber Kontakten gab. Zugleich setzt die Vollständigkeit einer Parallelwelt voraus, dass die Ghettos eine bestimmte Größe aufweisen, um insbesondere die Entwicklung einer eigenen Ökonomie, eigener Medien, eigener Bildungseinrichtungen und eines eigenen Vereinswesens zu ermöglichen. Die französischen Banlieues, die oft als neue Ghettos bezeichnet werden, ermangeln dieser Größe. La Courneuve hat 45 000 Einwohner, Aubervilliers 89 000, was gegenüber den 750 000 Bewohnern der South Side von Chicago oder den 1,5 Millionen Bewohnern der Bronx (ein Drittel Afroamerikaner, mehr als 50 Prozent sogenannte Hispanics/Latinos) viel geringere Chancen zur Ausbildung einer «Stadt in der Stadt» bietet.

Die Bezeichnung «Ghetto» geht weiterhin mit einer Diagnose extrem hoher, drastischer Armut einher. Die Arbeitslosenquote im Süden Chicagos liegt bei mehr als 80 Prozent, die Hälfte der Einwohner lebt unter der Armutsgrenze. Davon kann weder in den Banlieues noch in Berlin-Neukölln die Rede sein, obwohl auch dort die Arbeitslosigkeit der Migranten diejenige der Nichtmigranten deutlich übersteigt.

Entsprechend variieren die «Problemviertel» in den Städten sehr stark. Die Behauptung freilich, es gebe nur ein Ghetto, aber viele Banlieues,[6] ist falsch. Manche amerikanischen Ghettos haben eine sehr hohe, manche eine sehr geringe Populationsdichte, es gibt sie «von desolat bis überbevölkert».[7] Dasselbe gilt für die Behauptung, dass es in Ghettos an Organisationen mangele. Auch hier gibt es Viertel, die arm an Einkaufsmöglichkeiten, Ärzten, Kindergärten, Banken sind, und solche, in denen es mindestens so viele solcher Einrichtungen gibt wie in Quartieren, die nicht als Ghetto bezeichnet werden. Das Ausmaß der ethnischen Separation und das Ausmaß der ökonomischen Verelendung variieren zwar nicht völlig unabhängig voneinander, aber sie gehen auch nicht strikt miteinander einher. Nicht jedes Ghetto ist ein Slum, nicht jede Banlieue ist ein Ghetto ohne Außenkontakte der Bewohner.[8]

Für unsere Frage nach der Parallelgesellschaft ist nun interessant, dass diese eindeutig auf die Seite des verdichteten, organisationsreichen Quartiers fällt. An der türkischen angeblichen Parallelgesellschaft wird nicht beanstandet, dass sie zu wenige Einrichtungen aufweist, die für ein modernes Leben nötig sind, sondern dass sie alles auf Türkisch spiegelt, was zwei Kilometer entfernt auch auf Deutsch zu haben ist. Daraus, so die Behauptung, ergäben sich bestimmte Nachteile des sozialen Lebens, vor allem die erwähnte Konzentration sozialer Probleme und Bildungsrückstände.

Die räumliche Konzentration türkischer Migranten in Vierteln wie Kreuzberg und Neukölln war das Ergebnis einer desolaten Sanierungspolitik Berlins, das plante, Altbauten in diesen Vierteln blockweise abzureißen und die Quartiere neu zu bebauen. Dabei verkam Bausubstanz, die Sanierungsgebiete entleerten sich, aber die türkische Bevölkerung, die vermeintlich nur temporär in den zum Abriss bestimmten Wohnblöcken untergebracht war, nahm zu.

Gemessen an den älteren Vorbildern aus den Niederlanden ist die deutsch-türkische Gemeinschaft in Großstädten aber kein starkes Beispiel für die Herausbildung einer Parallelgesellschaft, trotz der Verschiedenheit der Sprachen. Von Familie, Religion und Teilen der Massenmedien abgesehen, verfügt sie diesseits von ethnisch homogenen Vierteln über keine eigenen, nur ihr selbst vorbehaltenen Einrichtungen in anderen Funktionssystemen. Es gibt Schwimmbäder, die nach Gesichtspunkten muslimischer Moral gestaltet sind, es gibt ein türkisches Vereinswesen, und es gibt den türkischen Groß- und Einzelhandel. Dazu kommen die türkischsprachigen Zeitungen und das Fernsehen. Aber weder Schulerziehung noch Politik noch die Berufe oder die Gerichte wurden komplett aus der restlichen Gesellschaft herausgezogen und dann neben der Mehrheitsgesellschaft in eigenen Organisationen dupliziert. Also muss man sich in diesen und vielleicht auch in anderen Bereichen auf Interaktion mit den zunächst wenig geliebten und wenig freundlichen Fremden aus der Mehrheitsgesellschaft einlassen.

Das soziale Leben in der Community findet nicht nur unter Landsleuten und Glaubensbrüdern statt, es reicht an allen möglichen Stellen in die säkularisierte Gesellschaft hinein und gerät dort unter die Disziplin anderer, nichtreligiöser Teilsysteme. Man kann also nicht als Deutschtürke wählen oder zur Schule gehen. Dafür fehlt es an einer entsprechenden Differenzierung des Angebots. Aber auch die Berufsrollen, in denen man sein Geld verdient, liegen häufig außerhalb der eigenen Community. Diese breite soziale Inklusion ist nur möglich, wenn beide, die Neulinge im Land und die Einheimischen, zur Neutralisierung ihrer partikularen Identifikationen bereit sind.

Wenn deutsche Muslime mit türkischen Wurzeln in Leistungsrollen auftreten, müssen sie darauf verzichten, ihre Landsleute und Glaubensgenossen zu bevorzugen. Nicht nur der eigene Glaube, sofern überhaupt ausgeprägt vorhanden, sondern auch die Loyalität mit der eigenen Familie müssen dann zeitweise suspendiert werden. In vielen Berufsrollen sind die Nahestehenden wie Fremde, nämlich keinesfalls besser als Fremde, zu behandeln. Diskriminierung ist oft nur nach Sachgesichtspunkten erlaubt, nicht nach Graden der sozialen Nähe. In der Dönerbude müssen die Türken warten, bis ihr Landsmann am Grill die Deutschen bedient hat, sofern diese in der Schlange vor ihnen stehen. In der Schule muss die fromme Lehrerin die unfromme Schülerin, deren Outfit sie anstößig finden mag, bei besserer Schulleistung auch besser benoten als die Mitschülerin mit dem Kopftuch, die neben ihr sitzt.

Die Inklusion der Migranten in die Leistungsrollen der

Funktionssysteme entrückt sie den partikularistischen Forderungen ihrer Community. Sie können als Händler, Wirte, Lehrerinnen, Polizistinnen nicht konsistent im Sinne ihrer Herkunftsgruppe agieren, ohne sich für jene anderen Rollenbereiche zu disqualifizieren. Das ist nicht nur eine Sache der Ausbildung für diese Berufe, nicht nur eine Frage der individuellen Bereitschaft zu universalistischem Handeln. Denn den eigentlichen Beitrag muss die Community selbst leisten. Er besteht darin, sich diese universalistische Behandlung durch die eigenen Leute gefallen zu lassen, ohne sie als Verrat, Treulosigkeit, Konspiration mit dem Gegner zu verbuchen und mit Ausschluss und sozialer Ächtung zu sanktionieren.

All das lässt sich gut an der Diskussion über türkischstämmige Polizisten erläutern. Nehmen wir den Fall, dass eine Kategorie von Migranten nicht nur Konzentrate von Kriminellen hervorbringt, sondern auch im Polizeidienst vertreten ist. Die Polizei hat es dann gleich zweimal mit ihnen zu tun: in der Bevölkerung, wo sie sich vielfach als Gegner der Polizei geben und von ihr so behandelt werden, und unter den Kollegen – und gerade die Differenz der Erfahrungen macht es schwierig, sie zu einem Pauschalurteil aufzusummieren. Das ist nicht so sehr eine psychologische Sperre als ein Kommunikationshindernis. Auf der Dienstfahrt ins Problemviertel kann man nicht pauschal gegen die dort dominierende Migrantenkategorie wettern, wenn eines ihrer Mitglieder den Wagen steuert. Ähnlich machen die Migranten zwei sehr verschiedene Erfahrungen mit den Polizisten: wenn sie von Berufs wegen auftauchen, etwa um Verdächten nachzugehen, und wenn sie beim Familienfest als Verwandte mit am Tisch sitzen, und auch hier erschwert die differenzierte

Erfahrung das einheitliche Urteil. Wer nach negativen Erfahrungen schlecht auf die Polizei zu sprechen ist, kann sie nicht unterschiedslos den Einheimischen zurechnen, ohne den Protest des eigenen Schwagers zu provozieren, der für sie arbeitet.

Es lohnt sich, diesen Integrationsbegriff von der Rekrutierungsmaxime der Diversität zu unterscheiden. Eine Grundlage dieser Maxime ist die sogenannte Kontakthypothese der Sozialpsychologen, wonach es Vorurteile und gegenseitige Aggressionen mindern kann, wenn Interaktionskontakte zwischen den Mitgliedern unterschiedlicher Gruppen bestehen. Das wird aber nicht im Sinne unserer These über querziehende Gegnerschaften und Loyalitäten verstanden, sondern eher so, als müssten alle Kooperationen unter füreinander mehr oder minder exotischen Personen nach Muster einer Begegnung zwischen dem Papst und dem Dalai Lama funktionieren, bei der jeder als lernfähiger Botschafter seiner religiösen, ethnischen oder sexuellen Bindungen auftritt. Eine Polizei, die diesem Verständnis von Diversität gerecht würde, müsste es dem türkischstämmigen Muslim erlauben, sich auch im Dienst nach Maßgabe seiner ethnischen und religiösen Spezialität zu verhalten, auch wenn das dazu führt, dass er im Publikumskontakt zugunsten von seinesgleichen diskriminiert. Statt die Identifikation mit Kulturen an den Außengrenzen der Organisation zu brechen, soll sie bis ins Publikum hinein verlängert und dadurch verstärkt werden.

Für den Polizeiforscher Rafael Behr ist der Migrant im Polizeidienst entweder Botschafter seiner eigenen Kultur oder jemand, der vor der Kultur seines Aufnahmelandes kapituliert hat.[9] Die Vorstellung, dass weder er selbst noch die Eingeborenen dieser Kultur als Agenten ihres jeweiligen Kollektivs gefragt sein könnten, dass die Organisation, die sie einstellt, vielmehr ihnen beiden die Abstraktion von solchen Loyalitäten zumutete, etwa um eine universalistische Rechtsdurchsetzung zu garantieren, ist dann nicht mehr zu fassen. Es fehlt die Unterscheidung zwischen der rollenspezifischen Kooperation von «kulturell» verschieden situierten Personen und einer interkulturellen Begegnung nach dem Modell ökumenischer Kirchentage.

Wie die sehr lesenswerten Forschungen ergeben, die Behr selbst durchgeführt hat, sind solche Kooperationen inzwischen auch im Alltag der deutschen Polizei angekommen, vor allem in den Großstädten, wo der Migrantenanteil unter den Polizisten höher als 10 Prozent liegen kann. Wie man ebenfalls von Behr lernen kann, fühlen türkischstämmige Polizisten sich von den einheimischen Kollegen ernst genommen und keineswegs diskriminiert. Und offenbar sind auch die Polizisten mit polnischen Eltern humorvoll genug, sich von gelegentlichen Polenwitzen nicht gleich verfolgt zu fühlen.

Für Behr beruht diese Zufriedenheit jedoch auf einer Illusion. Bei der Polizei zu arbeiten, mute den Migranten nämlich den Verzicht auf ihre Eigenheit zu, der durch keine entsprechenden Verzichte der Einheimischen kompensiert werde. Den Türkischstämmigen im Polizeidienst wird Behr zufolge abverlangt, dass sie deutsch dächten. Aber das beruht auf dem Fehlschluss, was immer man an deutschen Polizisten beobachte, sei eben damit ihrer nationalen Besonderheit zuzurechnen – und nicht etwa der gesellschaftlichen Funktion ihrer Behörde, die auch in anderen Nationen zu ganz ähnlichen Formen von Polizeiarbeit und zu ganz ähnlichen Einstellungen von Polizisten geführt hat.

Behr geht offenbar davon aus, dass die einheimischen Polizisten als deutsche Männer auftreten dürften und dass die Frauen und Nichtdeutschen sich dem anpassen müssten. Aber als Männer würden die Polizisten nur dann auftreten, wenn sie Hilferufe von Frauen, die sich von anderen Männern bedroht fühlen, aus lauter Männersolidarität konsequent ignorieren würden, wofür es keinen Hinweis gibt; und als Deutsche nur dann, wenn sie bei Angriffen von Deutschen auf Nichtdeutsche aus nationaler Gesinnung tatenlos zusehen würden, was aber gleichfalls nicht oder nur als abweichendes Verhalten vorkommt und in dieser Form jederzeit skandalisiert werden kann. Die Vorstellung, dass die Polizisten sich schlicht als Polizisten verhalten könnten, übersteigt den Horizont einer solchen ethnozentrischen Beschreibung.

In Wahrheit ist die Polizei eine in dieser Hinsicht ganz normale Arbeitsorganisation. Sie fordert keineswegs, dass ihre Mitglieder ihr ganz und gar angehören, sondern nimmt sie nur rollenspezifisch in Anspruch. Verzichten müssen die Mitglieder daher nicht auf andere Rollen, die sie vielmehr behalten dürfen, sondern nur darauf, sich im Falle eines Konflikts an diesen anderen Rollen statt an derjenigen des Polizisten zu orientieren. Ein Polizist soll die Bürger, mit denen er es zu tun bekommt, nach dem Gesetz behandeln, und nicht etwa danach, ob er mit ihnen die Familienherkunft oder den Migrationsstatus, den Glauben oder die politische Überzeugung teilt. Verlangt wird also die Bereitschaft, sich zu Nahestehenden so zu verhalten, als wären es Fremde. Tatsächlich sind die türkischstämmigen Personen, mit denen es ein türkischstämmiger Polizist bei seiner Arbeit zu tun bekommt, für ihn in der Regel Fremde. Die entgegengesetzte Unterstellung, alle Türken seien miteinander verwandt, entstammt dem Sprichwörterbuch der Vorurteile.

So sehen es, wiederum Behr zufolge, auch die türkischstämmigen Polizisten, wenn Kollegen ihre professionelle Loyalität einmal ironisch infrage stellen. Sie sagen dann etwa, dass sie sich auch bei Ermittlungen unter Türken und Deutschtürken als Polizisten fühlen und nicht etwa als Landsleute ihres Gegenübers, und das schließt die Bereitschaft ein, sich bei diesen Landsleuten unbeliebt zu machen, wenn Rechtslage oder Einsatzplanung es von ihnen verlangen.

Der Polizeiforscher sieht darin nicht einfach ein Stück gelungener Rollendifferenzierung, sondern eine unzureichende Würdigung der Andersheit des Anderen. Dabei sagt er nicht, welche Alternative ihm vorschwebt und ob es ihm besser gefallen würde, wenn Migranten von Polizisten, die mit ihnen die Herkunft teilen, anders behandelt werden als von den übrigen Polizisten, also etwa mit größerer Toleranz für Rechtsbrüche, die Geboten der gemeinsamen Kultur entsprechen, oder vielleicht auch mit besonderer Härte, weil solche Verstöße dem öffentlichen Ansehen dieser Kultur schaden könnten.

Manches spricht freilich dafür, dass Behr es so sieht. Für die Einsätze deutschtürkischer Polizisten unter ihren Landsleuten sollen ihm zufolge offenbar Sonderbedingungen gelten. Nach dem auf Türkisch geführten Gespräch mit einem gewalttätigen Ehemann habe der türkischstämmige Polizist seinem deutschen Kollegen berichtet, den Hilferuf der Gattin informell beschwichtigt zu haben, also ohne ihrem Vorwurf offiziell nachzugehen. Der Kollege habe ihn anschließend darüber belehrt, dergleichen sei, obwohl jahrzehntelang unangefochtene Praxis, neuerdings nicht mehr erlaubt.[10] Für Behr ist schon dieser Hinweis auf die Rechtslage ein Verstoß gegen den kulturellen Artenschutz: Der Polizist habe türkisch nur sprechen, nicht aber handeln dürfen. Aber was könnte das Türkische an einer Praxis sein, die bis vor kurzem auch in Deutschland erlaubt war?

Das Problem scheint zu sein, dass die Gesellschaft und die verschiedenen Gesellschaftsbereiche von vornherein als Kämpfe zwischen Großgruppen gesehen werden, die jeweils aus ganzen Personen bestehen. Wenn diese Interpretation zutrifft, dann muss man die Bemühung um Diversität als einen Anlauf zur Retribalisierung deuten: Der einzige rationale Grund für die Weigerung, Angehörige einer religiösen Minderheit zum Polizeidienst zuzulassen, nämlich die Sorge davor, dass sie sich gegenüber ihren Glaubensbrüdern im Zweifelsfalle als Glaubensbrüder und nicht als Gesetzeshüter verhalten, wird so verstanden, als könnte er das Ziel jener Zulassung sein.

Sieht man etwas genauer hin, dann bleibt von der beklagten Asymmetrie der Zumutungen wenig übrig. Denn auch von einheimischen Polizisten wird ja verlangt, dass sie von Eigenem absehen und gegen Nahestehende einschreiten – etwa wenn es gilt, eine Demonstration aufzulösen, mit deren Zielen sie sympathisieren, oder ein Gesetz durchzusetzen, das sie für verfehlt halten und dessen Abschaffung sie politisch befürworten. Die Probleme, die auftauchen, wenn Väter gegen Söhne oder Söhne gegen Väter ermitteln oder der Kommissar sich in eine Zeugin verliebt, sind Stoff für unzählige Kinofilme. Der Sachverhalt wäre freilich falsch beschrieben, und zwar hier ebenso wie im Falle der Migranten, wenn man ihn nach dem Modell einer Amputation fasste. Denn nicht die Preisgabe der externen Loyalitäten wird gefordert, sondern nur die Fähigkeit, von ihnen zu abstrahieren.

Sollte die Polizei also nicht nach Eignung, sondern nach Proporzgesichtspunkten besetzt werden, damit sie offene Probleme der interkulturellen Kommunikation bearbeiten kann, an deren Lösung sie zu einer verständnisvolleren Einstellung gegenüber den exotischen Teilen ihres Publikums heranreifen würde? Dieser Vorschlag wird von dem Verdacht begleitet, die bisherige Praxis, Migranten einzustellen, weil sie sich für den Polizeidienst eignen, sei verfehlt, weil sie von den Fremden nur die Anpassungsbereiten einbezieht, diese Verräter an den Eigenheiten ihrer eigenen Gruppe, und den Polizisten selbst jedes eigene Lernen erspart. Stattdessen müsse man auf anteilige Präsenz aller nur irgend denkbaren Kategorien achten.

Auch die bevorzugte Aufnahme von Personen ohne Schulabschluss oder ohne Sprachkenntnisse wäre nach dieser Logik zu wünschen, etwa dem Motto: Je weniger die Leute hineinpassen, umso besser, weil umso größer der Kulturschock und damit auch der zu erwartende Lernerfolg. Der Homosexuelle soll also nicht darum eingestellt werden, weil er ein guter Polizist ist, sondern damit er als leicht (aber woran denn eigentlich?) erkennbarer Repräsentant seiner sexuellen Orientierung die anderen Polizisten von ihrer doch sicherlich vorhandenen Homophobie erlöse. Und der Neue im Team, der auf Geheiß des Diversitätsbeauftragten eingestellt wurde, weil er kein Deutsch kann, wird seine Kollegen nur vorübergehend zur Verzweiflung und danach dann in eigene Sprachkurse treiben, in denen sie seine Muttersprache erlernen.

Auch abgesehen von der Frage, für wie plausibel man solche gefälligen Szenen hält, bestehen offenbar Schwierigkeiten, sich vorzustellen, dass die Angehörigen der Minderheiten auch noch etwas anderes sein könnten als die damit jeweils bezeichnete Rolle. Wenn der Glaube oder die sexuelle Orientierung einer Person im Polizeidienst mitunter zurücktreten, dann nur deshalb, weil der kulturelle Autismus der

Polizei ihnen den Ausdruck verwehrt, und nicht etwa deshalb, weil das Beten oder der Geschlechtsverkehr, die Predigt oder die erotische Werbung zur Rechtsdurchsetzung nichts beitragen können. Nicht die funktionale Spezifikation der Polizeiarbeit, sondern nur die ethnozentrische Borniertheit der Polizisten ist schuld daran, dass die «Neugier auf das Fremde» sich in ihren Reihen nicht recht entfalten kann. Ohne solche künstlichen Beschränkungen würden die verleugneten Identitäten, und mit ihnen die verhimmelte Vielfalt, sogleich hervortreten. Der Muslim ist danach immer fromm, auch bei der Einsatzplanung – aber essenzialistisch denken die anderen!

Die Vorstellung kompakter Kulturen, die einander gegenüberstehen, und zwar mit der Asymmetrie, dass die Einheimischen die Migranten als Fremde bezeichnen und ihnen Anpassungen abverlangen, während das Umgekehrte ausgeschlossen ist, kann soziologisch nicht unterstützt werden. Wenn es gut geht, dann entstehen vielmehr Situationen, in denen die Fremden dieser oder jener Herkunft nicht mehr einfach als solche zählen und in denen auch die Einheimischen ihnen nicht einfach als Deutsche oder als Europäer gegenübertreten. Schon heute wäre es falsch zu sagen, jemand werde als Deutscher oder als Enkel von Türken bei der Polizei eingestellt, denn keinem Polizisten ist es erlaubt, Deutsche beziehungsweise Türken besser zu behandeln als andere in gleicher Rechtslage, nur weil es sich um die eigenen Landsleute handelt, oder schlechter, nur weil dies nicht der Fall ist. Wer im Dienst ist, hat also unterhalb der Schwelle des Fehlverhaltens gar keine Gelegenheit, sich nach Maßgabe solcher ethnischen Identifikationen zu verhalten und zu bewähren, sie treten hinter den Motiven seines Verhaltens zurück. Schon deshalb kommt es nicht zu jenem vertieften

Interesse an den kulturellen Bindungen des je anderen, das Behr nur an den Einheimischen vermisst, während es auch auf der anderen Seite fehlt, und für dessen Abwesenheit er keine Erklärung anbieten kann.

Die Kompaktheit der Parallelgesellschaft ist auch von innen nicht immer gegeben. Tuba Sarica, eine junge Deutschtürkin, Enkelin eines türkischen Gastarbeiters und aus einem bis zum frühen Tod des Vaters liberalen Elternhaus, berichtet am Beispiel ihrer Heimatstadt Gummersbach über das, was sie deutsch-türkische Community nennt und als eine Art von Parallelwelt beschreibt.[11] Zusammengehalten wird die Community von der Ablehnung der westlichen Kultur. Diesseits von Schule, Arbeitsplatz oder Fußballfeld isoliert sie sich mehr oder minder durch dementsprechende Kontaktverbote. Freunde und Ehepartner sind nur unter muslimischen Türken auszusuchen, ein Nachtleben findet nicht statt, es gelten traditionelle Vorstellungen über Themen wie Kindererziehung, Sexualität, weibliche Unterordnung. Durchgesetzt werden sie von frommen und älteren Männern, die nicht nur vor Verwandten, sondern auch vor ihnen fremden Frauen jederzeit als religiöse Erzieher auftreten können.

Der interessanteste Punkt hierbei ist: Von jedem noch so rigiden Verbot gibt es geduldete Ausnahmen, die vorwurfsfrei in Anspruch nehmen kann, wer eine rollenspezifische Veranlassung im Zusammenhang mit Schule, Ausbildung, Beruf vorzeigen kann. Wenn also der Text nicht lautet «Ich will», sondern «Es wird verlangt», übertrumpft die Bejahung des Aufstiegswillens die Verneinung des Individualismus. Es gibt mithin säkulare Pflichten, die im Konflikt mit religiösen Verboten in der Community den Vorrang erhalten. Das wird in der Bundesrepublik der siebziger Jahre nicht viel anders gewesen sein, nur dass religiöse Begründungen für moralischen Rigorismus gegenüber Mädchen damals oft schon verblasst gewesen sein dürften. Die Brücke über die Spaltung hinweg bildet dementsprechend der Pfad, den die Mehrheitsgesellschaft für Karrieren vorsieht.

Das Beispiel, das Sarica für diesen Vorrang der Anpassung an die Gesellschaft gegenüber der Anpassung an die Familie gibt: Wenn das Studium oder die Ausbildung es vorübergehend nötig machen, dann darf sogar die Tochter in der zweihundert Kilometer entfernten Großstadt allein wohnen. Wenn sie hingegen ohne eine solche Legitimation und einfach aus freien Stücken auszuziehen wünscht, um ohne soziale Kontrollen für sich zu sein, dann wird sie als Verräterin, als «eingedeutscht» oder unfreundlich beschrieben.

Es gibt also keinen institutionalisierten Individualismus, der im Zweifel dem Mädchen das Recht zuschreibt, sein Leben als junge Erwachsene selbst zu bestimmen. Im Gegenteil pocht die Parallelgesellschaft bei Fragen des Kopftuchs, des Schwimmunterrichts, der Klassenfahrten auf das Recht zu eigenen Festlegungen. So wird das Kopftuch zum Freiheitssymbol und zum Beleg eines Identitätsgewinns umgedeutet. Aber es gibt dennoch einen ausgiebigen Gebrauch der Möglichkeit, sich hinter den Institutionen der säkularen Gesellschaft zu verstecken und ein Verhalten, das schwierig, religiös unerwünscht, moralisch zweifelhaft ist, so zu verstehen, dass man es als unpersönliches Verhalten eigentlich nur diesen Institutionen und nicht der jeweiligen Person zurechnen kann. Man lebt eben unter zumutungsreichen Umständen.

Vielleicht kann man sogar sagen, dass der auch sonst geltende Vorrang von Beruf und Staatsbürgerschaft vor den Familienrollen geteilt wird. Hier jedenfalls liegt die Konfliktzone, in der im Einzelfall ganz unterschiedliche Verhandlungsergebnisse erzielt werden, die dramatisch illiberalen mit eingeschlossen. Es gibt, drastisch formuliert, den Ehrenmord und die zugelassene Karriere. Um säkulares Verhalten nicht als Sünde werten zu müssen, wird es dort, wo es in seinen für Religion und Familie anstößigen Aspekten auffällt, im günstigen Fall der «deutschen Gesellschaft» zugerechnet und als Handeln mit institutioneller Vorzeichnung verstanden, für das die Handelnden nicht persönlich verantwortlich sind. Erst wenn diese Ausrede externen Zwangs entfällt, also etwa bei freiwilliger Loslösung von Familie und religiöser Gemeinschaft, ist das abweichende Handeln nicht mehr Pflicht – und eben darum Sünde.

Diese Beschreibung der Situation soll die erheblichen Zwänge, die sie ausübt, nicht beschönigen. Tuba Sarica sieht darin allerdings nur eine Fiktion wirklicher Integration, ohne zu bedenken, was für ein Fortschritt allein schon in dieser Anpassungsbereitschaft und in dieser Anpassungstechnik liegt. Sie moniert, dass die unauffällige Beteiligung am Alltagsleben der Mehrheitsgesellschaft keinen dazu passenden Einstellungswandel hervorruft, weil sich die Ablehnung dieser Gesellschaft gemeinschaftsintern von selbst verstehe. Das aber als Heuchelei zu bewerten, geht fehl, weil der Zusammenhang zwischen der Zurechnung des paradoxen Zwangs zur Liberalität auf die Mehrheitsgesellschaft mit der Ungebundenheit der eigenen Selbstdarstellung nicht durchschaut wird. Freiheit wird nicht immer direkt unter Ausrufen von Freiheitsparolen erkämpft, sie kann auch über Hintertüren erlangt werden. Das klingt wenig heroisch, hat dafür aber die historische Empirie der Freiheitsgewinne auf seiner Seite. Man kann darum Integration als verfassungspatriotische Gesinnung erwarten und den Migranten gelebte Zustimmung zu den Idealen der Französischen Revolution abverlangen, so wie es oft auch die Massenmedien und die Politik tun. Aber an wie vielen Deutschen ohne besondere Affinität zum Islam würde man diese Gesinnung nicht gleichfalls erfolglos suchen? Und wie schlimm soll man es finden, dass sie fehlt?

Wir brechen an dieser Stelle die Betrachtung der angeblichen türkischen Parallelgesellschaft ab, um auf einen merkwürdigen Umstand zu sprechen zu kommen: dass genau in den Berliner Vierteln, die heute als parallelgesellschaftlich beschrieben werden, schon einmal, vor fünfzig Jahren, eine ganz andere Art von Parallelgesellschaft existierte. Es war die sogenannte alternative Szene, die sich im Gefolge der Studentenproteste von 1968 entwickelte. Auch sie hatte eine eigene Infrastruktur an Einzelhandel (etwa Bioläden, Fahrradmanufakturen, Weinimporteure und Buchhandlungen), Kindergärten, Alternativmediziner und Anwälte, die auf die Konflikte der Protestbewegung spezialisiert waren. Sie hatte im engeren Sinne nur keine Religion und keine fremde Herkunft. Es gab alternative Kulturzentren und Zeitschriften, alternative Kinos und Theater, eine eigene Tageszeitung mit einem alternativen Inseratenwesen, eine alternative politische Partei und ein alternatives, teilweise hausbesetzendes Wohnen. Sven Reichardts eindrucksvolle Geschichte des alternativen Lebens setzt mit einem zeitgenössischen Bericht ein, in dem von Insassen dieser Parallelgesellschaft die Rede ist, die stolz bekunden, seit zweieinhalb Jahren kein Wort «mit einem von denen, die draußen sind, gewechselt zu haben».[12]

Hier war der Bruch mit und die Abspaltung von der Mehrheitsgesellschaft also Programm. Das Bedürfnis war, so weit wie möglich außerhalb ihrer Normen und Institutionen zu leben. Dem folgte das Bestreben, eigene, verbesserte, aber doch funktionsgleiche Institutionen aufzubauen. Natürlich gab es keine alternativen Spielbanken oder Schützenvereine, aber alternative Banken und Fußballvereine wurden doch gegründet. Was das Familienleben anging, wurden anstrengende Versuche durchgeführt, sich nicht in den Bahnen des Üblichen zu bewegen, und es gibt eine ganze Literatur, die von den entsprechenden Folgen, Erfolgen und Misserfolgen berichtet. An den politischen Rändern gab es Sympathien für Gewalttaten, die aber angesichts der Absurdität des alternativen Radikalismus schnell zurückgingen.

Führte das alles zu einer Spaltung der Gesellschaft? Nein. Die alternative Szene war aufgrund von zwei Faktoren eng mit der nichtalternativen verbunden. Der eine war die Universität. Die Mitglieder der Szene waren zumeist Akademiker, das Konzept des parallelen Lebens kam aus Seminaren. Das angeblich befreiungsbedürftige Proletariat kam hier nicht mit, hatte andere Sorgen und vor allem andere, mehr sozialdemokratische, aus Sicht der Alternativen «spießige» Lösungen für die Probleme der Ungerechtigkeit in der modernen Gesellschaft im Blick. Die einen forderten den Ausstieg aus konventionellen Verhaltensweisen, die anderen mehr Lohn. Das war ein Aspekt, der auch die Protestierer betraf. Die Verwiesenheit auf Karrieren, die nur durch Hochschulzertifikate erlangt werden konnten, führte die meisten Protagonisten der Parallelgesellschaft wieder dem Mainstream zu. Es ist nicht leicht, dauerhaft dagegen zu sein.

Der andere Faktor, der die Spaltung bald wieder schloss, war das Alter der Beteiligten. Man kann nicht dauerhaft aus der Position der Jugend heraus protestieren, denn man ist nicht dauerhaft jung. So wurden aus den Besetzern von Häusern bald die Besitzer oder die Architekten von Häusern.

Der Einzelhandel der Bio- und Fahrrad- und Weinläden fand in den Beziehern mittlerer und höherer Einkommen seine Kundschaft. Alle wurden älter, viele wohlhabender, und irgendwann legten auch die Besitzer von alternativen Gaststätten Tischdecken auf. Die vielbeklagte «Gentrifizierung» und das Erwachsenwerden der 1968er und nachfolgender Jahrgänge waren oft dasselbe. Der hohe Anteil an Akademikern setzte sich in einen hohen Anteil an Beziehern überdurchschnittlicher Einkommen um. Der Begriff «Toskana-Fraktion» kam auf. Der Elan der Spaltung erwies sich als Impuls, der vom jugendlichen Dasein abhängig war, aber «Forever young» ist nur ein Lied, keine durchhaltbare Einstellung. Eine ähnliche Entwicklung des Älterwerdens durchlief die Partei der Grünen. Der behauptete Marsch durch die Institutionen hat nicht nur die Institutionen verändert, sondern auch die protestierenden Personen. Man mag solche Abnutzungseffekte in Biographien bedauern, eine Tatsache bleiben sie; der europäische Bildungsroman von Goethes «Wilhelm Meister» bis zur «Erziehung des Herzens» von Flaubert hat früh davon erzählt.

14

NORDIRLAND – EINE SPALTUNGSGESCHICHTE

Everybody knows the war is over
Everybody knows the good guys lost
Leonard Cohen / Bernadette Devlin

Was ist eine gespaltene Gesellschaft? Ein Mann wird auf der Straße in Belfast angehalten und gefragt, ob er ein Protestant oder ein Katholik sei. Als er antwortet, er sei ein Jude, wird die Frage wiederholt: «Okay, aber bist du nun ein katholischer oder ein protestantischer Jude?»[1] Das trifft einen wichtigen Punkt der gesellschaftlichen Spaltung, die Nordirland seit seiner Gründung 1921 bis zum heutigen Tag erlebt: Religion spielt für sie eine Rolle, aber nicht, weil es im Bürgerkrieg, der von 1969 bis 1998 stattfand, um religiöse Differenzen gegangen wäre. Religion war nicht der Grund der Spaltung, es wurden – trotz der Plakate «Through Christ to Glory/Through Rome to Purgatory!» – im 20. Jahrhundert keine theologischen Konflikte ausgetragen. Konfession und historisches Gedächtnis statteten vielmehr politische, ökonomische und kulturelle Ansprüche mit einem absoluten Charakter und hoher Radikalisierungsbereitschaft aus. Es kämpft sich anders, wenn man behaupten kann, auf der Seites eines Gottes und mit dem Segen seiner Priester zu kämpfen, und wenn man überdies die Geschichte auf seiner Seite weiß.[2]

In Belfast gibt es noch heute, mehr als zwanzig Jahre nach dem Ende des Bürgerkriegs, Mauern und Drahtzäune zwischen protestantischen und katholischen Vierteln. Sie werden «Friedenslinien» genannt, sind knapp sechs, manchmal auch acht Meter hoch; es gibt beinahe einhundert davon, mit einer Gesamtlänge von mehr als dreißig Kilometern.[3] Zum Vergleich: Die Berliner Mauer war 156 Kilometer lang, Berlin hat mehr als zehnmal so viele Einwohner wie Belfast. Die Mauern und Zäune gibt es seit 1969. Die räumliche Segregation war schon damals erheblich. Zwei Drittel aller Straßen hatten mehr als 90 Prozent katholische oder protestantische Bewohner. Durch den aufkommenden Bürgerkrieg und die Flucht aus Stadtvierteln stieg diese Konzentration noch. Nach dem Friedensabkommen von 1998 wurde die Zahl der «Peace Lines» noch erhöht, inzwischen existiert ein Regierungsbeschluss, sie bis 2023 abzuräumen.

Nordirland ist noch immer eine stark segregierte Gesellschaft. Mehr als 90 Prozent aller Schüler werden in konfessionellen Schulen erzogen und begegnen bis zum Erwachsenenalter nur zufällig einem Kind oder Jugendlichen anderer Konfession. Der Anteil gemischtkonfessioneller Ehen lag 1994 bei rund 6 Prozent, heute soll er etwa 10 Prozent betragen; in Deutschland bewegt sich die Zahl bei einem Drittel aller Ehen. Auch die Beschäftigung folgt vielfach den konfessionellen Linien. Dreizehn Jahre nach dem Friedensabkommen gehörten in 40 Prozent aller Betriebe sieben von zehn Beschäftigten einer einzigen Konfession an. Nur 3,6 Prozent aller Protestanten arbeiteten in katholisch dominierten Firmen, 14,3 Prozent aller Katholiken in protestantisch geprägten.[4]

Drei Jahrzehnte lang dauerte der nordirische Bürgerkrieg. Es gab 3500 Tote, davon die Hälfte Zivilisten. Die Gewalt der Spaltung äußerte sich aber nicht nur nach außen, sondern auch nach innen. Zwischen 1965 und 1997 gab es in Nordirland fast 4000 Selbstmorde. Seitdem hat sich die Rate, anders als in England, Schottland und der Republik Irland, nahezu verdoppelt; zwischen 1998 und 2014 gab es 3700 Suizide.[5] Das ist äußerst viel für ein Land, das nur 1,8 Millionen Einwohner hat. Der Krieg ist beendet, aber man spricht von einem «negativen Frieden», weil die Gesellschaft keinen Frieden mit sich selbst gemacht hat.

Soll heißen: Die Kriegsparteien existieren noch, sie tragen nur meistens keine Waffen mehr. Das gegenseitige Misstrauen existiert weiter. Gewalttätige Auseinandersetzungen flammen regelmäßig wieder auf, zumal im Umkreis konfessioneller Paraden an historischen Gedenktagen. Der Unwille, mit den anderen etwas zu tun zu haben, hat sich erhalten, ebenso wie die bitteren Erinnerungen: Niemand bringt die erschossenen Minderjährigen wieder, die anderen Toten auch nicht. Das prekäre Gleichgewicht kann schon deshalb leicht gefährdet werden, weil beide Seiten, die das Friedensabkommen unterzeichnet haben, es sogleich ganz unterschiedlich deuteten.[6] Verstoßen Politiker der katholischen Partei Sinn Féin bei einem Begräbnis eines früheren IRA-Mitglieds gegen die Coronaregeln, ohne dafür bestraft zu werden, kommt es schnell zu gewaltsamem Aufruhr. Hierin ist die Besorgnis über den labilen Frieden begründet: dass niemand sicher ist, ob nicht ein kleiner Anlass alle Aggressionen wieder entbinden könnte. In gespaltenen Gesellschaften sucht sich das Bedürfnis, die Spaltungslinie zu unterstreichen und der anderen Seite zu schaden, seine Begründungen, und oft ist es dabei nicht wählerisch. Hinzu kommen die größeren Anlässe zu Dissens wie die Festlegungen des Brexit-Abkommens mit der Europäischen Union.

Nordirland hat mehrheitlich gegen den Brexit gestimmt; eine Schließung seiner Grenze zur Republik Irland wäre nicht nur von ökonomischem Nachteil, sondern würde die alte Wunde wieder öffnen.

Tatsächliche Spaltungen wie die in Nordirland sind oft durch einen sich verbreitenden Fanatismus gekennzeichnet. An ihm fällt die Bereitschaft zu starken Generalisierungen auf. Es wird ein abstrakter Bezugsgesichtspunkt gewählt – die nordirische Unabhängigkeit oder der Verbleib im Königreich –, der von konkreten Beziehungen unabhängig macht. Denn er erlaubt es nicht nur, Dinge und Partner durch andere zu ersetzen, sondern bringt auch eine Art von Fetischismus mit sich, der sich mit konkreten Dingen identifiziert: diese Fahne, diese Parade, diese Straßenzüge, dieser Tote, dieses Jahr 1690.[7] Die Generalisierung liegt im zweiten Fall darin, dass man gleichgültig in der Frage wird, was man um der Identifikation willen zu tun oder zu leiden hat. Sie liegt in der Erweiterung der aktiven wie der passiven Opferbereitschaft. Das macht den Fanatismus politisch attraktiv. Eine politische Gruppierung, der es gelingt, ihn sich zunutze zu machen, wird in ihren Programmen von den Interessen ihrer Unterstützer relativ unabhängig. Sie kann ihnen erhebliche Nachteile in anderen Bereichen abfordern, kann im äußersten Fall sogar Kriege anzetteln oder wirtschaftliche Katastrophen zumuten. Das sind wichtige Vorteile gegenüber einem Gegner, der damit rechnen muss, dass seine Anhänger ihn substituieren könnten, und der sich darum auf eine Politik der Erfüllung von wirklichen oder vermeintlichen Wählerwünschen spezialisiert. Schon der Nationalismus – «Right or wrong, my country!» – wurde nach diesem Muster aufgezogen, und auch die Nachfolgefetischismen auf ethnischer und religiöser Grundlage, die ihn mittlerweile abgelöst haben, verdanken ihre politische Attraktivität einer durch sie erwirkten Generalisierung der Folgebereitschaft. Die Unterstützung für politische Fanatiker kann darum nicht mehr nur aus Interessenlagen, sozialer Benachteiligung oder typischer Unterschichterfahrung erklärt werden.

In einer Gesellschaft, die auf Rollen, nicht auf Personen beruht, sind persönliche Identifikationen mit wirklichen oder vermeintlichen Gruppen dazu verurteilt, abstrakt zu bleiben. Man kann nicht sein ganzes soziales Leben als Deutscher, als Parteimitglied, als frommer Muslim oder als Anhänger der linksalternativen Szene führen. Bei aller ethnischen, religiösen oder ideologischen Fremdenfeindlichkeit – die Kommunikation mit den jeweils Abzulehnenden ist nicht zu vermeiden. Allerdings kann sie, vor allem in überschaubaren Verhältnissen, feindselig eingefärbt bleiben, und dazu trägt bei, wenn über Familien und kommunale Gemeinschaften das Netzwerk der Personen, die die Feindseligkeit bestätigen, stark erweitert wird. Wenn in jeder Familie ein Opfer oder ein Täter im Bürgerkrieg benannt werden kann und überall Benachteiligungen durch die Taten der anderen Seite namhaft sind, und wenn diese Benachteiligungen seit langem schon an einem einzigen Rollenmerkmal wie beispielsweise dem der Konfession zu hängen scheinen, konkretisiert sich die Identifikation mit der Gruppe. Die vergangenen Opfer – die eine Million Toten der irischen Hungersnot von 1845 bis 1849 etwa, die von England kaltschnäuzig und als sozialer Auslesevorgang in Kauf genommen wurde – werden zum Motiv der Gesänge und belegen die Geschichte der Diskriminierung. Man kann nicht sein ganzes Leben ausschließlich als irischer Katholik führen. Wird man jedoch über lange Zeiträume so behandelt, als sei man vor allem das und damit ein niederes Wesen ohne

Anspruch auf gleiche Rechte, festigt das die Vorstellung, man sei zunächst und zumeist irischer Katholik.

Der eine Bürgerkrieg entstand so aus einem anderen Bürgerkrieg. Jahrhundertelang stritt man in Irland um die Unabhängigkeit vom englischen Königreich. Nach einem erfolglosen Aufstand und einem Partisanenkrieg am Beginn des 20. Jahrhunderts wurde 1921 der Irische Freistaat gegründet, bestehend aus Südirland und Nordirland. Letzteres trat aber diesem neuen Gebilde gar nicht bei und verblieb im Königreich. Aus Südirland wurde das heutige Irland, das 1949 aus dem Commonwealth austrat. In Nordirland erhielt sich der Konflikt um die Frage der Loyalität zu England. Er verlief entlang konfessioneller Linien: katholische Irlandfreunde, protestantische Englandfreunde. Damit verbunden waren unterschiedliche soziale Positionen: Die Katholiken waren eher arm und bäuerlich, unter den Protestanten fand sich mehr Wohlstand und Industrie. Manche protestantische Familien waren schon im 17. Jahrhundert aus England und Schottland eingewandert und wurden nicht ohne Grund als Kolonisatoren wahrgenommen. Katholiken wurde sukzessive das Land weggenommen – 60 Prozent katholischer Landbesitz 1641, 5 Prozent um das Jahr 1750 –, der Waffenbesitz verboten, die Einnahme eines öffentlichen Amtes verwehrt, das Wahlrecht nicht zugestanden. Selbst der Besitz eines Pferdes, das mehr als fünf Pfund wert war, wurde ihnen strafgesetzlich untersagt.[8] Englische Religionsgesetze, die öffentliche Ämter lange allen verwehrten, die nicht der anglikanischen Church of Ireland angehörten, diskriminierten damit auch Presbyterianer, die heute die Hälfte aller nordirischen Protestanten stellen.

Die Protestanten sprachen Englisch, die Katholiken überwiegend Irisch. Die Protestanten waren Leinenhändler, die Katholiken Leinenweber. So gut wie alle Polizisten waren Protestanten. Die Protestanten setzten ein Wahlrecht durch, das an Wohnbesitz geknüpft war, was dazu führte, dass Nordirland von 1921 bis 1972 bei ungefähr gleicher Verteilung der Bevölkerung auf die beiden Konfessionen durchgehend von einer einzigen Partei regiert wurde. Alle Minister dieser Periode bis auf drei waren Mitglieder des «Orange Order», des Oranierordens, der die protestantischen Überlegenheitsgefühle pflegt und aus dem paramilitärische Verbände hervorgingen, die sich auch im Bürgerkrieg engagierten. Hier entwickelte sich der Protestantismus aus einer religiösen Konfession zu einem Verwandtschaftsverband, der nicht durch politische und ökonomische Interessen zusammengehalten wurde, sondern durch eine Mischung aus Blut, Geschichte und Gottgefälligkeit. Auf der anderen, der katholischen Seite gründeten sich ebensolche Vereine in paramilitärischer Absicht.[9]

Der Bürgerkrieg im engeren Sinne begann am 5. Oktober 1968 in Londonderry, das für die Katholiken «Derry» heißt, der mit 90 000 Einwohnern zweitgrößten Stadt Nordirlands, das die Katholiken «The North» oder «the six counties» nennen, um so die Einheit mit den sechsundzwanzig Grafschaften des Südens zu betonen. Bis dahin gab es viel politische Erregung und ein korruptes Parlament, das seine hauptsächliche Aufgabe darin sah, die Katholiken unten zu halten, jedoch keinen systematischen gewalttätigen Kampf. Vor allem aber gab es nach wie vor alle denkbare Herablassung: «Wenn Sie römische Katholiken mit gebührender Berücksichtigung und Freundlichkeit behandeln», meinte Nordirlands damaliger Premierminister Terence O'Neill, «werden sie trotz der autoritären Natur ihrer Kirche wie Protestanten leben.»[10] Diese Haltung erniedrigte die Katholiken; den Presbyterianern unter ihrem Hassprediger Ian Paisley hingegen erschien sie als eine unerträgliche Nachgiebigkeit gegenüber der anderen Seite.

Für jenen 5. Oktober hatten Katholiken einen Protestmarsch gegen die unfaire Wohnungspolitik der lokalen Autoritäten angemeldet, der ausgerechnet durch eine Hochburg der Protestanten führen sollte. Im Vorfeld jeder Spaltung wird mit solchen gezielten Angriffen auf die Fetische der anderen Seite operiert. Eine protestantische Jugendorganisation beantragte sofort eine Gegendemonstration, die am selben Tag durch dieselben Straßen führen sollte. Beide Aufmärsche wurden nicht genehmigt, der katholische aber fand statt. Die aufgebotene Polizei stoppte ihn, es kam zu Auseinandersetzungen im Arbeiterviertel Bogside, die blutig außer Kontrolle gerieten. Weitere Protestmärsche mit der Absicht zum Kampf schlossen sich an und endeten im Steinewerfen, mit dem Einsatz von Molotow-Cocktails und anderen Sprengstoffen. Daraufhin traten die schon länger existierenden paramilitärischen Gruppen hervor. Die protestantische Ulster Defence Association stand dabei in engem Austausch mit der offiziellen Polizei und ihren Spezialeinheiten. Der Straßenkampf entwickelte sich zum Bürgerkrieg, die Gangs wurden zu militärischen Einheiten aufgerundet. Die katholische IRA, die sich bis dahin vor allem mit der marxistischen Transformation der Irischen Republik und einem ökumenischen Kampf der Proletarier ganz Irlands gegen den Kapitalismus beschäftigt hatte, verwandelte sich in eine Terrororganisation. Die Tötung britischer Soldaten, Sprengstoffanschläge auf Pubs und Geschäfte sowie jeder Mord an protestantischen Funktionsträgern wurden – insbesondere nach dem ebenfalls in Bogside verübten Massaker an unbewaffneten Demonstranten durch britische Soldaten im Jahr 1972[11] – als legitim behandelt. Eine

Heldenmythologie des Unabhängigkeitskampfes verbreitete sich, auch wenn gar keine Chance bestand, das britische Militär aus Nordirland zu vertreiben.

«Tommy sagt heute, dass er gar nicht politisch motiviert war, er sei nur zornig gewesen.»[12] Der in den Kampf gegen die Katholiken hineinsozialisierte Jugendliche, der das zu Protokoll gibt, ist ein gutes Beispiel dafür, welche Ressourcen der Versuch anzapft, gesellschaftliche Spaltung zu betreiben. Tommys Onkel war erschossen worden, seine Familie ängstigte sich. Man zog um, weil man im eigenen Viertel zur Minderheit wurde. Zum ungeordneten Zustand der Pubertät kam die Möglichkeit hinzu, in den urbanen Kampfsituationen Halt und einen Zugang zum Erwachsenendasein zu finden: Gewalt als Einstieg ins Berufsleben. Der Kampf in einer Straßengang unterschied sich von dem in einer paramilitärischen Organisation vor allem durch die höhere Professionalität der Letzteren. Es braucht dann keinen stark ausgearbeiteten ideologischen oder religiösen Hintergrund; die Anforderungen der terroristischen Tätigkeit, ihre aufregende Praxis sowie die Verbitterung, die mit ihr einhergeht, weil man ständig in Gefangenschaft gerät, Schlachten verliert und Opfer zählt – sie genügen, um die Beteiligten in einen fortdauernden Kampf hineinzuziehen.

Nordirland zerfiel in diesem Kampf allerdings nicht. Auf die Frage, weshalb nicht, antwortet der Journalist Malachi O'Doherty, die paramilitärischen Organisationen hätten auf beiden Seiten nur begrenzte Unterstützung durch die Bevölkerung erhalten. Man bot den Randalierern und Terroristen Schutz, sofern es sich um Nachbarn oder Verwandte handelte. Die meisten Bürger aber waren nicht bereit, ihren kompletten Bezug zur Wirklichkeit dem Bürgerkrieg unterzuordnen und gewissermaßen pauschal in einen Kampfverband einzutreten. Das britische Militär lernte allmählich und nicht ohne Rückfälle aus seinen katastrophalen Fehlern. Der Staat stürzte schon deshalb nicht ein, weil er ein sehr viel größeres Territorium umfasste als das Bürgerkriegsgebiet, und die Spaltung teilte nicht alle gesellschaftlichen Bereiche, beispielsweise nicht das Gesundheitswesen. Offiziell verweigerte die britische Regierung Gespräche mit der IRA, inoffiziell führte sie solche seit 1990.[13]

Diese Geheimhaltung der Bereitschaft zu verhandeln charakterisierte auch andere Gespräche, etwa zwischen dem Führer der sozialdemokratischen Partei Irlands und dem von Sinn Féin, die ohne Wissen ihrer Parteien zwischen 1988 und 1993 regelmäßig miteinander redeten. Von dem über den Geheimdienst MI6 vermittelten Austausch der Briten mit Sinn Féin und sogar der IRA erfuhren weder das irische Parlament noch die unionistischen und republikanischen Parteien etwas. Die irische Regierung wiederum führte Gespräche mit den paramilitärischen Truppen, die sie vor den Briten und der Opposition geheim hielt. «Niemand wusste wirklich sicher, wer mit wem sprach, oder ob überhaupt jemand zuhörte.»[14] Die Funktion der Geheimhaltung liegt dabei auf der Hand. Man unterlief unter Beibehaltung der eigenen Rolle den öffentlich dargestellten Fanatismus, dessen Normen es verboten hätten, sich mit der Gegenseite auch nur gemeinsam in einem Zimmer aufzuhalten. Allerdings wusste auch bald niemand mehr, wer was zu wem gesagt und was wem zugestanden hatte.

Begleitet wurden diese Gespräche von niederträchtigen Bombenattentaten der IRA, denen völlig Unbeteiligte zum Opfer fielen, und ebensolchen Überfällen der Ulster Freedom Fighters auf arglose Zivilisten. Beides zeigte allerdings die Sackgasse, in der sich die Terroristen befanden, wenn sie sich nur noch in Rachezyklen bewegten, denen siebenjährige Mädchen und Kneipenbesucher zum Opfer fielen. Die Abzweigung hin zum Waffenstillstand und zum Friedensabkommen nahmen die britische und die irische Regierung, indem sie sich nicht mehr als Konfliktparteien definierten und die Antwort auf die entscheidende Frage, ob Nordirland zum britischen Königreich gehören oder mit Irland vereinigt werden solle, der Mehrheit in einer künftigen nordirischen Abstimmung überließen. Ein solches Referendum hat bislang nicht stattgefunden, ist aber im Zusammenhang des Brexits von Sinn Féin mehrfach ins Spiel gebracht worden.

Redensarten über die gespaltene oder von Spaltung unmittelbar bedrohte Gesellschaft neigen dazu, die Wirklichkeit tatsächlich gespaltener Gesellschaften vergessen zu machen. Wer in Zeitungen oder Talkshows hierzulande von Spaltung spricht, nur weil die einen das und die anderen das Gegenteil meinen, weil die Einkommensschere größer geworden ist, 20 Prozent der Franzosen die Partei Marine Le Pens wählen oder weil zwischen Impfwilligen und Impfgegnern wechselseitiges Unverständnis herrscht, scheint nicht zu wissen oder wissen zu wollen, wie tatsächliche gesellschaftliche Spaltung aussieht. Auf dem Balkan, in der Ukraine, in Spanien, Italien und Belgien existieren ethnonationale Spannungen und separatistische Bewegungen der verschiedensten Art, die teils zu nationalstaatlichen Spaltungen geführt haben, teils solche Separationen in den Blick nehmen. Von der massenmörderischen Spaltung eines Landes entlang des stammesgeschichtlichen Unterschieds zwischen Hutu und Tutsi ist dabei noch gar nicht die Rede. Aus der Geschichte solcher Regionen ließe sich unter anderem eine Mäßigung dramatischer Zeitdiagnosen lernen.

EPILOG:
SPALTUNG DIESSEITS DES BÜRGERKRIEGS

Wer von gesellschaftlicher Spaltung spricht, dem schweben soziale Differenzierungen vor, die zugleich geeignet sind, die daran Beteiligten gegeneinander aufzubringen. Es bleibt nicht bei der Differenzierung, etwa in Arme und Reiche, Katholiken und Protestanten, Städter und Landbewohner. Und es bleibt nicht bei lokalen Konflikten, in denen es beispielsweise rechtsradikalen Gruppen gelingt, in Landgemeinden zu Platzhirschen zu werden, alle anderen einzuschüchtern oder zum Mittun zu zwingen. Es bilden sich vielmehr übergreifende, die Gesellschaft als ganze bestimmende Parteien und Gegnerschaften. Jede Gruppe wählt sich die Leute auf der anderen Seite zur negativen Bezugsgruppe, von der sie sich abgrenzt. Gegenseitige Kontakte werden reduziert, sodass man die Gegengruppe nur noch aus den Erzählungen der je eigenen Leute kennt, die zunehmend projektive Züge tragen. Von allem, was man dem Gegner gerne antun würde, kann man unwidersprochen sagen, er selbst führe es im Schilde. Solch ein Misstrauen tendiert folglich dazu, sich seine eigenen Grundlagen zu schaffen und damit sich selbst zu verstärken. Am Ende zeichnet sich ein großer durchgehender Konflikt ab, der mit zunehmender Härte und Bewaffnung geführt wird und aus dem schließlich eine Seite als Sieger hervorgeht. Kriege, darunter religiös motivierte Bürgerkriege, und politische Revolutionen sind das Modell einer so begriffenen Spaltung.

In Europa hat es so etwas im Anschluss an religiös motivierte Konflikte und dann wieder im Zusammenhang mit der ökonomisch bedingten Klassendifferenzierung des 19. Jahrhunderts gegeben. Die härtesten Konflikte seither, ausgetragen unter den Staaten als Akteuren der Weltpolitik, waren die beiden Weltkriege, deren letzter vor mehr als fünfundsiebzig Jahren endete. Seither herrscht mehr oder weniger Ruhe, verbunden mit der Erwartung weiterer Ruhe. Niemand, der sich informiert, rechnet in Europa ernsthaft mit Bürgerkriegen, mit Revolutionen, mit dem Aufstand der Proletarier aller Länder oder damit, dass Deutschland Frankreich überfallen könnte. Natürlich fehlt es nicht an Problemen, aber selbst Einwanderung und Arbeitslosigkeit, selbst Klimawandel und Zukunftsangst führen nicht zu Konflikten dieses Typs. In den Vereinigten Staaten ist es, oder war es bis vor kurzem, ähnlich.

Blickt man auf die Wiederkehr des Krieges in Europa durch den Überfall Russlands auf die Ukraine, so sind seine Folgen in der Diagnose einer gesellschaftlichen Spaltung stark ungleich verteilt. In Teilen der Ukraine herrschte zuvor ein von außen angestoßener Bürgerkrieg. Eine soziale Spaltung entlang der Zugehörigkeit zu einem Nationalstaat zeichnet sich zusätzlich überall dort ab, wo ukrainische Bürger nunmehr den Kontakt mit russischen grundsätzlich ablehnen. Der Katalog an Sanktionen, die große Bereiche der ökonomischen, künstlerischen und wissenschaftlichen Kommunikation zwischen dem Westen und Russland auf Eis legen, könnte als Anlauf zu einer solchen instrumentellen Sippenhaft gedeutet werden, doch vermutlich wird mittelfristig zwischen denen unterschieden werden, die sich etwas zuschulden haben kommen lassen, und jenen, mit denen der Kontakt fortgesetzt wird.

Die meisten Konflikte gefährden die Gesellschaft also nicht. Vielleicht haben sie eine prominente Bedeutung, etwa wenn um Löhne oder um eine Impfpflicht gestritten wird, aber es ist nicht zu sehen, dass sie alle anderen Aspekte des sozialen Lebens in den Streit hineinzuziehen vermögen. Differenzierung begrenzt die Folgen des Konflikthandelns, auch die fatalen. Die meisten Konflikte gehen fast alle nichts an, die meisten Kämpfe finden kein großes Publikum. Sie werden durch hohe Schwellen der Indifferenz auf ihr jeweiliges Herkunftssystem isoliert, können allenfalls dieses gefährden. Gesellschaft macht sich nicht darin bemerkbar, dass sie dies verhindert, sondern darin, dass sie Substitutionsmöglichkeiten für den Ernstfall bereithält, der eben damit riskierbar wird. Ehen können geschieden, Arbeitsverhältnisse aufgelöst, zerstrittene und dadurch gelähmte Organisationen gemieden werden. Es gibt nach wie vor Kleinsysteme von hoher Konfliktempfindlichkeit, aber sie sind für die Gesellschaft nicht repräsentativ: Jugendgangs, Parteitage, Eigentümerversammlungen, familientherapeutische Sitzungen. Sie sind allenfalls als Typus, jedoch nicht als Einzelsystem unersetzlich.

Die Krisen jener kleinen Systeme sind nicht automatisch auch Gesellschaftskrisen. Zunehmender Streit unter Anwesenden, das Ansteigen der Scheidungszahlen, eine Pleitewelle in bestimmten Branchen der Wirtschaft – solche Ereignismengen stoßen die gesellschaftliche Ordnung nicht um, so wenig wie das bloße Absterben von Zellen den Organismus gefährdet. Mitunter enthalten die Krisen sogar ihre eigene Besänftigung in sich. Der Soziologe Karl Otto Hondrich hat einmal darauf hingewiesen, dass hohe Scheidungszahlen auch hohe Zahlen der Eheschließung implizieren und die Wiederverheiratungsquote nicht dafür spricht, dass sich die Sozialform der Ehe in einer Krise oder gar im Absterben befinde.¹

Es ist wichtig zu sehen, dass die Ablehnung der These, die Gesellschaft sei von Spaltung bedroht, nicht abwiegeln möchte, was an Klagen über unnötige Ungerechtigkeiten, Bösartigkeiten und Dummheiten in der Gesellschaft geführt wird. Die Gesellschaft ist keine gute Gesellschaft, ihre Fähigkeit, schwer erträgliche Zustände hervorzubringen, ist ebenso entwickelt wie jene, furchtbare Krankheiten zu heilen, zum Mond zu fliegen, kleinste Minderheiten mit Rechten auszustatten und Personen zu ernähren, die nicht arbeiten. Die Gesellschaft steigert, historisch betrachtet, das Gute wie das Schlimme und sogar die Entfaltungsräume für Böses. Sie lässt uns überdies oft ratlos, ob die Insistenz auf dem Guten die Gesellschaft wirklich besser macht und ob das Ungute nicht erfreuliche Effekte hat. Seit dem 18. Jahrhundert wird das unter dem Begriff «unbeabsichtigte Nebenfolgen» am Beispiel des egoistischen Handelns und der Folgen des Sozialstaats diskutiert, ohne dass diese bilanziert werden könnten.² Deswegen ist es, wie Niklas Luhmann einmal bemerkt hat, so schwierig, die Gegenwart mit älteren Gesellschaften im Sinne einer ethischen Bewertung schlüssig zu vergleichen.

Doch die Behauptung, die Gesellschaft sei von Spaltung bedroht, fällt nicht in den Bereich von Wertungsfragen, sondern muss sich an der Wirklichkeit ausweisen. Daher die Rückfrage, wie diese Spaltung konkret aussehen soll, wenn damit mehr gemeint ist als ein Konflikt, den die an ihm Beteiligten für wichtig und sogar für sich als identitätsstiftend beschreiben. Die voranstehenden Überlegungen sind zu dem Ergebnis gekommen, dass es für eine zunehmende Spaltung der Gesellschaft derzeit wenig Hinweise gibt und dass dort, wo es sie gibt, etwa in der Diskussion über die politische Polarisierung in den Vereinigten Staaten, das Urteil der soziologischen Jury noch aussteht.

Es gibt starke soziale Gegensätze ohne gesellschaftliche Spaltung. Große Einkommensunterschiede werden beklagt, ohne dass es ihrethalben schon zu Revolutionen kommt. Die Erwartungen des Bildungs- oder Karriereaufstiegs aus der Unterschicht in die Mittelschicht, vereinzelt sogar in den Reichtum, werden gepflegt, auch wenn Soziologen noch so oft mit Durchschnittszahlen nachweisen, wie unwahrscheinlich solche Aufstiege sind. Die Benachteiligten wählen politisch außerdem nicht einmal konsistent gemäß ihren vermuteten Klasseninteressen. Mit anderen Worten: Die Ungleichheitsforscher finden in ihren Statistiken mehr Motive für Spaltung und unversöhnliche Gegnerschaft, als in der gesellschaftlichen Wirklichkeit aufgegriffen werden.

Es gibt aber auch das Gegenteil, nämlich starke soziale Spaltungen ohne besonders ausgeprägte Gegensätze. Es gibt Spaltungen, denen auf den ersten Blick so gut wie nichts zugrunde zu liegen scheint. Genauer: die auf keinem der beliebtesten Motive für Gegnerschaft – ökonomischen, politischen oder religiösen Konfliktgründen – beruhen. Aus dem Alltag sind solche Situationen bekannt: A kennt B nicht, hat aber gehört, dass von B nicht viel zu halten sei. B weiß davon gar nichts und verhält sich freundlich. A nimmt das vor dem Hintergrund seines Vorwissens als gespielte Freundlichkeit wahr und reagiert umso kühler. B bemüht sich daraufhin noch mehr, aber A findet das aufdringlich und entzieht sich. Allmählich bekommt B den Eindruck, A sei sein Gegner und daran sei nichts zu ändern. B stellt die Bemühungen ein und wird seinerseits kühl. A befindet daraufhin, B zeige nun sein wahres Gesicht. Der Konflikt oder die Spaltung ist da, auch wenn es kaum einen Anlass dafür gab.

Auf den zweiten Blick lassen sich allerdings selbst in diesem sparsam geschilderten Szenario Umstände identifizieren, ohne die es nicht zu einer Gegnerschaft gekommen wäre. Soziale Spaltung erfolgt nicht um ihrer selbst willen; es ist bei aller nachweisbarer Streitlust nicht sinnvoll, ein urtümliches Spaltungsbedürfnis anzunehmen. A hat etwas über B gehört und bildet daraufhin ein Vorurteil. Die Quelle des Gerüchts scheint also stark zu sein. Es gibt überdies keine Dritten, die dieses Vorurteil ausräumen könnten, und auch niemanden, an den B sich mit seiner Irritation wenden könnte. Die Netzwerke von A und B scheinen wenig gemeinsame Verbindungen aufzuweisen. Außerdem gibt es offenbar keine Möglichkeit für B, etwa durch Tausch oder durch Leistungen glaubhaft zu signalisieren, dass seine Absichten lauter sind. Es gibt keine Situation, die beide dazu zwingen würde, gegenseitige Vorbehalte zu überprüfen oder zurückzustellen. Und schließlich: Es kommt nicht zu offenem Streit, in dem geklärt werden könnte, was A und B warum übereinander denken, sondern sie kommunizieren ihre Urteile übereinander nur indirekt.

Die Soziologen Norbert Elias und John L. Scotson haben eine solche Situation in ihrem Buch «Etablierte und Außenseiter» eingehend untersucht. Gegenstand ihrer Studie war ein fünftausend Einwohner zählendes Industriegebiet am Rand der englischen Stadt Leicester, South Wigston, das im Buch als Winston Parva bezeichnet wird, eine «gespaltene Gemeinde», wie Elias und Scotson schreiben.[3] Diese Untersuchung kann tatsächlich als Modellfall einer gesellschaftlichen Spaltung gelesen werden.

Elias und Scotson hatten in ihrer Gemeinde drei Wohngebiete identifiziert: ein kleines bürgerliches Quartier mit leitenden Angestellten, Selbstständigen, Lehrern, Ärzten und Fabrikdirektoren; eine zweite große Zone (das «Dorf»), in der die schon länger ansässigen Arbeiter der dortigen Schuh- und Keksfabriken wohnten; und schließlich eine dritte Zone (die «Siedlung»), in der sich kürzlich zugezogene Arbeiter niedergelassen hatten. Die Bewohner der zweiten und der dritten Zone arbeiteten zusammen in den lokalen Fabriken. Über Schwierigkeiten dieser Zusammenarbeit wurde nichts berichtet. Sie hatten ungefähr dieselbe Bildung und unterschieden sich weder ethnisch noch religiös. Die Häuser, die sie bewohnten, waren einander ähnlich.[4]

Es zogen also mehr oder weniger Gleiche zu. Soziologisch naiv wäre es nun anzunehmen, dass aus dieser Gleichheit ein problemloses Verhältnis zwischen den Etablierten und den Zuzüglern abgeleitet werden könnte. Denn Gleichheit wie Ungleichheit beruhen auf wechselseitigen Wahrnehmungen und Handlungen in der sozialen Situation selbst. Nicht der Besitz als solcher, so hatte Georg Simmel schon 1897 argumentiert, sondern die an ihn geknüpften Gefühle entscheiden darüber, in welchem Ausmaß ungleiche Lagen als ungleich behandelt werden.[5]

Entsprechend lebten die «alten Familien» in Winston Parva im Gefühl ihrer starken Überlegenheit gegenüber den Zuzüglern. Kontakte wurden unterbunden, man zog sich aus Kneipen zurück, wenn sie von den Nichtetablierten frequentiert wurden, man redete schlecht über sie und hielt sich bei der abfälligen Beschreibung des ganzen Viertels und seiner Bewohner an die wenigen Fälle von zweifelhaftem Verhalten, die es dort gab. Die Spaltung der Gemeinde durchzog den gesamten Freizeitbereich, ihre politische Organisation, die Schulen. Hier lebten die Wohlanständigen, dort die Unordentlichen, von denen angeblich eine Bedrohung der Ordnung ausging, «ein kosmopolitischer Haufen hinter der Bahnlinie», wie sich der Leiter einer Kirchengemeinde im Dorf ausdrückte.[6]

Die Grundlage für diese Geringschätzung war einzig und allein, dass die einen früher da waren als die anderen. Das Dorf existierte seit achtzig, die Siedlung erst seit zwanzig Jahren. Die Etablierten waren überdies untereinander stärker vernetzt als die Außenseiter. Im Dorf kannte man einander, in der Siedlung nicht. Ihre Bewohner waren nicht nur für die Alteingesessenen Unbekannte, sondern auch untereinander. Das reduzierte ihre Möglichkeiten, sich gegen die Ressentiments der Einheimischen zu wehren. Diese hatten sich in wichtigen Entscheidungsgremien der Gemeinde eingerichtet, in der Kommunalpolitik, in den Vereinen und den Kirchen. Vorbehalte gegen das bürgerliche Viertel gab es jedoch nicht, im Gegenteil: Der Übergang von Familien aus dem Dorf in dieses Wohngebiet wurde als Zeichen sozialen Erfolgs beurteilt. Die Klammer beider Zonen, die zu einem Wir-Gefühl führte, war die Alteingesessenheit ihrer Bewohner. Das Medium, in dem sich dieses Gefühl und die Spaltung der Gemeinde artikulierte, war der Klatsch des Dorfes über die Siedlung.

Die Pointe ihrer Untersuchung bestand für Elias und Scotson zunächst darin, dass es gar keinen Klassengegensatz zwischen den Etablierten und den Außenseitern gab. Die Spaltung ging durch die Arbeiterklasse hindurch; die Arbeiter im Dorf verhielten sich keineswegs «solidarisch», wie es ihnen von Klassentheorien nahegelegt worden wäre. Nicht einmal die Erklärung, die Neuankömmlinge konkurrierten mit den Einheimischen um Arbeitsplätze und würden deswegen beargwöhnt, hielt sich lange. Vielmehr war das, was die Platzhirsche bedroht sahen, ihr Prestige, ihr Status. Das Bedürfnis, die eigene Lage nicht nur im Unterschied zu Bessergestellten beschreiben zu können, sondern sich auch von niederen Rangstufen zu unterscheiden, setzte sich auf der Grundlage anderer Differenzen durch. Die Etablierten waren nicht reicher als die Neuen, ihr Verhalten und insofern ihre Wohlanständigkeit unterschieden sich nicht wesentlich vom Verhalten der Leute in der Siedlung. Das Prestige des Dorfes beruhte nicht auf altem Grundbesitz, handwerklichen oder religiösen Traditionen. Was ihre Bewohner verteidigten, waren ihr Zusammenhalt und ihre Selbstbeschreibung. Diese wiederum wurden durch den Zuzug und die Abgrenzung gegen ihn bekräftigt. Die Zuwanderer selbst ließen also den Gedanken aufkommen, man habe im Dorf einen schützenswerten Anspruch auf Überordnung, der durch soziale Spaltung – «Mit denen reden wir nicht, die stehen unter uns» – durchgesetzt werden kann.

Was diese Spaltung begünstigte, war zunächst der Umstand der Zweiteilung. Es ist leichter, einen Gegensatz zwischen den einen und den anderen durchzusetzen, als eine Spaltung zwischen drei, vier oder noch mehr sozialen Einheiten zu behaupten. In Winston Parva wurde scharf zwischen dem Dorf und der Siedlung unterschieden, ohne die daneben existierende bürgerliche Zone in diesen Konflikt hineinzuziehen.

Hinzu kamen die Größenverhältnisse. Das Dorf hatte doppelt so viele Einwohner wie die Siedlung. Zugleich waren beide Gebilde klein genug, um von ihren Einwohnern als Einheit beobachtet werden zu können. Das Dorf wurde als Familie beschrieben, in der die meisten untereinander verwandt seien. Die alten Familien selbst waren kinderreich gewesen, hatten inzwischen aber weniger Kinder pro Familie als die Siedlung. Solange ihre Mitglieder im Dorf wohnen blieben, war es für sie darum schwer, sich den Erwartungen ihrer Nachbarschaft, die oft auch Verwandtschaft war, zu entziehen. Nachbarschaft und Verwandtschaft machten auf diese Weise aus dem Dorf einen Stamm, dessen Mitglieder von sich in der Wir-Form sprachen. Gesellschaftliche Spaltung setzt solche keineswegs nur rhetorischen, vielmehr in der Sozialstruktur verankerten Wir-Gefühle voraus.

Für die Siedlung galt das nicht. In ihr lebten die Zuzügler so, wie es heute viele Bewohner von Städten tun: mehr oder weniger anonym. Es gab kein System persönlicher wechselseitiger Hilfe, was im Dorf als Charakterschwäche der Siedlungsbewohner ausgelegt wurde. Umgekehrt schrieben die Dorfbewohner sich ihre Netzwerke als Beweis für die eigene elementare Gutherzigkeit zu. Deren Kehrseite war die Bereitschaft, sich den Normen der Gemeinde zu unterwerfen. Man half eher völlig Fremden als Nachbarn, die sich nicht an die Regeln hielten. Die Siedlung war aus der Sicht des Dorfes solch ein Fall von Nachbarn, die nicht den Erwartungen entsprachen.[7]

Das Prinzip der Cliquenbildung beruht auf der Ausschließung Gleichrangiger. Insofern könnte man den Wandel, den der Zuzug der Neulinge in der Gruppe der Alteingesessenen auslöste, als einen Wandel von der Gruppe zur Clique beschreiben. Die phantasievolle Abwertung der Neulinge hatte zunächst einmal den Sinn, die persönlich zurechenbare und darum bindende, zur Wiederholung verpflichtende Interaktion mit ihnen zu entmutigen; sie diente der Rationalisierung eines Meidungsgebotes für den gesamten Freizeitbereich, vorgetragen in der Sprache der gesellschaftlich anerkannten Moral: Die zu Meidenden sind schmutzig, faul, und so weiter.

Fragt man nach der Funktion solcher Kontaktsperren, muss man zwischen dem sozialen System der Alteingesessenen und seinen Mitgliedern als konkreten Personen unterscheiden. Die Gruppe hatte einen hohen Einfluss auf ihre Mitglieder, sie konnte ihnen jederzeit auch Unangenehmes zumuten. Ein solches Maß an Einfluss setzt aber voraus, dass die Gruppe über eine gewisse Monopolstellung verfügt, wenn es um die Befriedigung der sozialen Bedürfnisse ihrer Mitglieder geht. Ihr Einfluss ist umso größer, je weniger externe, also nicht durch die Gruppe selbst vermittelte Möglichkeiten der Bedürfnisbefriedigung die Mitglieder sehen. Die Hinzufügung solcher Alternativen kann jenen Einfluss daher schwächen. Es sei denn, man bestreitet ihre Gleichwertigkeit, und genau das scheint nach Ansiedlung der Neulinge geschehen zu sein. Als die Fremden auftauchten, muss es für jeden Unzufriedenen aus der Gruppe der Alteingesessenen attraktiv gewesen sein, Freunde unter ihnen zu suchen. Zusammen mit den Fremden kamen also die Exit-Optionen nach Winston Parva, und das negative Bild, das von den Fremden gezeichnet wurde, diente vor allem dazu, die Nutzung dieser Chancen zu limitieren.

In Winston Parva ließ sich allerdings auch beobachten, wie die Spaltung von der Gegenseite aktiv angenommen und das Vorurteil auf das eigene Verhalten übertragen wurde: Ihr erklärt uns zu Gegnern, okay, dann sind wir es auch. Dieser Fall trat vor allem bei Jugendlichen auf. Während die Sozialisation im Dorf unter kollektiver Kontrolle stattfand, blieb die Durchsetzung von Verhaltenserwartungen gegenüber dem Nachwuchs in der Siedlung den einzelnen Familien überlassen. Was den einen erlaubt war, wurde den anderen untersagt. Der von Verwandtschaft ausgehende Druck auf die Kinder, die kollektiv bestätigte Autorität der Älteren, entfiel.

Das brachte in der Siedlung eine jugendliche Minderheit hervor – kaum mehr als 5 Prozent aller Jugendlichen –, die sich den allgemeinen Normen nicht nur entzog, sondern auch, teils aus Langeweile, teils aus Lust an der Provokation, aktiv gegen sie protestierte: durch Störungen, Diebstähle und Schlägereien, halbstarke Attitüden und das Zurschaustellen einer lockeren Sexualmoral. Es waren vor allem Jugendliche aus instabilen und nicht allein im Dorf, sondern auch in der Siedlung selbst wenig geschätzten Familien, die aus der doppelten Außenseiterposition heraus die Möglichkeit ergriffen, alle anderen durch rüdes Verhalten zu ärgern.[8]

Das wiederum bestätigte die pauschale Annahme des Dorfes über die Siedlung, sie sei ein Quell von abweichendem Verhalten. Die auffälligsten Beispiele eines solchen Verhaltens wurden als repräsentativ behandelt. Eine Feedback-Schleife entstand seitens der Jugendlichen: «Ihr schätzt uns gering, also versuchen wir gar nicht erst, eure Anerkennung zu gewinnen, sondern schließen uns zu Banden zusammen, die demonstrativ gegen die Normen verstoßen, denen zu gehorchen uns bei euch ja auch nicht helfen würde.» Aus den Jugendvereinen, in denen sie nicht willkommen waren, auf die Straße gedrängt, lieferten sie dort zusätzliche Gründe und gewissermaßen Beweismaterial für die Zurückweisung durch die «gute Gesellschaft». Es liegt nahe, Parallelen hierzu in der erhöhten Straffälligkeit afroamerikanischer Jugendlicher in den Vereinigten Staaten und migrantischer in deutschen Städten zu erkennen.[9]

Was den ganzen Vorgang der sozialen Spaltung in Winston Parva ausgelöst hatte, war die soziale Mobilität des Zuzugs. Moderne Gesellschaften sind zunehmend dadurch gekennzeichnet, dass erhebliche Teile ihrer Bevölkerung nicht mehr an dem Ort wohnen, an dem sie auf die Welt gekommen oder groß geworden sind. Die Migration in Nationalstaaten hinein, aber auch die Binnenmigration innerhalb von Nationalstaaten hat zugenommen.

Für die Frage, ob solche Mobilität zu lokalen Spaltungen des Winston-Parva-Typs führt, ist zunächst entscheidend, ob es sich um Zuzug in Städte oder in kleinere Gemeinden handelt. In Städten nämlich sind Fremde normal; sie sind von ihrem sozialhistorischen Beginn an geradezu durch die Anwesenheit fremder und sogar fremdsprachiger Einwohner definiert. Die Einheimischen bilden in ihnen oft keine Gruppe im Sinne wechselseitiger Bekanntschaft und starker Netzwerke, viele Zugezogene aber durchaus.

Damit kann sich die Situation gegenüber Winston Parva umkehren: Oft bilden in Städten, was das Zusammengehörigkeitsgefühl angeht, die Zugezogenen ein «Dorf» und die länger schon dort Wohnenden eine «Siedlung». Die Stadt selbst ist, anders als es das Vorurteil will, kein gutes Beispiel für die Zerstörung von Gemeinschaft. Gegenüber kleineren Siedlungsformen tritt hier zwar Verwandtschaft als Grund für soziale Beziehungen zurück. Dafür begünstigt die Stadt aber aufgrund ihrer Populationsgröße berufliche Motive für die Gemeinschaftsbildung, die Zugehörigkeit zu ethnischen, politischen oder sexuellen Minderheiten sowie kulturelle Präferenzen. In Städten können solche Minderheiten weit eher und widerstandsloser ihre Lebensformen pflegen als in Dörfern.[10]

Neben der Größe der Siedlung sind zum einen die Anzahl

und Gruppenhaftigkeit der Zuziehenden wie der Einheimischen dafür entscheidend, ob es zur Herausbildung einer Außenseitergesellschaft kommen kann. Zum anderen hängt deren Stabilität stark vom Verhalten der Akteure in solchen Milieus ab. Die Situation in Winston Parva hätte sich vermutlich deutlich geändert, wenn es eine solche Mobilität aus der «Siedlung» heraus und gewissermaßen unter Umgehung des «Dorfes» in das bürgerliche Viertel gegeben hätte. Und sie änderte sich, als Mietsteigerungen dafür sorgten, dass die «Problemfamilien» aus der Siedlung abwanderten.

Ein gegenwärtiger Vergleichsfall sind stark ethnisch geprägte Stadtviertel. Auch in ihnen werden soziale Probleme beobachtet: große Abhängigkeit der Bewohner vom Wohlfahrtsstaat etwa, überdurchschnittliche Kriminalität oder unterdurchschnittliche Bildungserfolge. Wir haben das unter dem Titel «Parallelgesellschaft» behandelt. Das gängige Deutungsschema ist hier ein ethnisches und religiöses. Doch gibt es in solchen Vierteln inzwischen beispielsweise türkischstämmige Familien, die sich für ihre Kinder ebenfalls eine schulische Erziehung wünschen, mit denen diese auf dem Bildungsweg vorankommen, weshalb die Eltern aus migrantisch dominierten Gegenden und von migrantisch geprägten Schulen wegziehen. Manche Migranten werden, wie sollte es auch anders sein, wohlhabend. Es gibt deutschtürkische Immobilienbesitzer, die aufgrund von Diskriminierung bei der Wohnungssuche Häuser erworben haben und nun an Deutsche vermieten. Es gibt deutschtürkische Moscheevereine, die sich in der kommunalen Jugendhilfe betätigen und so in Kontakt zu den deutschen Wohlfahrtsbehörden kommen. Es gibt deutschtürkische Gymnasial- und Akademikerkarrieren.

Eine Gemeindestudie in zwei deutschen Städten stellt

als Reaktion auf diese sozialen Aufstiege «Klassifikationskämpfe» zwischen älteren Einwohnern und den türkischstämmigen Gruppen fest.[11] Der Moscheebau, heißt es seitens der länger Einheimischen, sei aus Drogengeldern finanziert, die Familienbetriebe beruhten auf Hehlerei und Subventionsbetrug, im Hintergrund stünden Schwarzhandel und Geldwäsche. Auch wenn die Unterschiede geringer werden, bleiben also Vorurteile in Kraft, und es verändert sich nur die Erzählung: Haben die Außenseiter kein Geld, nutzen sie den Wohlfahrtsstaat aus; sind sie zu Geld gekommen, ist es vermutlich in der Schattenwirtschaft erworben worden. Verbunden sind solche Vorurteile mit der Befürchtung, Ausländer übernehmen angestammtes Terrain und kaufen alles auf, was sie bekommen können. Dass es dazu ebenso deutscher Verkäufer und Geschäftsaufgaben bedarf, wird weniger betont. Dafür wird die größere Bereitschaft türkischer Familien zur Ersparnisbildung, zu Fleiß und Familiensinn zugestanden, wobei Letzterer freilich auch als Clanmentalität beschrieben wird. Komplementär dazu beanstanden die türkischen Aufsteiger insbesondere an den Deutschen der Unterschicht einen Mangel an Arbeitseinsatz, fehlende Verzichtsbereitschaft und zu wenig unbedingte Zuwendung zur Familie, eine Hingabe an den Konsum und die Vernachlässigung gemeinschaftlicher Interessen. Damit vertauschen sich die Fronten: Die Moralpredigt wird wechselseitig gehalten, und den sich in der Defensive befindlichen Etablierten wird mit mindestens demselben Recht von den erfolgreichen Außenseitern gepredigt. Ins Soziologische übersetzt, sind Letztere kurz davor, von den Deutschen mehr protestantische Arbeitsethik zu verlangen. Folgerichtig zögert die Studie mit dem Urteil, «ob sich hier Vorgänge der konfliktvermittelten Integration oder Vorgänge der Spaltung abspielen».[12]

Die moderne Gesellschaft bringt eine Unzahl solcher Konflikte und paradoxen Verhaltensweisen hervor. Zugleich sorgt sie durch eine starke Differenzierung von Rollen und Funktionsbereichen dafür, dass die Schwellen für ein Überschwappen noch der heftigsten Konflikte in andere Bereiche oder gar ihre Ausbreitung auf das gesamte Sozialleben sehr hoch sind. So gibt es keine gesellschaftliche Spitze, die man nur besetzen müsste, um einfache Konfrontationen allen aufzunötigen. Selbst wer sich einen Primat der Politik vorstellen kann (oder will) und die Besetzung der politischen Spitze für den Schlüssel zu gesellschaftsweiter Machtausübung hält, wird schnell mit der Ohnmacht der Politik konfrontiert, die Wirtschaft zu steuern oder die Massenmedien zu kontrollieren. Es gibt viele Möglichkeiten, politischen Nötigungen auszuweichen: Widerspruch, Abwanderung, Abzug von Ressourcen, erlaubte Indifferenz. Ohne den Einsatz von massiver Gewalt und ihre ideologische Begleitung scheint die Ausbreitung des *einen* Konflikts auf die ganze Gesellschaft schwer möglich. Dem Krieg gelingt das, aber nur in dem Sinne, dass das politische System durch Nichtisolierung seiner Krisen dann zum Problem aller anderen Teilsysteme wird und deren Leistungsfähigkeit, von der es seinerseits abhängig ist, herabsetzt. Dass Fragen von gesamtgesellschaftlicher Tragweite durch Kriege entschieden werden könnten, ist ein leicht erkennbarer Irrtum. Deswegen kommen sie nach Kriegen ja auch verlässlich zur Wiedervorlage. Das bedeutet zwar nicht, dass eine Spaltung der Gesellschaft unmöglich ist; wir haben versucht, das am Fall Nordirlands nachzuzeichnen. Aber es heißt, nach allem, was wir wissen, dass wir nicht unmittelbar vor einer solchen Spaltung stehen.

ANMERKUNGEN

Einleitung: Die Angstlust an der Spaltung

1 Jochen Schimmang: «Spaltung der Gesellschaft? Versuch einer Begriffsklärung», Heinrich Böll Stiftung, 19. November 2020 (www.boell.de, abgerufen am 21. November 2021); Andreas Reckwitz: Die Gesellschaft der Singularitäten. Zum Strukturwandel der Moderne, Berlin 2017, S. 487 ff.; Joseph Stiglitz: Der Preis der Ungleichheit. Wie die Spaltung der Gesellschaft unsere Zukunft bedroht, Berlin 2012, S. 17 ff.; Michael Schenk/Malthe Wolf: «Die digitale Spaltung der Gesellschaft: Zur politikorientierten Nutzung des Internet und der traditionellen Medien in den sozialen Milieus», in: Kurt Imhof u. a. (Hrsg.): Demokratie in der Mediengesellschaft, Wiesbaden 2006, S. 239–260; «Digitale Spaltung der Gesellschaft verschärft sich», Bertelsmann Stiftung, 9. November 2021 (www.bertelsmann-stiftung.de, abgerufen am 11. November 2021); Saskia Heinze: «Ethikexpertin warnt: ‹Die Gesellschaft wird durch die 2-G-Regel gespalten›», Redaktionsnetzwerk Deutschland, 10. September 2021 (rnd.de/gesundheit/, abgerufen am 11. November 2021); Michael Kelly/Davide Luca: «The urban-rural polarisation of political disenchantement: an investigation of social and political attitudes in 30 European countries», Cambridge Journal of Regions, Economy and Society 14 (2021), S. 565–582.

2 «Broken-System Sentiment in 2021. Populism, Anti-Elitism and Nativism», Ipsos Global-Advisor – 25-Country Survey 2021.

3 David Goodhart: The Road to Somewhere. Die populistische Revolte und die Zukunft der Gesellschaft, München 2020

(engl. 2017); ähnlich Alexander Gauland: «Warum muss es Populismus sein?», Frankfurter Allgemeine Zeitung, 6. Oktober 2018; von links mit ähnlichen Motiven Michael Hartmann: «Die Kosmopoliten als Profiteure des Nationalstaats und seiner Institutionen. Zu den ökonomischen Voraussetzungen kosmopolitischer Einstellungen», Leviathan 48 (2020), S. 90–111.
4 Vgl. Helmut Klages/Sebastian Will: «Politische Spaltung in Deutschland? Politikbarometeranalysen auf Basis des Links-Rechts-Kontinuums», Informationsdienst Soziale Indikatoren 63 (2019), S. 16–28.
5 Ezra Klein: Der tiefe Graben. Die Geschichte der gespaltenen Staaten von Amerika, Hamburg 2020; Arlie Russell Hochschild: Strangers in Their Own Land. Anger and Mourning on the American Right, New York 2016; Lilliana Mason: Uncivil Agreement. How Politics Became Our Identity, Chicago 2018.
6 Duncan Watts: Everything Is Obvious – Once You Know the Answer, London 2012.
7 «Von Verteidigern und Entdeckern: Ein Identitätskonflikt um Zugehörigkeit und Bedrohung», Working Report des Exzellenzclusters «Religion und Politik» der WWU Münster, 2021.
8 Ebd., S. 29.
9 Vgl. https://www.deutschlandfunkkultur.de/studie-zur-spaltung-der-gesellschaft-ein-land-zwei-lager.1008.de.html?dram:article_id=499047.
10 Am Beispiel von Organisationszielen klassisch erläutert bei Herbert A. Simon: «The Proverbs of Administration», Public Administration Review, Band VI, Nr. 1 (1946), S. 52–67.

1 Zusammenhalt oder Was wird überhaupt gespalten?

1 Peter Laslett: «The Face to Face Society», in: ders. (Hrsg.): Philosophy, Politics and Society, Oxford 1956, S. 154–187.
2 Ferdinand Tönnies: Gemeinschaft und Gesellschaft. Abhand-

lung des Communismus und des Socialismus als empirischer Culturformen, Leipzig 1887.
3 Die Gesetze der Angelsachsen. In der Ursprache mit Übersetzung und Erläuterung herausgegeben von Reinhold Schmid, 1. Teil, Leipzig 1832, S. 289; Alfred Bertholet: Die Stellung der Israeliten und der Juden zu den Fremden, Freiburg im Breisgau 1896, S. 27.
4 Julian Pitt-Rivers: «The Law of Hospitality» (1977), nachgedruckt in: Journal of Ethnographic Theory 2 (2012), S. 501–517 (hier S. 503).
5 Instruktiv dazu die Beiträge in Frank Bajohr/Michael Wildt (Hrsg.): Volksgemeinschaft. Neue Forschungen zur Gesellschaft des Nationalsozialismus, Frankfurt am Main 2012.
6 Prominent William Ouchi/Alfred M. Jaeger: «Type Z Organization: Stability in the Midst of Mobility», The Academy of Management Review 3 (1978), S. 305–314, sowie William Ouchi: Theory Z. How American Business Can Meet the Japanese Challenge, Glasgow 1982. Für eine frühe Kritik siehe Tomasz Mroczkowski: «Theory Z: Myths, Realities and Alternatives», Relation Industrielles/Industrial Relations 38 (1983), S. 297–318, und besonders David Kaplan/Charles A. Ziegler: «Clans, Hierarchies and Social Control: An Anthropologist's Commentary on Theory Z», Human Organization 44 (1985), S. 83–88.
7 Rudolf Stichweh: Der Fremde. Studien zu Soziologie und Sozialgeschichte, Berlin 2010, S. 162–176, besonders 166 ff.
8 Benedict Anderson: Imagined Communities. Reflections on the Origin and Spread of Nationalism, London 1983 (Die Erfindung der Nation. Zur Karriere eines folgenreichen Konzepts, übersetzt von Christoph Münz und Benedikt Burkhard, Frankfurt am Main 1988).
9 Bundesamt für Migration und Flüchtlinge: Einbürgerungstest. Musterfragebogen zur Testvorbereitung (http://oet.bamf.de/pls/oetut, abgerufen am 1. Februar 2022).

10 Klassisch für diese Unterscheidung Hans Kohn: Idee des Nationalismus. Ursprung und Geschichte bis zur Französischen Revolution, übersetzt von Günther Nast-Kölb, Frankfurt am Main 1962.
11 So Tobias Werron in seiner Typologie der Möglichkeiten, den gegenwärtigen Nationalstaat zu interpretieren. Ders.: Der globale Nationalismus, Berlin 2018, S. 37 f.

2 Versäulung: Die Gesellschaft geschlossener Milieus

1 Vgl. Max Gluckman: Custom and Conflict in Africa, 3. Auflage, Oxford/Cambridge 1991.
2 So die These von Trutz Runddorf: «Soziologische Aspekte zur Mischehe», Der evangelische Religionslehrer an der Berufsschule 11 (1963), S. 37–42.
3 Colin A. Fisk/Bernard L. Fraga: «Til Death Do Us Part(isanship)», https://www.voterstudygroup.org/publication/til-death-do-us-partisanship.
4 Jakob Pieter Kruijt/Walter Goddijn: «Versäulung und Entsäulung als soziale Prozesse», in: Joachim Matthes (Hrsg.): Soziologie und Gesellschaft in den Niederlanden, Neuwied 1965, S. 115–149.
5 Raf Vanderstraeten: «Versäulung und funktionale Differenzierung. Zur Enttraditionalisierung der katholischen Lebensformen», Soziale Welt 50 (1999), S. 297–313.
6 Douglas A. Blackmon: Slavery by Another Name. The Re-Enslavement of Black Americans from the Civil War to World War II, New York 2008, S. 111 ff.
7 Stephen E. Berrey: The Jim Crow Routine. Everyday Performances of Race, Civil Rights, and Segregation in Mississippi, Chapel Hill 2015, S. 177 ff.
8 Staf Hellemans: «Pillarization (‹Verzuilung›). On Organized ‹Self-Contained Worlds› in the Modern World», The American Sociologist 51 (2020), S. 124–147.

9 So schon Johan Goudsblom: Dutch Society, New York 1967.
10 Evan Schofer/Francisco O. Ramirez/John W. Meyer: «The Societal Consequences of Higher Education», Sociology of Education 94 (2021), S. 1–19.
11 Jules Tygiel: Baseball's Great Experiment. Jackie Robinson and His Legacy, New York 1983.

3 Politik und Polarisierung: Der Fall der Vereinigten Staaten

1 Carl Schmitt: Die geistesgeschichtliche Lage des heutigen Parlamentarismus (1923), Berlin 2016; Jürgen Habermas: Strukturwandel der Öffentlichkeit. Untersuchungen zu einer Kategorie der bürgerlichen Gesellschaft (1963), Berlin 1990, S. 148–160, 326–343.
2 Arlie Russell Hochschild: Strangers in Their Own Land. Anger and Mourning on the American Right, New York 2018. Früher noch über das Wählen gegen eigene sozioökonomische Interessen Thomas Frank: What's the Matter with Kansas? How Conservatives Won the Heart of America, New York 2004.
3 https://www.irishtimes.com/news/world/us/meet-the-trump-hotel-workers-cheering-for-hillary-clinton-1.2836682 (abgerufen am 23. Juni 2022).
4 Victor Lidz: «Afterword: A Functional Analysis of the Crisis in American Society, 2020», The American Sociologist 52 (2021), S. 214–242, hier S. 240; unsere Übersetzung.
5 Neil J. Smelser: Theorie of Collective Behavior, New York 1962, S. 148 ff.

4 Gegner werden zu Feinden: McCarthy und wir

1 Vgl. Morris P. Fiorina: Culture War? The Myth of a Polarized America, New York 2004. Ders. u. a.: «Polarization in the American Public: Misconceptions and Misreadings», Journal of Politics 70 (2008), S. 556–560.

2 Niklas Luhmann: «Politik, Demokratie, Moral», in: ders., Die Moral der Gesellschaft, Frankfurt am Main 2008, S. 175–195.
3 Talcott Parsons: «McCarthyism and American social tension. A Sociologist's view», Yale Review 44 (1955), S. 226–245.
4 Lilliana Mason: Uncivil Agreement. How Politics Became Our Identity, Chicago 2018.
5 Bill Bishop/Robert Cushing: The Big Sort. Why the Clustering of Like-Minded America is Tearing Us Apart, Boston 2008, S. 41–57.
6 Ebd., S. 45.
7 Arlie Russell Hochschild: Strangers in Their Own Land. Anger and Mourning on the American Right, New York 2018, S. 6.
8 Ezra Klein: Der tiefe Graben. Die Geschichte der gespaltenen Staaten von Amerika, Hamburg 2020, S. 9 f. und 29 f.

5 Lokalpolitik und die Gesetze des Stammeslebens

1 Siehe dazu James D. Barber: The Lawmakers. Recruitment and Adaptation to Legislative Life, New Haven 1965, für Beispiele aus Connecticut, und Emily Van Duyn: Democracy Lives in Darkness. How and Why People Keep Their Politics a Secret, Oxford 2021, für Beispiele aus Texas.

6 Der ausbleibende Aufstand

1 Musa al-Gharbi: «No, America is not on the brink of a civil war. It's time to tell the truth about the big lie», Guardian, 27. Januar 2020 (https://www.theguardian.com/commentisfree/2022/jan/27/no-america-is-not-on-the-cusp-of-a-civil-war, abgerufen am 17. August 2022).
2 William J. Goode: The Celebration of Heroes. Prestige as a Control System, Berkeley 1979.

7 Testfall Pandemie: Geimpfte und Ungeimpfte

1 Seit Richard Thaler/Cass Sunstein: Nudge. Improving Decisions About Health, Wealth and Happiness, New Haven 2008.
2 André Kieserling: Kommunikation unter Anwesenden. Studien über Interaktionssysteme, Frankfurt am Main 1999.

8 Hass im Netz

1 Wilhelm Heitmeyer: Autoritäre Versuchungen. Signaturen der Bedrohung I, Berlin 2018.
2 Wilhelm Heitmeyer/Manuela Freiheit/Peter Sitzer: Rechte Bedrohungsallianzen. Signaturen der Bedrohung II, Berlin 2020, S. 56 ff.
3 Julia Ebner: Radikalisierungsmaschinen. Wie Extremisten die neuen Technologien nutzen und uns manipulieren, Berlin 2019, S. 247, 173.

9 Wechselwähler: Reger Verkehr über politische Gräben

1 Anthony Downs: An Economic Theory of Democracy, New York 1957 (Ökonomische Theorie der Demokratie, hrsg. von Rudolf Wildenmann, übersetzt von Leonhard Walentik, Tübingen 1968).
2 Ezra Klein: Der tiefe Graben. Die Geschichte der gespaltenen Staaten von Amerika, übersetzt von Katrin Harlaß, Hamburg 2020, S. 29 f.
3 Patrick R. Miller/Pamela Johnston Conover: «Red and Blue States of Mind: Partisan Hostility and Voting in the United States», Political Research Quarterly 68 (2015), S. 225–239.
4 Ashley Kirzinger u. a.: «Data Note: A Look At Swing Voters Leading Up To The 2020 Election» (https://www.kff.org/other/issue-brief/data-note-swing-voters/, abgerufen am 20. November 2021).

5 Übrigens nicht die Art der Wechselwähler, denn demographisch unterscheiden sie sich offenbar nicht von den Stammwählern. Vgl. William G. Mayer: «What Exactly Is a Swing Voter? Definition and Measurement», in: William G. Mayer (Hrsg.): The Swing Voter in American Politics, Washington D.C. 2008, Kapitel 1.

6 Lilliana Mason: Uncivil Agreement. How Politics Became Our Identity, Chicago 2018, S. 3 ff. und 61 ff.; William G. Mayer: «The Disappearing – but Still Important – Swing Voter», The Forum 10 (2012), S. 1–7 (hier S. 4).

7 Sebastian Haffner: Überlegungen eines Wechselwählers, Neuauflage, Reinbek bei Hamburg 2016.

8 Viola Neu / Sabine Pokorny: Vermessung der Wählerschaft vor der Bundestagswahl 2021, Berlin 2021, S. 4 f.

9 https://www.tagesschau.de/inland/btw21/waehlerwanderung-bundestagswahl-103.html (abgerufen am 13. Juni 2022).

10 Ian McAllister: «Calculating or Capricious? The New Politics of Late Deciding Voters», in: David M. Farrell / Rüdiger Schmitt-Beck (Hrsg.): Do Political Campaigns Matter? Campaign Effects in Elections and Referendums, London 2003, S. 22–40; Rüdiger Schmitt-Beck: «Kampagnenwandel und Wählerwandel. ‹Fenster der Gelegenheit› für einflussreichere Wahlkämpfe», in: Ulrich Sarcinelli / Jens Tenscher (Hrsg.): Machtdarstellung und Darstellungsmacht. Beiträge zu Theorie und Praxis moderner Politikvermittlung, Baden-Baden 2003, S. 199–218.

11 Bernhard Weßels: «Schwankende Wähler: Gefährden Wechselwähler die Demokratie?», in: Evelyn Bytzek / Sigrid Roßteutscher (Hrsg.): Der unbekannte Wähler? Mythen und Fakten über das Wahlverhalten der Deutschen, Frankfurt am Main 2011, S. 43–58, hier S. 46 f.

12 Harald Schoen: «Wechselwähler in den USA, Großbritannien und der Bundesrepublik: Politisch versiert oder ignorant?», Zeitschrift für Parlamentsfragen 35 (2004), S. 99–112.

13 Theoretisch zuerst untersucht von Robin Farquharson: Theory

of Voting, London 1969; vgl. Richard G. Niemi: «An Exegesis of Farquharson's Theory of Voting», Public Choice 40 (1983), S. 323–328, und Nicholas R. Miller: Committees, Agendas, and Voting, London 2013, S. 52–57.

14 Harald Schoen: «Wechselwähler in den USA, Großbritannien und der Bundesrepublik: Politisch versiert oder ignorant?», Zeitschrift für Parlamentsfragen 35 (2004), S. 99–112, S. 107 ff.

15 Karl Brenke / Alexander S. Kritikos: «Wählerstruktur im Wandel», Wählerschaft der Parteien, DIW Wochenbericht 29 (2017), S. 595–606.

16 Russell J. Dalton: «Cognitive Mobilization and Partisan Dealignment in Advanced Industrial Democracies», Journal of Politics 46 (1984), S. 264–284, hier S. 281 ff.

17 Stand Juni 2022.

10 Die Mittelschicht in der Klassen- und Nichtklassengesellschaft

1 Vereinzelt machen wir hier Gebrauch von Formulierungen eines früheren Textes: Jürgen Kaube: «Soziologiekolumne. Mittelschicht, Klassengesellschaft», Merkur. Zeitschrift für europäisches Denken 35 (2011), S. 343–349.

2 Jan Goebel u. a.: «Polarisierung der Einkommen: Die Mittelschicht verliert», Wochenbericht des DIW Berlin, Nr. 24, 2010; Reinhard Pollak: Kaum Bewegung, viel Ungleichheit. Eine Studie zum sozialen Auf- und Abstieg in Deutschland, Berlin 2010; Dominik H. Ernste u. a.: Mythen über die Mittelschicht, München 2011; Branko Milanovic: Die ungleiche Welt. Migration, das Eine Prozent und die Zukunft der Mittelschicht, Berlin 2016; Carlos Vacas-Soriano / Enrique Fernández-Macías: Europe's shrinking middle class (https://www.eurofound.europa.eu/de/publications/, abgerufen am 1. Juni 2022); Judith Nihues: Die Mittelschicht in Deutschland – vielschichtig und stabil, Köln 2017; Valentina Consiglio u. a.: Bröckelt die Mittelschicht? Risiken und Chancen für mittlere Einkommensgruppen auf dem deutschen Arbeitsmarkt, Gütersloh 2021.

3 Jan Goebel u.a.: «Polarisierung der Einkommen: Die Mittelschicht verliert», Wochenbericht des DIW Berlin, Nr. 24, 2010.

4 Helmut Schelsky: Wandlungen der deutschen Familie in der Gegenwart, Stuttgart 1953; ders.: «Die Bedeutung des Schichtungsbegriffs für die Analyse der gegenwärtigen Gesellschaft» (1953), in: Heike Solga u.a. (Hrsg.): Soziale Ungleichheit. Klassische Texte zur Sozialstrukturanalyse, Frankfurt am Main 2009, S. 201–206.

5 Horst Kahrs: Daten zu den Vermögensverhältnissen von Arbeitern sowie einfachen und mittleren Angestellten, Berlin 2018, S. 7.

6 Steffen Mau: Lebenschancen: Wohin driftet die Mittelschicht?, Berlin 2012, S. 13.

7 Philipp Korom: Ungleiche Mittelschichten: Über Unterschiede im Immobilienvermögen und im Erbe in der Mitte Deutschlands, MPIfG Discussion Paper, Köln 2017, S. 6. Korom setzt allerdings aufgrund der sehr ungleichen Verteilung des Immobilienbesitzes zwischen der unteren und der oberen Mittelschicht Ungleichheit mit Spaltung gleich, um zu dem Schluss zu kommen, die Mittelschicht sei ihrerseits gespalten: «Mieterhaushalte stehen Eigentümerhaushalten gegenüber.» (S. 23) Aber wo stehen sie denn außerhalb der Statistik einander in einem soziologischen Sinn gegenüber? Auf dem Wohnungsmarkt.

8 Georg Simmel: Gesamtausgabe Band 21. Kolleghefte, Mit- und Nachschriften, Berlin 2010, S. 327 ff.

9 Steffen Mau: Lebenschancen: Wohin driftet die Mittelschicht?, Berlin 2012, S. 54.

10 Niklas Luhmann: «Zum Begriff der sozialen Klasse», in: ders. (Hrsg.): Soziale Differenzierung. Geschichte einer Idee, Opladen 1985, S. 119–162, hier S. 145. Vgl. die Deutung bei Adrian Itschert: Jenseits des Leistungsprinzips. Soziale Ungleichheit in der funktional differenzierten Gesellschaft, Bielefeld 2013, S. 229 ff.

11 Alte weiße Männer oder Spaltet Identitätspolitik?

1 Eine erste, sehr viel kürzere Fassung dieses Kapitels ist unter dem Titel «Gibt es alte weiße Männer?» erschienen in: Frankfurter Allgemeine Quarterly, September 2019, S. 34.
2 Vgl. für Erfahrungswissen Gary S. Becker: Human Capital, Chicago 1993, S. 30 ff., und für Leistungsanreize unter dem Titel «deferred compensation» Edward P. Lazear: «Agency, Earnings Profiles, Productivity and Hours Restrictions», American Economic Review 71 (1981), S. 606–620.
3 Ralf Dahrendorf: Bildung ist Bürgerrecht, Hamburg 1965.
4 So schon 1967 Hansgert Peisert: Soziale Lage und Bildungschancen in Deutschland, München 1967, S. 90. Vgl. für hochauflösende Untersuchungen Marcel Helbig/Thorsten Schneider: Auf der Suche nach dem katholischen Arbeitermädchen vom Lande. Religion und Bildungserfolg im regionalen, historischen und internationalen Vergleich, Wiesbaden 2014, S. 14 und S. 94–98.
5 Zusammengefasst jetzt in Claudia Goldin: Career and Family. Women's Century-Long Journey Toward Equity, Princeton 2021.
6 Michaela Hailbronner/Ruth Rubio Marin: «Parität in Parlamenten – Eine Einführung», Verfassungsblog, 16. Juli 2020 (https://verfassungsblog.de/paritaet-in-parlamenten-eine-einfuehrung/, abgerufen am 24. April 2022).
7 Frankfurter Allgemeine Sonntagszeitung, 10. März 2019, S. 36.
8 Nadia Shehadeh: «Harmlos wie ein Sektfrühstück», die tageszeitung, 7. März 2019.
9 Skeptisch gegenüber den Effekten von «affirmative action» ist auf Grundlage weltweiter Vergleiche Thomas Sowell: Affirmative Action Around the World. An Empirical Study, New Haven 2004, Kapitel 7, mit der These, die Programme hätten nur den schon etablierten Minderheiten, aber nicht den Armen genützt.

10 Bradley Campbell/Jason Manning: The Rise of Victimhood Culture, London 2018, S. 137–152.
11 Aladin El-Mafaalani: Wozu Rassismus? Von der Erfindung der Menschenrassen bis zum rassismuskritischen Widerstand, Köln 2021, S. 143 f.
12 Hans Geser: «Political Correctness: mental disorder, childish fad or advance of human civilization?», Sociology in Switzerland. Online Publications, Zürich, Januar 2008 (http://geser.net/pc.pdf, abgerufen am 18. Juni 2022).
13 https://file770.com/mercedes-lackey-publishes-apology/ (abgerufen am 8. Mai 2022).
14 Klaus Speidel: «Dana Schutz's ‹Open Casket›. A controversy around a painting as a symptom of an art world malady», Spike Art Magazine (https://spikeartmagazine.com/?q=articles/dana-schutzs-open-casket-controversy-around-painting-symptom-art-world-malady, aufgerufen am 8. Juni 2022), und Kolja Reichert: «Es lebe die Kunst! Nur welche? Und warum?», Frankfurter Allgemeine Zeitung, 8. Mai 2017.
15 Ältere einschlägige Texte stammen von Saidya Hartman: Scenes of Subjection. Terror, Slavery, and Selfmaking in Nineteenth-Century America, New York 1997, und Jared Yates Sexton: Amalgamation Schemes. Antiblackness and the Critique of Multiculturalism, Minneapolis 2007.
16 Frank B. Wilderson III: Afropessimism. New York 2020, S. 13, 200.
17 Frank B. Wilderson III: «The Prison Slave as Hegemony's (Silent) Scandal», Social Justice 30 (2003), S. 18–27, hier S. 18.
18 Todd Gitlin: The Twilight of Common Dreams. Why America is Wracked by Culture Wars, New York 1995, S. 111; vgl. Angelique Davis: «Political Blackness. A Sociopolitical Construction», in: Kevin Noble Maillard/Rose Cuizon Villazor (Hrsg.): Loving v. Virginia in a Postracial World. Rethinking Race, Sex and Marriage, Cambridge 2012, S. 169–180.
19 Mary C. Waters: Ethnic Options. Choosing Identities in America, Berkeley 1990, S. 26 ff.

20 Vgl. die glänzende Diskussion dieser Schwierigkeiten bei Rogers Brubaker/Frederick Cooper: «Beyond ‹identity›», Theory and Society 29 (2000), S. 1–47.

12 Die gespaltene Gesellschaft und ihre offenen Briefe

1 Vgl. hier und im Folgenden David Zaret: «Printing and the ‹Invention› of Public Opinion in the English Revolution», American Journal of Sociology 101 (1996), S. 1497–1555, sowie Jürgen Kaube: «Sieg über die Macht des Geheimnisses. Die Geburt der öffentlichen Meinung aus der Druckerpresse», Frankfurter Allgemeine Zeitung, 20. November 1996.
2 Michael Schudson: Discovering the News. A Social History of American Newspapers, New York 1978, S. 21 ff.
3 Julien Benda: La Trahison des clercs (1927), Paris 2016.
4 Klassisch zum angeblichen «Public Affairs Act» von 1975 George F. Bishop u. a.: «Pseudo-Opinions on Public Affairs», Public Opinion Quarterly 44 (1980), S. 189–202, sowie dies.: «Opinions on Fictitious Issues. The Pressure to Answer Survey Questions», Public Opinion Quarterly 50 (1986), S. 240–250.
5 Howard Schuman u. a.: «Context Effects on Survey Responses to Survey Questions about Abortion», Public Opinion Quarterly 45 (1981), S. 216–223; George F. Bishop: The Illusion of Public Opinion. Fact and Artifact in American Public Opinion Polls, Oxford 2005, S. 93 ff.
6 Todd Gitlin: The Twilight of Common Dreams. Why America is Wracked by Culture Wars, New York 1995, S. 3.
7 Oliver Weber: Talkshows hassen. Ein letztes Krisengespräch, Stuttgart 2019.
8 Diana C. Mutz: In-Your-Face-Politics. The Consequences of Uncivil Media, Princeton 2015.
9 Ebd., S. 59 ff.
10 John G. Geer: «Fanning the Flames. The News Media's Role in the Rise of Negativity in Presidential Campaigns» (https://

www.vanderbilt.edu/csdi/research/CSDI_WP_03-2010.pdf, abgerufen am 28. Juni 2022).

11 Vgl. instruktiv, aber am Spaltungsbegriff festhaltend, Heinz Bude: «Die Spaltung der Gesellschaft», in: Helmut König u.a.: Die Zukunft der Arbeit in Europa. Chancen und Risiken neuer Beschäftigungsverhältnisse, Bielefeld 2009, S. 167–182.

12 Shanto Iyengar u. a.: «Affect, not Ideology. A Social Identity Perspective on Polarization», Public Opinion Quarterly 76 (2012), S. 405–431.

13 Gibt es Parallelgesellschaften?

1 Ulrike Hagemeister: Soziale Polarisation in Berlin Mitte. Zur räumlichen Konzentration und Sozialstruktur der Sozialhilfeempfänger in Berlin Mitte, Berlin 2007; Stefan Luft: Abschied von Multikulti. Wege aus der Integrationskrise, Gräfelfing 2007, S. 115 ff.; Monitoring Soziale Stadtentwicklung Berlin, Senatsverwaltung für Stadtentwicklung und Wohnen, 2019, S. 28–46; Robert Pütz: Transkulturalität als Praxis. Unternehmer türkischer Herkunft in Berlin, Bielefeld 2004; Hartmut Esser: «Binnenintegration oder gesellschaftliche Integration?», in: Jürgen Hoffmeyer-Zlotnik (Hrsg.): Segregation und Integration. Die Situation von Arbeitsmigranten im Aufnahmeland, Mannheim 1986.

2 Raymond Breton: «Institutional Completeness of Ethnic Communities and the Personal Relations of Immigrants», American Journal of Sociology 70 (1965), S. 193–205.

3 Klassisch bei Louis Wirth: The Ghetto (1928), Nachdruck New York 2019. Primär von Juden bewohnte Stadtquartiere konnte Wirth dabei in den großen amerikanischen Städten gerade nicht ausmachen. Am nächsten käme dem noch die New Yorker Bronx, die in den dreißiger Jahren des 20. Jahrhunderts bis zu 40 Prozent jüdische Bewohner hatte.

4 Min Zhou: Chinatown. The Socioeconomic Potential of an Urban Enclave, Philadelphia 1992, S. 27 ff.

5 Ebd., S. 92 f. Für die Kubaner in Miami vgl. Kenneth L. Wilson/ Alejandro Portes: «Immigrant Enclaves. An Analysis of the Labor Market Experiences of Cubans in Miami», American Journal of Sociology 86 (1980), S. 295–391.

6 Loic Wacquant; «Banlieues françaises et ghetto noir américaine: de l'amalgame à la comparaison», French Politics and Society 10 (1992), S. 81–103.

7 Mario Luis Small: «Four Reasons to Abandon the Idea of ‹The Ghetto›», City and Community 7 (2008), S. 389–398.

8 Loic Wacquant: «French Working-Class Banlieues and Black American Ghetto: From Conflation to Comparison», Qui Parle 16 (2007), S. 5–38.

9 Rafael Behr: «Diversität und Polizei. Eine polizeiwissenschaftliche Perspektive», in: Petia Genkova/Tobias Ringeisen (Hrsg.): Handbuch Diversity. Kompetenz: Perspektiven und Anwendungsfelder, Wiesbaden 2016, S. 1–23.

10 Ebd., S. 11.

11 Tuba Sarica: Ihr Scheinheiligen! Doppelmoral und falsche Toleranz – die Parallelwelt der Deutschtürken und die Deutschen, München 2018.

12 Sven Reichardt: Authentizität und Gemeinschaft. Linksalternatives Leben in den siebziger und frühen achtziger Jahren, Berlin 2014, S. 9.

14 Nordirland – Eine Spaltungsgeschichte

1 Feargal Cochrane: Northern Ireland. The Fragile Peace, New Haven 2013, S. 4.

2 Claire Mitchell: «Behind the Ethnic Marker. Religion and Social Identification in Northern Ireland», Sociology of Religion 66 (2005), S. 3–21.

3 Paul Ingendaay: «Gerechtigkeit ist die Ausnahme», Frankfurter Allgemeine Zeitung, 10. Juni 2022, S. 9. Wir danken Ingendaay für weitere Hinweise zu Nordirland.

4 Valerie Morgan u. a.: Mixed Marriages in Northern Ireland, Uni-

versity of Ulster 1996 (https://cain.ulster.ac.uk/csc/reports/mixed.htm, abgerufen am 2. Juli 2002), und Laura Haydon: «Loving dangerously», The Guardian, 6. Februar 2002 (https://www.theguardian.com/society/2002/feb/06/guardiansocietysupplement2, abgerufen am 2. Juli 2022); Peter Shirlow: «Measuring Workforce Segregation. Religious Composition of Private-Sector Employees at Individual Sites in Northern Ireland», Environment and Planning 38 (2006), S. 1545–1559.

5 Mike Tomlinson: «War, Peace and Suicide. The Case of Northern Ireland», International Sociology 27 (2012), S. 464–482, und Lyra McKee: «Suicide Among the Ceasefire Babies», The Atlantic, 20. Januar 2016 (https://www.theatlantic.com/health/archive/2016/01/conflict-mental-health-northern-ireland-suicide/424683/, abgerufen am 1. Juli 2022). Die Autorin wurde im April 2019 von einem Mitglied der «Neuen IRA» in Derry während eines Schusswechsels mit der Polizei aus Versehen getötet.

6 Liam Kennedy: Who Was Responsible for the Troubles? The Northern Ireland Conflict, Quebec 2020, S. 7, und Cochrane: Northern Ireland, S. 189–193.

7 Als William III. von Oranien mit seiner Armee am 11. Juli bei Rosnaree über diejenige Jakobs II. siegte und Irland unterwarf, was von Mitgliedern des «Orange Order» natürlich jedes Jahr aufs Neue mittels Paraden gefeiert werden muss.

8 Cochrane: Northern Ireland, S. 9.

9 John D. Brewer/Gareth I. Higgins: Anti-Catholicism in Northern Ireland 1600–1998. The Mote and the Beam, New York 1998, S. 87–134.

10 Cochrane: Northern Ireland, S. 39.

11 Lord Saville of Newdigate u. a.: Principal Conclusions and Overall Assessment of the Bloody Sunday Inquiry (https://assets.publishing.service.gov.uk/government/uploads/system/uploads/attachment_data/file/279167/0030.pdf, abgerufen am 2. Juli 2022).

12 Siehe die für mehrere solcher Sozialisationsgeschichten äußerst aufschlussreiche Darstellung von Malachi O'Doherty: The Year of Chaos. Northern Ireland on the Brink of Civil War 1971–1972, London 2021, S. 15–32.
13 Ebd., S. 310–319; Cochrane: Northern Ireland, S. 121 ff.
14 Cochrane: Northern Ireland, S. 129.

Epilog: Spaltung diesseits des Bürgerkriegs

1 Karl Otto Hondrich: Liebe in Zeiten der Weltgesellschaft, Frankfurt am Main 2004.
2 Vgl. Robert K. Merton: «The Unanticipated Consequences of Purposive Action», American Sociological Review 1 (1936), S. 894–904, sowie die beiden aufeinander bezogenen Darstellungen von Albert O. Hirschman: Passions and the Interests. Political Arguments for Capitalism Before Its Triumph, Princeton 1977, und The Rhetoric of Reaction. Perversity, Futility, Jeopardy, Cambridge, Mass. 1991.
3 Norbert Elias/John L. Scotson: Etablierte und Außenseiter, Frankfurt am Main 1990, S. 166.
4 Ebd., S. 85.
5 Georg Simmel: «Rosen. Eine soziale Hypothese», in: ders.: Gesamtausgabe, Band 17, Frankfurt am Main 2004, S. 357–361.
6 Elias/Scotson: Etablierte und Außenseiter, S. 174.
7 Ebd., S. 121.
8 Ebd., S. 200 ff. und 214 ff.
9 Schwarze Jugendliche landen in den Vereinigten Staaten mehr als viermal so oft in einer Jugendstrafanstalt oder verwandten Einrichtungen als ihre weißen Altersgenossen. Von 100 000 schwarzen Jugendlichen kommen 315 in Kontakt mit Einrichtungen des Strafvollzugs, von 100 000 weißen Jugendlichen nur 72 (Zahlen vom Oktober 2019: www.sentencingproject.

org, abgerufen am 13. November 2021). In solche Zahlen gehen selbstverständlich auch Faktoren wie unterschiedliche Anzeigebereitschaft oder «racial profiling» ein. Für Deutschland und die Gewalttäterraten nach Migrationshintergrund liegen nur wenige Studien vor. Die repräsentative Schülerbefragung des Kriminologischen Forschungsinstituts Niedersachsen kam 2009 auf eine im Vergleich zu Nichtmigranten knapp doppelt so hohe Delinquenz bei Jugendlichen mit türkischem oder ex-jugoslawischem Hintergrund. Vgl. Baier u. a.: Jugendliche in Deutschland als Opfer und Täter von Gewalt, Hannover 2009, S. 86.

10 Empirisch untersucht hat persönliche Netzwerke in einer großen Stadt am Beispiel San Franciscos Claude S. Fischer: To Dwell Among Friends. Personal Networks in Town and City, Chicago 1982.

11 Ferdinand Sutterlüty: «Türkische Tüchtigkeit und deutsche Dissozialität. Negative Klassifikationen in urbanen Nachbarschaften», Soziale Probleme 16 (2005), S. 25–48.

12 Ebd., S. 45.

Die Rowohlt Verlage haben sich zu einer nachhaltigen Buchproduktion verpflichtet. Gemeinsam mit unseren Partnern und Lieferanten setzen wir uns für eine klimaneutrale Buchproduktion ein, die den Erwerb von Klimazertifikaten zur Kompensation des CO_2-Ausstoßes einschließt.
www.klimaneutralerverlag.de